玩死的帝国

唐伯虎与大明娱乐业

李连利/著

SPM
南方出版传媒
广东人民出版社
·广州·

图书在版编目（CIP）数据

玩死的帝国：唐伯虎与大明娱乐业 / 李连利著. —广州：广东人民出版社，2015.10
ISBN 978-7-218-10329-7

Ⅰ.①玩… Ⅱ.①李… Ⅲ.①中国历史—研究—明代 Ⅳ.① K248.07

中国版本图书馆 CIP 数据核字（2015）第 195374 号

WANSI DE DIGUO：TANGBOHU YU DAMING YULEYE
玩死的帝国：唐伯虎与大明娱乐业

李连利 著　　　　　　　　　　　　　　　　版权所有　翻印必究

出 版 人：曾　莹

策　　划：肖风华
责任编辑：温玲玲
装帧设计：wendy
责任技编：周　杰　黎碧霞

出版发行：广东人民出版社
地　　址：广州市大沙头四马路 10 号（邮政编码：510102）
电　　话：（020）83798714（总编室）
传　　真：（020）83780199
网　　址：http://www.gdpph.com
印　　刷：广州市一丰印刷有限公司
开　　本：787mm×1092mm　1/16
印　　张：19　　插　页：2　　字　数：220 千
版　　次：2015 年 10 月第 1 版　2015 年 10 月第 1 次印刷
定　　价：39.80 元

如发现印装质量问题，影响阅读，请与出版社（020-83795749）联系调换。
售书热线：（020）83795240　　83780517

别人笑我太疯癫,

我笑他人看不穿。

不见五陵豪杰墓,

无花无酒锄作田。

——唐伯虎《桃花庵歌》

网友热评

本书在创作润饰过程中,得到许多热心网友的支持和帮助,向我提出了许多宝贵的意见,现特精选一些网友的评论,一则表示感谢,二则作为读书交流,与读者朋友分享!当您翻到此页时,我更诚挚地邀请您对我的书提出批评、建议,以期我的作品更完善(微信lilianli1978或微博@孟铿)。

以前只知道，因为被各色人物娱乐消遣，真实的唐伯虎与历史的唐伯虎之间的距离难以逾越。看了作者的电子连载，我竟然发现：今天的各式"唐伯虎"的价值竟如此巨大。以史为镜，可以正衣冠。希望今天的"唐伯虎"们以唐伯虎为戒呀！

——百度网友

娱乐，天经地义，无可厚非；娱乐，人人需要，朱元璋这样的人都玩儿，还有啥说的。然而，娱乐与国是、国势之间有着极为密切的关系。娱乐无极限吗？你的地盘就必须由你来做主吗？看完这本书就会发现一条令人惊骇的结论：娱乐不是瞎玩儿的。瞎玩儿会害人、害己、害国家。

——天涯网友

从文化部封杀120首网络歌曲、贾玲恶搞民族精神的象征花木兰等可以看出，作者的作品再次指明了国民精神的问题所在，总是那么有预见性。正如他的第一本明史作品，2012年批判某些人因GDP世界第二而迷失了方向一样。如今，他再次拿起了"手术刀"向国民精神萎靡这种病态开刀。

——豆瓣网友

当年明月让人们看到了明朝其实并非那么不堪，有着那么多可笑、可怜、可叹、可敬、可颂扬的故事；孟锵先生则让我跳过历史肤浅的表面，看见明朝更有着那么多可借鉴、可研究、可预知、可沉思、可警醒、可号啕大哭的历史真实。

——微信读者朋友

武宗、万历与唐伯虎：新旧时代不能不说的三个男人 21

第三章 明武宗下扬州前后的唐伯虎 24

唐伯虎与李白，同是时代的弃儿 25

在那个追求个性大时代下的唐伯虎与张灵 33

功名已断，落花已败，一个符合大时代的唐伯虎正式出现 40

第四章 唐伯虎与疯狂的明朝娱乐业 50

小商人唐伯虎的悲催岁月 50

在新旧转型期，诗书画文四栖才子又如何 58

唐伯虎的青楼生活 66

落魄文人及心学的壮大促动了个人主义及娱乐业的大发展 72

目录

前言 唐伯虎与明朝国运 1

戏谑篇

在那个大时代下的娱乐之巅 1

第一章 明朝娱乐之巅：明武宗抢媳妇 3

罄竹难书的二杆子皇帝明武宗 6

做梦都想去的扬州，终于显现在了朱厚照的眼前 10

金秀才怒斥蒋知府，蒋知府赶走混皇帝 13

对明武宗的赞赏是对现实的不负责任 16

第二章 明衰亡于武宗，必亡于万历 18

鸡鸣天子与豹房顽童 18

唐伯虎的三次婚姻：高度自我的代价 127
唐伯虎郊游下的明朝旅游业 131
唐伯虎的双面人生——新旧时代的怪胎 142
唐伯虎抓紧赚钱盖房子搞装修 153

第四章　两个时代夹缝中的悲剧才子的悲剧人生 161

新时代的奇葩们 161
小商人唐伯虎死于经商失败 172
阳间地府俱相似，只当漂流在异乡 182
唐伯虎之后的粉丝们 185

第五章　唐伯虎被神奇化的基础 193

经济大潮下的人心思变 193
唐伯虎很符合被神奇化 199

目录

半正经篇

可怜唐伯虎,在夹缝中艰苦求索着的艺术老顽童 81

第一章 影响后世600年的经济权臣,也曾写过艳情小说 85

丘濬,一位和唐伯虎经历思想极为相似的高官 86

丘濬主张经济自由,政府减少干预,最终…… 87

官员开展副业已经成为常态 94

第二章 放勒不羁在传统官场下付出的代价 94

明朝的传统官场 95

新时代的个性张扬——替死鬼,为唐伯虎挨了一刀 102

商业势力开始向权力场冲刺——唐伯虎与徐经 109

官员开展副业已经成为常态 117

第三章 新时代的文人,唐伯虎的经商生涯 123

唐伯虎归家 124

唐伯虎被娱乐化的背后 246

玩到极点——书画家导致的民变 254

第三章 明朝娱乐业兴盛的条件之一：白银帝国 259

为什么是白银成了法定货币 260

白银帝国并不值得炫耀 262

第四章 明亡于畸形的娱乐业 264

工人日巧一日，人情日薄一日 265

全民奢侈化思想后，娱乐业畸形繁荣了 266

青楼业的五大贵宾客人 270

结束语 282

目录

真正经篇

明朝何以在最富饶强大的时候消亡
——虚假繁荣下的自我玩命 209

第一章 明亡于知识分子只知道娱乐 212

唐伯虎时代知识分子与有钱人间的关系 212

唐伯虎是如何与青楼沾上边的 218

唐伯虎时代少数地区精神萎靡到万历时全社会层面的精神萎靡 223

第二章 明朝近三百年娱乐简史，娱乐是人之所需 230

死板的朱元璋父子也要娱乐 230

明朝官民娱乐休闲的方式 237

前　言

唐伯虎与明朝国运

本不想在逗乐的"戏谑篇"前玩沉重，但没个写作主旨说明总觉得缺点什么。也许，这正是我们这类"故作深沉"之徒的通病吧。读者可以直接略过，去看"戏谑篇"。

国运是什么？人们在谈论历史时，经常会碰到一些指点江山般的牛人，搬出一个这么让人不好回答的问题来。我们翻看一下字典，可以得出国运的三种解释：

一是指国家未来发展的趋势；二是指国家发展的定数；三是指国家发展的某种规律性描述，如上升、平稳、下降。

历史上对国运的解读，归纳起来，其实只有以下两种观点。不能归入这两点的其实并不是什么国运规律，而是权力规律，例如有些人总结的：兔死狗烹定律、包围定律、朋党定律等。再如，现当代历史学界最有名的"黄宗羲定律"（秦晖先生提出，每次税赋改革，农民的负担就重一次，如此反复直至民不堪重负）则主要是赋税改革，它只是构成国运的一个因素，算不上国运规律。

那么，这两种国运规律是什么呢？

其一，杜牧所说的"后人复哀后人"。原话是"后人哀之而不鉴之，亦使后人复哀后人也"，简单地说就是中国人爱读历史却从来不吸取历史教训。黄炎培先生的"其兴也勃焉，其亡也忽焉"（朝代虽不同，兴亡的原因却很相似），其实也只是杜牧观点的翻版。

其二，孟子所说的"君子之泽，五世而斩"。通俗点就是"富不过三代"，文一点儿就是柏杨先生的"瓶颈定律"。

现当代对于国运的总结，基本靠谱的都是借鉴了经济领域的"生命周期"理论。以我对历史的观察，国运规律则是由不间断的"小生命周期"推动而形成上述"生命周期"。我倾向于历史是由定顶期（也就是各种规章制度的形成完备期）—成长期—平稳期—衰落期循环而成，每个时期里又由邪正争夺期—稳—邪正争夺期循环推进。

邪，主要指歪风邪气，从吏治角度上说就是主政者只关注权力斗争、个人享受（包括精神享受和物质享受）等。

正，主要指浩然正气，从吏治角度上说就是主政者将关注点主要放在民生问题上以及如何保住政权上。

稳，则包括两种。若是邪气居主，那么国不长久；若是正气居主，国家绵延不绝。

"邪正稳"的争夺是连贯的，只要其中一个环节没有继续流转，那么其结果往往是国破家亡。而且流转次数越多，其立国时间越久长。

"邪正稳"构筑的"生命周期"，最大的特点就是从民生、政权角度来思考国运问题，对于当今乃至未来都具有可操作价值。按照传统的"生命周期"理论，国力快速上升就可以认定是国运的"成长期"，然而，晚明从国力上说很了不起，其GDP在国际上绝对是数一数二，在军事上打败过日本、葡萄牙等东西方侵略军，也不算差。但为什么最终还是被农民军推翻了？

其原因就在于，表面上看晚明的各类经济指标、文化指标进入了二次"成长期"内，但因没有处理好"邪正稳"的关系，导致它进入了"衰退期"。民生问题上，洪武荒政体系遭到彻底破坏，经济贫富差距过大，土地兼并造成的流民问题极端严重，沿海地区百姓无法生存等。在政权保卫上，"居官有同贸易"，官场成了商场，官员们只按利益最大化进行权力斗争，财政收入大范围流失到官僚商人、走私犯等人的口袋中，致使财政困难等。

由此，邪正争夺期内邪气居于主流。同时，突如其来的瘟疫、自然灾害、清军入关等直接打破了这种稳，加速了这一规律的运转。

从明朝整个历史看，朱元璋父子时期（1368—1424）的56年，可以说是朝代的定顶期；从洪熙到弘治（1425—1505）的80年，可以说是明朝的成长期；自正德元年（1506）到万历二十年（1592）的86年，可以说是明朝的成熟期；自万历二十一年（1593）到崇祯十七年（1644）的51年可以说是明朝的衰退期。

将上述时间段再简单地划分，即为上升期、下降期。从1368年到1505年为明朝的上升期，从1506年到1644年为下降期。

唐伯虎（1470—1523）正好是两个时代的见证人。他见证过成化、弘治的明君时代，又见证过武宗时代的昏庸。他为武宗的死暗中叫好，却不想迎来了一位更加不作为的帝王——嘉靖，明朝进入了正德、嘉靖六十余年的昏暗时期。

小人物唐伯虎与他那个大时代

我们对唐伯虎应抱有深切的同情，他虽然是天才，但与皇帝相比、与时代相比、与权臣相比，他仍然是小人物。在他生活的时代，正是"邪正争夺期"的关键时间段。作为那个时代的人，唐伯虎受到了地域环境的影响，在后世看来的一些邪气——如极端个人主义、享乐主义、奢侈之风、文人极度好财等在他的身上都有所体现。他是拆解旧时代大厦的旗手，但明朝最终亡国，并不能放在唐伯虎等文人身上。否则，我们就会步清初知识分子总结明亡教训所走的错误，竟然将亡国的责任推给文学流派。虽然目标指错了，但指向的内涵却是对的。

明并非亡于物质，而亡于民族进取心的消失。人们都在为各自的个性、金钱、享乐而奋斗着，浓重的"经商"思维不仅导致了官场如商场，而且使各行各业皆是商场。玩个性、奢侈、享乐最明显的代表就是娱乐业的高度发达，但这种发达从何时开始的？就是从唐伯虎时代开始的。而唐伯虎之后的明朝120多年里，竟然没有一位位高权重的大人物进行过有效规制，任凭国运溃败下去。这不能不说是一个悲剧。

唐伯虎时代的玩个性、奢侈、享乐尚有一些积极作用，那就是打破了等级观念，这是一种积极意义。但问题是，唐伯虎只是一半儿的身子在新时代（下文该词出现时，即代表了玩个性、奢侈、享乐为明显时代特征的意思），一半儿身子在旧时代（传统儒家思想占统治地位的时代）。因此，他的生活很苦，精神很苦。

而本人之所以选择唐伯虎作为本书的主人公，价值就在于此。时代转型的典型特征就是对转型敏感的知识分子的愤懑情怀，作为有时代责任感的人来说，如果在愤懑之始，厘清问题所在，提出自己的真知灼见是很重要的。如果人们都不愤懑了，正如晚明时期的知识分子那样，那么，转型其实已经完成了。只不过，是失败的转型。

在那个转型期中，唐伯虎无疑是一位天才式人物。他在诗、词、歌赋、散曲、文学著作上的地位都颇高，影响深远。例如《红楼梦》中就有他作品的影子，他的画作影响后人，他的散曲直接催生了后世的二次繁荣。如此等等，不一而足。

然而，当我们仔细观察时却发现，这些都离不开明朝的畸形娱乐业的发展。而明朝畸形娱乐业的发展，则是明亡的一大诱因。

作为一名卖画为生的小商人，他摆脱了二十年前以谈钱为耻、卖作品为耻的精神束缚，与祝允明一起，说钱是他们的"精神"（就是我们常说的做什么事情都要有精气神）；他的画的主顾，青楼业是一大群体；他谱的曲、填的词，购买者多是青楼从业者；他的诗，也有很多是为青楼从业者所写；他的另外一个谋生之道——写小说，又是艳情小说。那么，他到底是一个什么样的文人呢？在封建社会，他为何如此离经叛道？

也许，你会说他无耻，但细究一下他的生平，考察一下当时的时代，你就会发现，他是一个小人物，尽管他是天才，但在大时代下，他也只能顺从。其实——

唐伯虎，我们对他似乎极为熟悉。但其实，我们对他极为陌生。

唐伯虎，我们对他的一生似乎很明了。但其实，他的一生神秘而又模糊。

唐伯虎，在我们的印象中他很快乐、诙谐。但其实，他很郁闷、悲哀和伤感。

他用自己的哀鸣，换来了人们对他的万世怀念，因为这种怀念中包含对我们自身的激励。但其实，他生前早就预料到了一切，对于他的今日今时，他会坏笑着说：我本不认你，你却要认我。噫——

正如今天分析、批判他的我一样，我将其看作旧时代废墟前，向前奔跑并时不时回头的瘦小老头儿，出乎意料地被我揉到了前台。当然，我也准备着迎接板砖的来袭。吁——

老规矩、老传统在正德皇帝的表率作用下，在繁荣的白银帝国形成过程中，逐渐被打破了。在破的过程中，新规矩、新秩序却没有建立起来，最终一切繁华灰飞烟灭。

唐伯虎就是吹响这一过程号角的先锋。

我们对他的了解尚不够。他从来没有被官方神圣化过，把他神圣化的一直而且可能永远是民间。因为在他的身上涌动着一种躁动，这种躁动的破坏性对于像我们这样一个国家的危害性很大。因为这种躁动的基因是对人性解放的追求，稍有不慎就会对秩序产生威胁。那么，民间何以对他青睐有加呢？原因就是，他像我们普通人，我们的毛病他都有，但他却是个天才。

晚明社会，几乎人人享乐、人人奢侈、人人自我、人人游戏人间，但是，当瘟疫横行、烽烟四起之时，一切灰飞烟灭了。

戏谑篇

在那个大时代下的娱乐之巅

在本篇的第一节，我们将采用"情境再现"的方式，来展现一下可爱的明武宗。因为这位皇帝过于特殊，我们不妨别出心裁一番。有读者来信说我的作品理论颇多，趣味性不够。这与我的历史写作观相关，好玩儿的东西不是不会写，而是不想用这种风格而已。

为了打破这种"误解"，我用了这种体例，从篇名上就可以看出。戏谑篇、半正经篇、真正经篇，真正经篇是我一贯的风格，我称之为"评书体写作"；戏谑篇，我称之为"相声体写作"的风格；中篇则是为了做一个两者之间的过渡而已。

我个人当然喜欢正经篇，读者不妨对比一下，看看哪种写作更有利于看清真正的历史价值。

第一章
明朝娱乐之巅：明武宗抢媳妇

2009年年末的一部电视剧《蜗居》，充分显示了没有房子的蚁族的辛酸苦辣。女人们为了房子去找男人，无论他是什么样的人。没房子的男人，无论多么温柔与体贴、善良与诚实，最终还是被抛弃。哎，生活在现代社会的男人们好辛苦呀！

可如果把时光倒退500年，在那个欣欣向荣的大明正德年间，可就完全相反了。以下内容并非虚构，如有雷同敬请谅解。

大明正德十四年十二月（1520年1月），中国的男人们可真是幸福，无论你是富翁还是乞丐，疾病缠身还是雄壮无比，你都不会为房子发愁，你都不会找不到媳妇。那是个男人很紧俏的年代，只要你是个独立人（简单地说，就是除了太监和奴仆之外），你的身后都会追着好几个呼天抢地要嫁给你的女人。

喔喔，真有这么好的时代吗？当然有！话说，当时世界上繁华的城市之一——扬州，大街小巷便上演着一出出好剧。

大街上忽地闪出三四群身穿黑色长衫，头戴软便帽，脚蹬云彩靴，腰系蓝绦带的人。这些人个个神情紧张，四处张望。他们的动作整齐划一，眼睛都泛着一样的光芒。突然，他们看到一个三四十岁模样的男人走来，见此人：

> 头戴银红文生公子摆袖巾，双飘风流带，当中嵌羊脂玉，金黄缎边，鹦哥绿线盘绣珍珠子走万字格的花纹，身穿银红绣大朵牡丹花的直摆，腰系一条金黄丝鸾带，鹅黄中衣，白绫袜衬粉底朱履；手拿百折春摇，上安珊瑚扇坠。长得面白唇红，鼻直口方，举止不俗，行动斯文，眉宇间透出一股书卷气。看样子像是个有头有脸的人物。

这三四群人忽的一下子，冲着来人就围上去。

"哎呀，您是？哈哈。"其中一人笑着和来人搭讪。

"哦，哦，我是城南金秀才。"来人抱拳答礼。

"哈哈，您就是大名鼎鼎的金秀才呀。来呀——抢！"

这三四群人也不管这位仁兄有没有老婆愿不愿意入赘就去抢，抢到家中不管三七二十一摁着脑袋就入洞房。金秀才被押入洞房，不禁心头一叹："哎，俗话说得好，'洞房花烛夜，金榜题名时。久旱逢甘露，他乡遇故知'乃人生四大喜，可我怎么就喜不起来呢？这到底是怎么回事儿呢？这人都疯了不成！"

金秀才看了看床头坐着的妻子，胖大的身材坐着都能和自己比个子高矮。正在他迟疑是娶媳妇还是被娶时，盖着红盖头的新娘大声说道："傻样儿！还愣着干什么呀！还不把这盖头给我掀起来。快，掀起我的盖头来，让你看看我的脸。"

这雄壮的声音可把金秀才吓坏了，他连忙回言："这扬州城往日人头攒动,那真是人挨人、人挤人、人碰人、人靠人,总而言之,是多得成了一锅乱粥。为何今日只见抢亲人而不见其他人?"

"唉呀,你呀,是读书读傻了。皇上就要来扬州了,这种男人我们敢嫁吗?所以呀,像我们这些没成婚的俏女子们得赶紧成亲!"说着,新娘子把盖头一掀。只听"哎哟"一声,金秀才大叫一声,从椅子上就摔了下来。只见这位新娘子:

头似锅盖大又圆,眼似铜铃左右转。

狮子鼻、翻海口,最明显的还是又长又粗又深的兔唇(学名唇腭裂,小名儿霍利绷子)!这时,媳妇儿也站了起来,就那身材真是气死猛张飞,不让黑李逵,亚赛本朝的大将黑脸常遇春!

"我的大妈呀!"金秀才哭着跑出了洞房,许多人在后面追呀追呀追,金秀才一边哭一边跑。"啊,放心吧,皇上的三宫六院都死没了,也不会要你的!哇——"金秀才蹿上了墙头,骑在墙上一阵呕吐。金秀才一看家丁又都追上来了,赶忙翻下了墙。

"我的大妈呀,终于逃脱了虎口。好家伙!这是人吗?简直是个巡海的夜叉!赛过那母夜叉孙氏二娘!我呀,赶紧走。"

金秀才刚转身要走,突然,一张满脸皱纹的笑脸迎接了他。

"呵呵,金秀才!这家的女娃长得特难看,我家小姐可好看得很!来,走吧。"说着,这个人拉住了金秀才就走,金秀才一看,"嚯",足有七八个人站在了自己的身后。"得,今天是跑不了了,跟着走吧。"金秀才跟着这帮人走了,那媳妇儿这时也冲了出来,"别走哇,别走哇。"金秀才见状,拉着那位老管家就跑。那媳妇儿正紧追着,忽见不远处好像有一个男人,只见他左顾右盼、蹑手蹑脚地走着。

"唉,哥们儿!现在有抢亲的没有?"

那媳妇儿左看看右看看，"没人呀！哦——在跟我说话呢。嘿，真是气人。想我如花似玉，美若芙蓉。连我芙蓉姐姐你都不认识！还怎么混！得了得了，罢了罢了，俗话说得好，小白脸子儿没好心眼子儿，那个金秀才我不要了，这个人尽管差点儿那就差点儿吧！"

想到这里，那媳妇儿冲那人大笑道："哈哈，抢媳妇儿的没有了，这小媳妇儿倒有一个！"说着，伸出蒲扇大手，一把抓住了那个人，往胳肢窝里一放，裹挟而去。

咱们转回头再说金秀才，这个人可不是容易就范的人。他一心饱读圣贤书，深知诗书礼义的重要性。他平日里非礼勿视、非礼勿听、非礼勿言，今日竟然不明不白地被人抢来抢去，他心中极为愤怒。但俗话说得好，"百无一用是书生"，无论他多么不情愿，也曾经于此后再次逃脱。但他最终的命运仍然是被人抢去当女婿。一日之内，三次被抢，可见一个秀才是多么紧俏。

可以说，这是他们的幸福。这幸福的来临却要托另外一个男人的胡作非为。正因为他的胡作非为，全天下的女人们都避之犹恐不及。为了更好地理解扬州城的混乱，我们有必要先介绍一下这个人的生平经历。

罄竹难书的二杆子皇帝明武宗

聪明的朋友们恐怕早已经猜出，这位胡作非为的人是谁？他就是明武宗朱厚照，这位皇帝之所以被称为二杆子，就是他的胆子特别大。他的父亲孝宗朱祐樘可是一位好皇帝，一般来说，好皇帝未必是好人。可朱祐樘却是个另类，既是好皇帝又是好人。然而，朱祐樘却有一个败笔，那就是生了个混账儿子朱厚照。朱祐樘登基的第三年生下了朱厚照，在十五年的溺爱中，朱厚照愈发为所欲为。什么事情在他的眼里就是一个字——玩儿！他不管什么规矩，我是皇帝，我就是规矩，我就是一切。而这一切的典型就是豹房。

正德二年（1507），朱厚照娶了皇后，紧接着又娶了两个妃子。然而，这些光明正大的妻子小妾们以及无数偷偷摸摸的宫女们并不能让这个荒淫的皇帝感到满意。武宗皇帝便决定找一个真正属于自己的天地。要知道，皇帝虽然是最大的，但他却大不过祖宗立下来的一些规矩。在大内恐怕不能为所欲为，因此，他便在西华门外太液池南岸的"皇家动物园"内，建立了自己的宫殿。因为武宗特别喜欢豹子，所以命名为"豹房"。

为了增加"豹房"的趣味性，他将搜罗来的美女都安排在这里，每天让她们陪自己观赏豹子捕猎的场景。可就是这个举动，使他日后背负了很多骂名。因此，扬州女孩儿们闻武宗之名色变。为何会色变？主要是他有如下特点：

第一，极度喜新厌旧。他有后宫佳丽无数还不满足，像老百姓家谁有漂亮女子被他知道了也要遭殃。到后来，中国人不够了，还搞到了国际上。好家伙，黄种人、白种人、黑种人全都齐了。那个时候，他要是与印第安人也有联系的话，恐怕四色人种就都全了。

第二，兴趣极多，太好玩，很容易冷落他人。例如他的亲信太监刘瑾为了能够长期把持朝政，便给他找了几十个女伶人教他唱戏。嘿，您别说，能当皇上的人除了少有的几位傻子外，大多都是绝顶聪明的人。朱厚照就是这样的人，没有一两个月，他便基本上学会了。为此,有人称他为"伶人帝主"。后来,刘瑾又给他送来几十只铁嘴老鹰、蒙古猎犬,自此,朱厚照又开始了驾鹰驱狗的猎户生涯。为此,又得了一个雅号"猎户皇帝"。从斗鸡走狗到骑马射猎,从引吭高歌到吹拉弹唱,从地方方言到各国语言,他是什么好玩儿就玩什么。

第三,因为上述原因,再加上历来后宫内乱的故事,平常百姓家的父母是很不愿意把自己的孩子往火坑里推的。

第四,爱玩命。您想呀,谁家父母愿意把孩子嫁给一个不珍惜生命、胡作非为的人呀。话说正德七年(1512),在豹房内养尊处优惯了的朱厚照再次心血来潮,和心腹太监张永一起溜出北京城去了。自古有许多皇帝微服私访的故事,但论真实度、花样繁多可都超不过这位朱厚照陛下。当时的北京城,最受民间百姓喜爱的不是戏曲而是曲艺。北京城内大街小巷都可以看到说书的书馆,那个时候还没有评书,评书要等到清雍正年间才会正式出现。这个时候,北京说书一般都是弦子书。这武宗皇帝音乐细胞发达、戏曲知识丰厚,弦子书自然也能听得懂。这一次,他听到了一位神奇的人物——武松。

山东好汉武二郎,赤手空拳把虎降。为兄报仇杀淫嫂,狮子楼下斩花王。充军发配孟州道,结识张青孙二娘。替友复夺快活店,醉打门神在路旁。身陷都坚中诡计,飞云浦前叫他亡。怎料英雄施神勇,反把群盗送阎王。血溅鸳鸯除众恶,蘸血留名在白墙。二进十字遇故友,化身行者二龙藏。夜走蜈蚣灭妖道,二龙聚义做强梁。最终共聚梁山寨,座次排名忠义堂。

这弦子书说得可真是太好了,听得武宗是如痴如醉一般。回到豹房之后,他便吵着嚷着要来个"打虎"。侍卫们怎敢怠慢,将一只吊睛斑斓猛虎抬到了武宗皇帝面前。只见我们这位可爱的皇帝陛下，手持钢刀，大喝一声："把笼子打开！"

"皇上，这是老虎。"武将江彬怯生生地说道。"我知道，老虎有啥可怕的。打开，古有武松打虎，今有大皇帝斩虎！"朱厚照说完将手中刀一摆刷刷刷练了一顿，但见朱厚照闪、展、腾、挪、跳、叫，一阵咋呼，一阵笑。笼子中的老虎奇怪地看着他们，很是纳闷儿。太监们蹑手蹑脚地开了笼子，老虎懒洋洋地看着他们。

"这老虎怎么不过来呀？喂了吗？不是告诉你们要饿它三天吗？真是。哦，笼子没打开呀！"朱厚照生着气拿着刀走向了老虎，边走边指指点点，好一派颐指气使。作为"百兽之王"的老虎也非常郁闷，它也不是傻子，看到那么多人，它内心也惶惶然。"忍了吧"，可是可忍孰不可忍，也太欺负虎了。

"哎，你，你，你，说你呢，把笼子给我打开。"朱厚照指着一名吓得体似筛糠的太监说着。

百兽之王看到一个人竟然敢在自己眼前这么晃悠，勃然大怒，"嗷"的一声张开了血盆大口。这朱厚照见状，停住了脚步。曾经抱有万丈凌云志、效那武松醉酒打猛虎的他却胆怯了。特别是两只凶狠的眼睛注视着他的时候，朱厚照立刻明白自己的人中之龙、九五之尊是打不过百兽之王的。

也许老虎真的饿了三天；也许老虎是被激怒了；也许是老虎野性未除干净不能识别谁是皇帝谁是太监。总而言之，老虎竟然张开了血盆大口，吼叫着直奔武宗扑来。

朱厚照起初一愣，被镇住了。就在那可怕的三米多长、六七十厘米高的西伯利亚虎扑来的时候，他突然意识到：自己怕怕的。

朱厚照只是瞬间愣神之后，便立即转身逃走。朱厚照动作快，那些太监们更快，早已经跑没影儿了。老虎三蹿两纵已经来到了朱厚照身后，张开大口正要咬下去，突然间一人斜刺里跳了出来，手中钢刀一摆，"畜生，休伤我主。"来人上前一刺猛虎，猛虎身子一滑溜就蹿了过去。来人到了老虎的身后又是一刀，老虎的尾巴"啪"的一声挥去。那人"哎哟"一声，钢刀脱手。此时的朱厚照已经逃出了五六十米，迎面跑来几十个戴甲武士。"快，快，快把江彬给我救下来！"武士们一拥而上和江彬一起这才制服了老虎。

　　本来经过这次惊吓，朱厚照应该得到教训，哪知这位朱厚照是变本加厉起来。我们说他是二杆子，真是一点儿也不屈枉他。在北京土语中，"二杆子"是天不怕地不怕、浑不懔的一种说法，又有二百五的意思，具体来说就是指称这个人疯癫、鲁莽、粗野、轻狂、蠢笨、弱智和盲目自大等意思。

　　究其原因就在于这位皇帝的眼里几乎就没有什么礼义廉耻，什么做人的准则，什么事儿在他眼里就是一个玩儿。有的玩儿是用心的玩儿，有的则是纯粹的寻找心理刺激。综合起来，这位正德皇帝除了豹房中的所作所为外，还有一大罪状。那就是宠信宦官刘锦等"八虎"，闹得朝堂乌烟瘴气十多年，许多忠贞的大臣都被他们陷害而死。在朝堂混乱之际，朝堂上下大大小小的官员纷纷张开血盆大口，吞噬着治下的黎民百姓。

做梦都想去的扬州，终于显现在了朱厚照的眼前

　　以武宗皇帝的德行，百姓对其望风而逃的行为，想必我们也

能理解。但我们不能理解的是，武宗为什么跑到扬州来了？这一切，其实还是得从武宗贪玩儿说起。什么都玩儿腻了，他决定玩儿打仗，而且是和蒙古人打仗。起初，武宗倒没有这个爱好，都督佥事江彬知道武宗好色，便对他说宣府（宣府总兵驻扎在今天河北宣化）多美女。武宗便在"十二年……秋八月甲辰，微服如昌平……至居庸关，巡关御史张钦闭关拒命，乃还……丙寅，夜微服出德胜门，如居庸关。辛未，出关，幸宣府……"也就是说，正德十二年（1517）八月武宗就和江彬等人微服出访前往宣府。但巡关御史张钦为了皇帝的安全起见就是不开关，没办法只好回了北京。不久，再次微服出关成功。

就在武宗高兴之际，蒙古鞑靼小王子（即达延汗巴图蒙克）率兵赶到。朱厚照一听，也许是年轻人之间的好勇斗狠起了作用，他竟然决定亲自领兵大战小王子。皇帝陛下自称总督军务威武大将军总兵官，与之大战五日。《明史》记载："斩首十六级，官军死数百人，以捷闻京师。"据说，还曾亲手斩杀过敌人。但我们有理由怀疑《明史》记载得不准确，《武宗本纪》记载："亲督诸军御之，战五日。"时间虽然不长，明军数万大军与蒙古五万大军战了五天才死十六人。双方的战斗也似乎太温柔了些。

闲言少叙，书归正传。朱厚照回京后加封自己"总督军务威武大将军总兵官朱寿亲统六师，肃清边境，特加封镇国公，岁支禄米五千石。吏部如敕奉行"。甲寅，封朱彬（也就是江彬）为平虏伯。到此，战争的玩儿性未尽之时，他突然听说自己的叔叔宁王朱宸濠在江西造反了。朱厚照一听立刻御驾亲征，可巧江西南部巡抚王守仁已经剿灭了叛军。这本来是件令人高兴的事情，可朱宸濠的亲信江彬却将王守仁的奏报藏了起来，大队人马按时南下。这一下可苦了当地百姓。朱厚照走到哪里祸害到哪里，看到当地官员的妻女好看收了，看到村姑大姐朴素天然——收了。他整个成了一个收包大队长。

上面这么做，底下的人也就开始学他，四处为非作歹。在全国百姓看来，这群人就像是乌云，走到哪里都有一种"黑云压城城欲摧"的恐惧。我们前面说了，朱厚照经常溜出宫去民间游玩，也听了不少民间故事。他一知道扬州多美女，二知道扬州有琼花。那琼花之美，竟然可以令隋炀帝不顾一切地修造京杭大运河为之赏花。所以，朱厚照决定去扬州看看。

这一下可吓坏了扬州人民，他们终于看到了黑压压的乌云。无论是官员还是富商或是老百姓，纷纷为了自己的孩子们干起了抢女婿的买卖。其实，扬州人民在这个问题上却错怪了朱厚照。因为，朱厚照一路上抢夺民女之后，他对女人的热情逐渐淡了下去。到了扬州之后，他有了新的玩法——钓鱼赚钱。他基本上没有太多的闲情逸致去抢人家老婆了，但反正他的名声也已经很坏了，老百姓们已经认定了他们的皇帝的行为肯定会在扬州发生。

那么这一切混乱背后的导演者是谁呢？其实就是江彬。江彬在军事上可以称得上一名猛将。想当初，他在战场上面部中箭，这支箭横穿面部。可他面不改色心不跳，把箭扯了下来继续战斗。但除了战争之外，他却是一名不折不扣的野心家、大贪污犯、反面官僚的总后台。在他手下聚集了一大群贪官污吏和太监。其中就有一个叫吴经的太监。

朱厚照未到扬州之前，便派吴经前去准备。哪知道这个吴经在皇帝面前装孙子，到了地方官面前可就当起了爷爷。一到扬州，他便假借朱厚照的名义（学名儿叫矫上意），告知扬州百姓：皇帝要来了，各色人等要奉献自己的金银财宝为皇帝陛下的到来凑接待费。他又抢占了许多民宅，说是为了给皇帝盖行宫。之后，他又命令全城未婚女子都要前去伺候皇上。如此，我们便看到了开篇提到的那个场景。

金秀才怒斥蒋知府，蒋知府赶走混皇帝

扬州百姓在吴经的蹂躏下，在朱厚照即将来到扬州城的巨大精神压力下几乎快疯掉了。人们或者忙着抢老公，或者忙着把钱财埋入地下或者转移。那个时候没有银行转账，大批金银财宝想要运出去是很难的。所以，无论是有钱人还是没钱人，在对待朱厚照的问题上都是一致的：这位皇帝大人千万不要来扬州。

但事情总要来的，怕什么偏要来什么。每天城内都要广播朱厚照的行程，这一天人们听说皇帝陛下离此只有二百里了，百姓们全都疯了。也就在这一天夜里，金秀才被抢进了一座府邸。这座府邸就是本城的知府蒋瑶的住所。身为深谙官场潜规则的老官僚的他，本来平日里是能装糊涂就装糊涂，但现在是装不下去了。因为，他也有个女儿。蒋老夫人派自己的管家去大街上抢亲，因为现在男人比较紧缺。优等男人基本上都被抢过好多次了，所以蒋老太太说了：只要能抢个秀才就行呀。

金秀才自从被抢之后，被人硬按着头第三次拜了天地。原来，金秀才逃过芙蓉姐姐的追赶后，又被一个大户人家抢走，同样是拜了天地。但金秀才此时已经被逼得要起了无赖。他是一哭二闹三上吊，逼得人家没办法暂缓圆房。借着上厕所的机会，金秀才才跳墙逃了出去。不想刚到大街便又被抢走了。这回，金秀才是彻底绝望了。

看着床上坐着的新娘子，金秀才实在无法忍受，便道："这位小姐，我被你们抢来之后，我连这里是什么地方都不知道，劳烦小姐告知。"

"这位公子，这里是知府的府衙。我的父亲就是本地知府。"小姐现在也很着急，知道武宗要来了，得把自己赶紧嫁出去呀。城中秀才紧俏，都怪父亲碍于面子儿不早些动手。如今，据查城中只有这么一个秀才尚未娶亲。这样的情况下，自己就必须嫁给他才行。因此，蒋小姐想用知府千金这一身份让金秀才死心塌地地娶了她。

哪知，金秀才闻听此言是破口大骂。这一下可热闹了，在门外听音儿的仆人们连忙向蒋知府告知一切，蒋知府勃然大怒，前来兴师问罪，可金秀才毫不畏惧，站在知府面前一阵大骂：

"蒋大人呀，马有垂缰之义，犬有湿草之仁。羊羔跪乳报母恩，猿偷仙果自奔。蛛织罗网护体，鼠盗余粮防身。梅鹿见食等成群，无义之人可恨呀。蒋大人，俗话说得好：'当官儿不为民做主，不如回家卖白薯。'想您做知府十年，毫无政绩。您不觉得害臊吗？当您的子孙长大后问您做过什么，您好意思吗？您要明白，一个人的生命应当这样度过：当他回首往事的时候不会因虚度年华而悔恨，也不会因碌碌无为而羞愧！我的蒋大人呀！当您年老的时候，您千万不要说：'曾经有一个能让我名垂青史、赢得百姓爱戴的好机会，我没有珍惜。当失去的时候才后悔莫及，人世间最痛苦的事情莫过于此。如果上天可以再给我一次机会，我会对这个机会说：我抓你。'"

蒋知府沉默半天之后大怒道："身为知府，我不能为百姓解难还配做知府吗？还不如回家卖红薯！"

因此，蒋瑶蒋知府立刻起身前往吴经的住地，带着一些金银财宝前去向他求情能否不这样，哪知吴经竟然冷笑道："蒋知府，这可是皇命。须知皇命难为，你若胆敢抗命，就杀了你！"

蒋知府自从来到这里已经说了两个时辰了，可得到的答复竟然是这句话。因此，他勃然大怒道："我抗命是死，但你也活不了。要知道这么逼迫老百姓，到时候激起民变的话，你也小心皇上要了你的头。"

这封建社会的皇上最怕不稳定，有人造反。因此，吴经闻听此言，经过一阵盘算，觉得该捞的也捞了，回去得了。因此，吴经便打了包袱赶着马车装着财宝回去了。送走了瘟神，又来了魔鬼。朱厚照进城了。

令人想不到的是，朱厚照异常平静，每天就在湖边钓鱼。作为当地的父母官，蒋知府也要陪同。朱厚照的手气还真不错，竟然钓上了一条大鱼。朱厚照大笑道："蒋知府，你的命还真不错，这条鱼就赐给你了。"

蒋知府一听真是感恩戴德，连忙跪倒在地连声称"谢主隆恩"。

可站在他身边的江彬却阴沉着脸说道："万岁，就这条鱼恐怕得值五百金。哎，蒋知府呀，皇帝赐给你的这条鱼也是费了很大力气的。按照劳动就有报酬的规则，恐怕您得买下来吧。"

朱厚照一听，哈哈大笑："对对对，蒋知府，江彬说得对呀。"

江彬早就知道蒋知府虽然能力不高，但绝对是个好官儿，因此，五百金他绝对拿不出来。因此，想治他慢（怠慢）君之罪。可哪知，蒋知府竟然答应了。蒋知府回家之后拿了首饰和衣服回来，向朱厚照面前一放。朱厚照大为吃惊，对之言道："蒋知府，你这是何为？"

蒋瑶答道："万岁，因为连年灾荒、战事，外加奸臣当道，横征暴敛，巧取豪夺。国库已经没有钱给我们发工资了。所以，五百金我拿不出来，只好用这些东西顶了。"

朱厚照听罢苦笑了一下："好吧，这条鱼我就送给你吧。"

蒋知府自从被金秀才骂了一顿之后，已经豁出去了。他决定要尽快让扬州平静下来，但前提是朱厚照得尽快离开。但作为一个臣子，他觉得自己很难做到，但不做又不行。这时，朱厚照再次接见了他，要求他进献琼花。

蒋瑶闻听大声说道："琼花本来是有的，但自从宋徽宗被金人掠走，坐井观天九年最终病死之后，琼花就绝种了！"

武宗听罢又是一阵苦笑，喃喃自语："看来我真的得走了。"但他并不肯善罢甘休，他明目张胆、厚颜无耻地对蒋知府说："你总不能让我白来吧，老百姓家也不会让客人白做客吧，你总得让我带回去点儿土特产吧。"哪知蒋瑶却丝毫不给面子儿，斩钉截铁地说道："没有！"

武宗一看，眼前这位知府实在不识逗，算了吧，走吧。

对明武宗的赞赏是对现实的不负责任

正德十六年三月（1521年4月），明朝的皇帝——正德死了。

他这么一死，全明朝的老百姓的心里恐怕都要鞭炮庆祝了。唐伯虎作为一位普通的老百姓，肯定是不敢公开议论皇帝的好坏。但从嘉靖改元这件事情上我们可以窥知，唐伯虎和全国老百姓一样都很高兴。皇帝死的当年是不能改元的，因此，1522年嘉靖皇帝改元，唐伯虎作了一首诗祝贺，其内容非常明显地在数落明武宗，希冀嘉靖皇帝能够一扫乌云，其诗曰：

  世运循环世复清，物情熙皞物咸亨。
  一人正位山河定，万国朝元日月明。
  黄道中天华阙迥，紫微垂象泰阶平。
  区区蜂蚁诚欢喜，鼓腹歌谣竟此生。

  近年，有些新奇的历史观点，说武宗是一位少见的无道昏君，更有一些厕身于专家队伍中的人高喊诸如武宗追求个性解放，平易近人，心地善良，非常具有个性色彩。如果这样说，"木匠皇帝"也很有个性，那位"教主道君皇帝"宋徽宗更是厉害，还有那位"寂寞梧桐深院锁清秋。剪不断，理还乱"的多情词人李煜等，都很心地善良，都很追求个性解放呀。但是，他们"悔不该生在帝王家"。同样是有个性的顺治，慨叹一句"我本西方一衲子，为何落在帝皇家"，之后，该干正事儿还是干正事儿。

  每个人的肩头都有权利和义务，当你不能完成你的义务，历史等待你的或者是批评，或者于当世在火上跳舞（指徽、钦二帝），直至成为灯油。明武宗是幸运的，今世有人将武宗这样不作为皇帝治理下的明朝，捧为"个人主义"的楷模，极大地促进了经济发展，大大地推动了城市化发展等，诸如此类。但真实的明武宗并没有做好自己的本职工作，就算你再不情愿，干一行爱一行，这是做人的基本原则。况且，皇帝这份工作，可是关系到亿万人的幸福乃至生命，真不想干，出家、找死都是好的选择。

  那么，做一下对比，就可以看出，明朝其实是衰亡于武宗的。

第二章
明衰亡于武宗，必亡于万历

鸡鸣天子与豹房顽童

《明太祖实录·洪武十八年·五月戊寅》中有这么一条记载，具体日期是洪武十八年五月初六，公历是1385年6月13日。那一日，朱元璋对群臣说：

> 我每天兢兢业业地工作，早晨就开始工作直到太阳高高挂起才稍事休息，之后又工作到太阳落山。晚上常常坐在座位上静思，今天一天的工作中有没有决断失当的地方。有时一直思考到深夜，思考完毕之后才去睡觉。
> 难道我是铁打的吗？难道我不喜欢安逸的日子吗？过

去天下没有安定的时候，我饿了没有时间吃东西，疲倦了没有时间休息，整日地工作，经过我奖励有功的将帅，才最终天下安宁了。这时，就算我天天饮酒作乐，难道有人会说什么吗？

但是，我不能呀。回顾历史，哪个朝代、哪个强国不是靠勤政而兴旺！相反，哪个不是因怠政而亡。

天命的来去，人心的向背，都要靠皇帝的勤与怠，这实在是太可怕了。我怎么还敢浪费时间而利用空闲时间去图享乐呢？

如何评价朱元璋呢？有位非常著名的畅销书作家、老师，对朱元璋非常排斥，说他是小人，屠戮功臣，看不起知识分子。我倒不这么认为，纵观中国历史，自秦之后，凡是能开创大朝代大基业者人格都有问题，刘邦、朱元璋在那位作家眼中一路货色。但唐朝的李世民呢（唐朝由李渊开创，但在人们印象中似乎李世民功劳最大，因此，本文为了对比也暂用此说）？抛开李世民家族复杂的汉族少数民族血缘交叉问题，玄武门之变呢？宋朝的赵匡胤更是夺了人家的天下。李世民家族算是贵族了，赵匡胤也有一说是出身于武将世家。

我们不禁要问，按照那位著名畅销书作家的观点，什么样的皇帝是好皇帝呢？再者，元末的所谓儒家子弟，又有多少在道德上占据优势呢？熟读历史的人都知道，报效元朝者为人不齿，有功名在民间者往往为害乡间。作为贫苦人出身的朱元璋自然要恨要蔑视这些人，但即使蔑视了，儒者又能如何？仍然是为了荣华富贵而如飞蛾一般。

评价皇帝有无功德，只能从他的政策对当时的国家与民众有好的还是坏的作用上看。历史很公正，朱元璋所设计的一些制度，一直延续到清朝，五百年的历史足以证明朱元璋的伟大。

正如黄省曾的《洪武宫词（十二首）》中的一首所言，朱元璋最大的特点就是"鸡鸣天子"，非常形象地展示了他的勤政，诗曰：

鸡鸣天子下床梯，内直红妆两队齐。
阊阖虎头门大启，春星犹带紫宫低。

反观，明武宗就正好相反了。王世贞有《正德宫词（八首）》，另外还有十几首描述正德皇帝的诗，大概二十首，恰如其分地展现了正德皇帝的昏庸与玩乐。我们择其中三首展示如下：

敕扫椒风第二房，俱传倩女出平康。
天宫欲晓人间事，约伴相过话夕阳。

金鳌桥畔柳丝长，舴艋舱头有柘黄。
六院小儿初病酒，御前亲自过鱼汤。

绦案东头有皂囊，不知畴日进封章。
付教河下金珰手，莫遣君王甲夜忙。

这三首诗，每首都可以被如今的一些牛人读出可贵之处。如第一首说的是明武宗找妓女的事儿。明武宗娶了个有夫之妇刘美人，刘美人是个乐户，人们通常称乐户女子为伎，其实，在那个时代，伎与妓的差别并不太大，她的丈夫是晋王府的乐工杨腾。诗人冠之以"欲晓人间事，约伴相过话夕阳"，牛人就会这样解释：从中可以看出武宗皇帝的眼中没有高低贵贱之分，为了了解民意约请青楼女子互相依靠着、偎依着，我拉着你的手，你拉着我的手，看着红日落下的美景，互诉着离别之情。

明武宗含情脉脉地说："哦，亲爱的，现在，菜市场萝卜多少钱一斤？""哦，陛下，我不知道。""哦，你们这地方，有什么地痞恶霸吗？""哦，我们家门前的看门老头就是个老恶霸。他眼中有等级，乞丐不让进，女人不让进，其实，有钱就没有等级嘛！""哦，亲爱的，民间对我评价如何？""哦，我的陛下，民间都说您平易近人、可爱可亲、英武飒爽，直追姚明。"

第二首中的"亲自过鱼汤"，就更显得武宗陛下亲民啦。亲自给病了的美女尝鱼汤的味道好不好、热不热，这简直就是新一代的好丈夫呀。

第三首，我们就不再多言了。

我要说，这种标新立异有必要吗？各行各业都有自己的规矩，皇帝有皇帝的规矩，百姓有百姓的规矩，官员有官员的规矩，这种规矩不是等级的规矩，而是你所从事职业的规矩。老百姓勤勤恳恳地工作，按国家规定缴税、服兵役；官员勤勤恳恳地工作，不贪污，不受贿，勤政爱民；皇帝也要勤勤恳恳地工作，内阁、下属上报来的文件，你得认真地看，该马上同意的同意，该否决的否决。你不好好工作，把文件和决定权交给太监们，自己拿着天下玩儿，让整个国家和人民陪你娱乐。你再有人性、再有个性也是坏了规矩，是个不合格的皇帝。

武宗、万历与唐伯虎：新旧时代不能不说的三个男人

明武宗的娱乐一生，可用这几个字来总结：贪玩好色、嗜酒乖张。正德皇帝每天酒不离身，太监们为了保障自己的权力，

经常给他出主意，如何以酒为乐。听说，保定巡抚伍苻善饮酒。明武宗与他玩藏阄的游戏，经常耍诈，把阄往地上一摔，让伍苻去捡，并且罚他数瓢酒，结果伍苻被灌得酩酊大醉。明武宗则站在一旁，指指点点，大笑不止。

最令人诟病的当属豹房，以各种各样的新奇方式玩弄女人。锦衣卫都督同知于永善精通御女之术，明武宗忙不迭地将其召入宫中。中国的、外国的，黄种人、白种人、黑种人应有尽有。正德九年（1514）乾清宫大火，身在豹房的武宗皇帝以看烟花的心情大声叫好，"好一蓬大烟火！"

后世的"木匠皇帝"熹宗其实要比武宗"差"多了，武宗是贻害天下，熹宗则是自己在家里做木器，做好了便拿到集市上去卖，反而是自娱自乐。

对武宗批评了半天，他和本书的主人公唐伯虎有什么关系呢？其实，这一切都要从明朝的国运开始说起。如果把明朝分为两个阶段，国运上升期和下降期的话，成化、弘治时期是转折点，正德时期则是下降期的开始。唐伯虎正好生于成化时期，成长于弘治时期，成熟于正德时期。唐伯虎是一个悲剧性人物。

万历时期，这种畸形的娱乐业和经济已经到了无可挽回的地步。而万历时期所体现的问题，其实在成化、弘治时期就已经出现了。之所以选择唐伯虎作为本书的第一主人公，其根本就在于唐伯虎是后世某些方面的引领者。唐伯虎生与死的五十多年，是古代秩序逐渐瓦解的过程，而唐伯虎就是亲自动手拆除这一秩序的人。他与明朝的娱乐业、经济有着割不开的复杂关系，一方面他是拆解旧秩序的人，一方面他又受旧秩序的影响。

弘治皇帝作为君王，面对古代化向近代化的转型，较有作为，他对古代化的制度进行了系统总结，从而将转型期间的一些问题的破坏力降到了最低。进而，才有了所谓的"弘治中兴"。也就有了唐伯虎人生之不幸的一面。

但可惜，弘治之后的正德、嘉靖长达六十多年的不作为，直接导致新旧转型间旧秩序被彻底抛弃，进入万历后的新秩序则处于一种畸形状态。

晚明（万历年间开始）社会典型的畸形经济与畸形娱乐业互相促进，直接造成古代中国的传统观坍塌，泼脏水的同时也把澡盆里的孩子给扔了。更使得晚明在荒政、民生、吏治、军事等多方面全部向钱看，面对瘟疫、农民起义、边关危机，步步失败，直接造成经济世界第一、军事力量从物质方面看也很强大的明朝最终亡国。

明朝成化、弘治、万历年间，是目前明史学界逐渐形成统一意见的"社会古代化"向"社会近代化"萌芽的重要时期，中国近代化与欧洲近代化是同步的甚至更早，基础更雄厚。然而，因为明朝社会转型期间，最高统治者的不作为，直接造成了明代社会转型的失败。

通过唐伯虎的一生介绍了明朝社会转型失败的原因。由此得出，对于历史大潮中的人，即使如唐伯虎那样的天才也不可能不被潮流所裹挟。但无论怎样，人的一些底线是不能被抛弃的，例如对国家民族的忠诚、对百姓民生的关注、对吏治的整顿、对奢侈行为的警惕、对非正常娱乐业的抵制等。

现在我们就看看成化、弘治时期的唐伯虎是如何从旧时代走向新时代的，一个身处转型期的知识分子将遇到怎样的坎坷。其实，这种坎坷，我们自身也会或多或少地碰到。我们要做的就是如何吸取唐伯虎的教训。

第三章
明武宗下扬州前后的唐伯虎

明武宗之所以要下扬州，主要是为了一个叫朱宸濠的人。朱宸濠（1479—1521）是明太祖朱元璋的五世孙（即朱元璋是朱宸濠的天祖父），这个人被认定为"四肢粗大，头脑简单"。之所以这样说，其最根本的原因是人家造反都是暗中来，他却煞有介事地大张旗鼓。其实，这也不能怪他，主要是明武宗朱厚照这家伙太不行了，身边尽是一些佞臣内宦，如以太监刘瑾为首的"八虎"，他们失败后就是江彬。他觉得这样的皇帝能有人愿意保吗？他忽略了传统教育的力量。

尽管明武宗时代，中国社会已经向近代化发展，同时，思想领域也出现了近代性特点。然而，这种近代性和近代化的探索在明万历时期失败了。武宗时期正处于这种转型过程中，而且，传统思想中最核心的忠君思想尚未受到大的冲击。因此，朱宸濠这个不学无术的家伙，根本不能体察大势，以为自己振臂一呼就能让全世界的人跟着他造反。

唐伯虎与李白，同是时代的弃儿

亲王造反，明朝早有先例——燕王朱棣，叔叔夺了侄子的帝位。如果朱宸濠能够成为明朝第二位夺了晚辈江山的人，那么，历史就会给他一个新的评价，可惜他失败了。朱宸濠一门，对朱厚照一门早有怨恨。当年朱棣就曾经许诺给朱宸濠的直系祖上大大的好处——平分天下，但等朱棣一上了位就变卦了，而且还四处打压，让朱宸濠的祖上含恨而亡。

朱宸濠早就决定造反了，然而，弘治皇帝的出现让他不得不忍耐。在弘治的领导下，朱棣一脉坐定江山是全天下人共同的心愿。好不容易等到弘治死了，盼来了一个朱厚照，看着这个年轻的皇帝越来越胡闹，朱宸濠心中异常欢喜。忍耐了许久之后，正要点炮仗的他，却被身边一个放鞭炮的人吓了一跳。

正德五年（1510），宁夏安化王朱寘鐇造反了！虽然在名将能臣杨一清居中调度陕西兵马，仅用了19天就平定了叛乱，但安化王的行为，却给他带来了信心。他错误地认为时机快到了。但造反需要人才，除了招兵买马，他竟然公然招募强盗加入，并给他们许以高官。例如凌十一、闵廿四、吴十三等，这些人强盗出身，平日里打家劫舍、抢夺民间财物，干尽了坏事。除了招纳鸡鸣狗盗之徒外，一些文人才子也是要的。造反要文人干啥？当然有用呀，至少也要充充门面，写写檄文。

朱宸濠觉得江南才子中，解元唐伯虎是必须要招揽的。唐伯虎的才名遍布江南地区，人称第一才子。弘治年间的科考舞弊案，让唐伯虎名声扫地。弘治一道永远不允许唐伯虎为官的圣旨，肯定让唐伯虎恨死了弘治。连带着，唐伯虎也肯定恨透了明武宗。

因此，朱宸濠连忙派人请唐伯虎。正德九年（1514），宁王朱宸濠派人携带重金来苏州聘请人才，最主要的目标就是文征明和唐伯虎。文征明果断地婉言谢绝，毫不考虑；唐伯虎则欣然前往，根本不顾及朋友们的劝解。

唐伯虎为什么要去呢？答案就是一个文人的传统思想。

张灵与崔莹

士农工商，是古代封建社会给人们贴的等级标签。尽管，"士农工商"是出自管仲方便管理齐国百姓的目的，并没有贴等级标签的意思。但后世的人，早已经忘了这一点，"士"居四民之首的观念，早已经浸入读书人的骨髓。唐伯虎也不能够例外，他希望通过朱宸濠这一藩王的身份先进入官场，以厕身于"士"的行列。当然，唐伯虎丝毫没有造反的意思。

刚一到南昌，宁王便在银銮殿隆重接见，此时的唐伯虎春风得意。然而，当他进入王府半年后，却发现宁王所做之事，大多有违宁王标榜的信念，如爱民呀、忠君呀等。这个朱宸濠实在过分，他是"尽夺诸附王府民庐，责民间子钱，强夺田宅子女"。随着时间推移，唐伯虎慢慢地觉出了问题的实质，李白的前车之鉴（误上永王李璘的反叛贼船）陡然间在脑袋中影射而出。他思考着退出旋涡的方法，但有件事拖了他的后腿。

唐伯虎此来还有另外一个目的，为好友张灵寻找他的女朋友。张灵字梦晋，生卒年不详。家中非常贫困，与唐寅既是邻居又是同学，同时，也是唐伯虎的晚辈。因此，他的绘画受唐伯虎影响很大。二人对朋友都是极为仗义之人，唐伯虎更是如此。

当唐伯虎刚要离家去南昌之时，张灵突然来到了眼前。此时的张灵骨瘦如柴，犹若大病初愈一般。唐伯虎连忙上前一问，才知道张灵是托他去南昌的时候，看看有没有一个叫崔莹的女人。

原来，半个多月前，崔莹和父亲游览虎丘时与才子张灵相遇。张灵一见崔莹便神魂颠倒，立刻上前搭讪，经过一番软磨硬泡，崔莹对张灵也有了一定的好感，张灵对她更是一见钟情，魂不守舍起来。回到家后，他茶饭不思，四处托人寻访这位美女。后来得知，崔莹刚刚回家，便在路上遇到了宁王手下一个姓季的奴才。奴才的老婆刚刚故去，一见崔莹之貌，立刻向其求婚。崔莹的父亲严词拒绝之后，季姓奴才一使坏便将崔莹献给了宁王。崔莹为此伤心不已，留诗一首：

才子风流第一人，愿随行乞乐清贫。

入宫只恐无红叶，临别题诗当会真。

唐伯虎和张灵自幼便认识，原因很简单，两个人是街坊，唐伯虎长张灵十岁。在叛逆程度上，张灵是有过之而无不及，唐伯虎都要佩服他。

唐伯虎看着眼前生性风流、狂放不羁的才子，竟为一个女人如此，不禁心中一阵感动，张灵准是遇到了自己心仪的女人，否则不会如此，为了好兄弟，唐伯虎重重地点了点头："兄弟，虽然虎丘一游你们只见过一面，但已是一见钟情，我必然促成你二人闪婚好事。我定会尽心地寻找，放心放心！"

那么，朱宸濠为什么抢夺崔莹呢？原因很简单，朱宸濠深谙老子"将欲弱之，必固强之；将欲废之，必固兴之"的道理。他欲杀武宗，必先谄媚于武宗。他知道武宗是个什么货色，因此，极尽能事巴结武宗，让他变得更坏更坏。例如，明武宗喜欢观灯，他便贡献了新样的四时灯数百盏，结果引发火灾，将乾清宫给烧成了灰烬。朱宸濠还知道明武宗最好色，武宗好色全国人民都知道呀。

对于明武宗的所作所为，宁王是百分百的支持，而且尽其全力搜罗美女。为此，他从南方挑了十名"江南粉娃"。这些人大部分都是在他的威逼利诱下，不得已把女儿送过去的。崔莹也是如此。崔莹貌美如花，有沉鱼落雁之容，西施、赵飞燕之貌。

唐伯虎偏主流思想之侠客精神

何为侠客精神？有大侠、小侠之分。小侠，正如太史公（司马迁）所言，虽然做事不必都属于正义，但言必信、行必果、诺必诚，为信誉二字，可以不计性命。大侠则属墨家，为仁为义为天下为民，皆可以抛头颅洒热血。侠客可以不守常规，不畏礼制乃至法规，走常人不走之路，行常人不为之举。因此，侠客精神有着强烈的个人主义因素。成化、弘治时期，由于商品经济的发展，人们日渐脱离旧秩序的束缚，因此，唐伯虎自小就流露出了很强的侠客精神。例如他在《题伍子胥庙壁》上说：

白马曾骑踏海潮，由来吴地说前朝。

眼前多少不平事，愿与将军借宝刀。

当年伍子胥被夫差逼死自刎后，每年钱塘江大潮便有一位金盔金甲的将军提刀在手，骑白马在江面奔腾，据说，他被封为钱塘江的"江神"。所以，唐伯虎才有"白马"一说。由此可见，唐伯虎身在民间，对于民间的各种风俗、文艺形式都极为了解。

科考舞弊案之前，唐伯虎还写过一首《侠客》，更能体现他对"侠"的迷恋。

> 侠客重功名，西北请专征。
> 惯战弓刀捷，酬知性命轻。
> 孟公好惊坐，郭解始横行。
> 将相李都尉，一夜出平城。

自从司马迁将"侠"正面化后，"侠"的那种不服礼教，只凭自身感觉，为了天下大义而不惜粉身碎骨的精神，便让许多人迷恋。这首诗，充分代表了唐伯虎科考舞弊案前的思想。诗中用典得心应手。孟公就是孟尝君，为人好客，门下食客三千；郭解，西汉时的游侠，后被汉武帝所杀；李都尉就是"飞将军"李广。

唐伯虎的"侠客"思想，还有一个思想来源，那就是他的偶像李白。本质上，唐伯虎和李白都属于浪漫主义诗人的坯子。然而，因为唐伯虎所在的时代环境和个人境遇不同，使其无法浪漫起来。但二人都同样有一种自负下的大气、侠气。

李白极为崇拜鲁仲连（战国末期齐国人，约公元前300—前250，燕国攻占了齐国的聊城，田单收复聊城之战很艰苦，鲁仲连听说后，写了一封信射入城中，燕国大将看后拔剑自刎，齐国军队收复聊城。鲁仲连后隐居），高声喊着"纵死侠骨香，不惭世上英"（《侠客行》）。唐伯虎也非常崇敬鲁仲连，曾写："尝自谓布衣之侠，私甚厚鲁连先生与朱家二人，为其言足以抗世，而惠足以庇人，愿赍门下一卒，而悼世之不尝此士也。"（《与文征明书》）

唐伯虎和李白的这股侠气都有一个底蕴，那就是儒道思想。他们都是一方面"兼济天下"，一方面又不愿多受束缚。李白因为生活在盛唐，他的气势非常宏伟，因此才能唱出"激大千以崛起，向九万而迅征""虽长不满七尺而心雄万夫""日试万言，倚马可待"的词句，即使最终失败了，被赶出京城，李白仍然"仰天大笑出门去，我辈岂是蓬蒿人！"更期望自己有朝一日会"长风破浪会有时，直挂云帆济沧海"。

自此，李白四处游荡，以天下为家，最终借着"安史之乱"的"大好时机"投奔了永王李璘。

唐伯虎呢，则在未得功名之前，便发出"人言死后还三跳，我要生前做一场"（《夜读》）的狠劲，正如我们少年时曾经说的"如果我考不上，我就某某某"等。等考上解元之后，便高兴地说着"秋月攀仙桂，春风看杏花。一朝欣得意，联步上京华"。

最后，两人还有一个特点，都非常自负。李白不用说了，地球人都知道。唐伯虎更是自负，就是对偶像李白，他都有些不服，还想与之较量一番。有一件小事最能说明唐伯虎的狂放、自傲。清梁维枢《玉剑尊闻》卷九《简傲》记载过这样一个故事：

> 某次，唐伯虎与一位朋友正在下围棋，突然有一位当官的来访，是位给事中，专门从浙江赶来的。进了屋里，那人连忙给唐伯虎行礼。唐伯虎很不耐烦地说："我正下棋下得高兴呢！"给事中一听只好走了出去，给仆人留了地址后便回到了自己的船上。下棋下一天甚至几天的情况都有，这位大人足足等了多半天，实在太累了，便慢慢地在船上睡着了。唐伯虎下完棋后，才想起还有位朋友呢。一问，走了，便有些不高兴。但人家毕竟是远路的朋友，唐伯虎便拿着地址前去江边寻找。
>
> 给事中大人已经睡着了，唐伯虎一听，冷笑道："哼，他睡了，我也困了。"说罢，上了床把给事中的身

子推了推，也躺在了床上，更可乐的是还把给事中的被子抢了过去。给事中被冻醒了，睁眼一看，"呵，唐伯虎！"他拍了拍唐伯虎的肩膀，轻声呼唤，哪知，唐伯虎的鼾声更大了。给事中没办法只好也躺了下去，睡了。

第二天中午过后，唐伯虎醒了。给事中面带歉意，说有个朋友宴请他，"您稍微等会儿我！我跟他客气客气之后就回来！"说完，他便上了车，可唐伯虎见状勃然大怒，立刻披上衣服回了家。

到此处，有一个有趣的现象出现了。唐伯虎非常崇拜李白，而他们都有一个"上贼船"的事件，只不过，唐伯虎提前抽身，而李白恐怕至死都觉得自己很冤。也许，正是因为李白有过这样的经历，粉丝唐伯虎才没有最终陷进去。二人的身上有着很强烈的相同性。

也许正是因为唐伯虎和李白太像了，二人的最终结局也非常相似，都是非常凄惨。唐伯虎要不是朋友们相助，穷得连个像样的坟地、棺椁都没有；李白呢，则比他似乎还要惨。唐伯虎的女儿最终嫁给了书法家王宠的儿子，衣食无忧；李白的儿女则很凄惨，男儿不知所终，女儿则"状似农妇"，很是朝不保夕。唐伯虎死后粉丝修葺墓地，李白也是如此。

尽管唐伯虎和李白都曾经劝过世人要做事谨慎，然而，唐伯虎和李白的性格使他们根本无法在他们那个年代享受成功的喜悦。

唐伯虎的侠客之心，使他决定帮助张灵找到崔莹并带着她一起逃离宁王府。然而，如何才能找到崔莹呢？如何才能逃出宁王府呢？暂时没想到办法，所以不能走。

两肋插刀唐伯虎

宁王将收罗到的十美女聚在一起,让唐伯虎去画,之后派人送到北京去,让武宗挑选。唐伯虎受命之后,开始作画。当唐伯虎画完九张美女图后,第十位美女坐在了她的面前。与其他美人不同,这个美人面带愁容,脸上还有泪痕若隐若现,美貌中透着无尽的哀伤。唐伯虎见状,便与之闲聊,一问,令他大吃一惊,眼前的这个女人竟然是他苦苦寻觅的崔莹。

瞬间,唐伯虎脑袋中想到了隋唐演义的平话。平话是曲艺的一种,我们现在北方叫作评书,南方叫作评话的曲种,前身就是平话。隋唐演义的平话自宋代开始就很流行,作为常在民间混的唐伯虎,自然对此非常了解,因此,对"两肋插刀"更是了解。为此,他决定立刻把这个消息告诉张灵,并绝不能为崔莹画像,否则,皇帝看到了必然让其进宫,朋友的幸福将葬送在他的手中。为此,他不惜冒着生命危险,或是装病或是推脱灵感不在,就是拖着不画。

"两肋插刀"是一种什么精神?它是一种为了朋友甘愿去死的精神。其原型就是瓦岗英雄秦琼秦叔宝,他为了朋友染面涂须扮作官府通缉的逃犯。来到两肋庄的时候,想到了死,自然想到了母亲妻儿。看着一条是回家(山东历城)的路,一条是去登州(通缉朋友的地方)的路,他不禁愣在了路口。犹豫良久之后,秦琼跃马直奔登州。为此,便有了"两肋岔道,义气千秋"的说法,随着口口相传,"秦叔宝为朋友两肋庄走岔道"就变成了"秦叔宝为朋友两肋插刀"了,由此,"两肋插刀"这个成语基本定型。

这时,唐伯虎开始思忖该怎么逃出宁王府。宁王此时尚未叛变,而宁王是亲王,告亲王的状那可不是闹着玩的,除非有板上钉钉的证据不可。再者,唐伯虎确实也有一种想法,宁王也许会成功,因为当今的皇帝明武宗太差劲了。

明武宗是一位罄竹难书的皇帝,不务正业、为非作歹、重用奸臣、不理朝政,每天就知道玩。他不管世间存有"规矩"二字,他笃信的是"我是皇帝,我就是规矩、就是一切"。

这可怎么办?

在那个追求个性大时代下的唐伯虎与张灵

就在这时,他收到了文征明的一封信。自从宁王派人请名士,文征明装病不去之后,他忽然听说唐伯虎、谢时臣、章文等名士全都去了。文征明立刻病倒,头痛得很。在病中,他写了两首诗和一封信寄给了唐伯虎等人。在信中,他告诫唐伯虎,千万不要以为学习枚乘、乐毅、邹衍、司马长卿等人,在权贵之间纵横捭阖,就能获得功名和成就,还是小心为好,安安全全地过此生才是真的。

唐伯虎看到了这封信,使他更加深了逃离宁王的决心。而这时,如何离开却使他踌躇起来。唐伯虎是从何处得到灵感,今人难以知晓。但对于历史非常了解的唐伯虎肯定会从古人的案例中得到某种启迪。古人为了免遭祸端而采取了各种各样的方式。可以说,避祸方法的圆润与否,代表着这个人的成熟程度。一般来说避祸方法有隐退、示坏、献丑、圆滑、溜须五大类方法,我们依照唐伯虎的情况一一解说。

唐伯虎偏主流思想行为之为活命而裸奔

例如圆滑，武则天时期的丞相苏味道，在疑心重重的女皇帝手下安安稳稳了一辈子，他的避祸方法就是：不要有原则，不要有德行，领导的原则和德行就是自己的。手下也不能得罪，同僚也不能得罪，就是路边要饭的也不能得罪，总而言之与一切人打好交道。什么事情都是模棱两可，不做主，不主动参与，两边买好，永受好处。

显然，唐伯虎不是这种性格，他也没有那个地位、那个资格。

隐退的例子比较多，例如明朝永乐年间帮助朱棣篡位的"道衍和尚"姚广孝、辅助勾践杀夫差称霸天下的范蠡等。前者寿享84岁，虽然没有归隐山林，却隐于朝政幕后，人称"黑衣宰相"；后者更是后来和西施一起归隐，在山东做起了买卖，成为至今仍然被商人们顶礼膜拜的"陶朱公"！

显然，唐伯虎不具备这样的条件。逃都逃不出去，怎么可能隐居呢？

示坏。这个最典型的代表就是萧何了。"兔死狗烹"，刘邦对于功臣总是斩尽杀绝的，萧何虽然为大汉王朝尽心尽力，但也时常害怕屠刀落到自己的头上。因此，想来想去他想明白了：以他今天的地位，皇帝再赏的话就得是裂土封侯了，可几乎所有的异姓王都被刘邦杀了。刘邦要杀他，无非是怕他造反，只要他失掉了民心，自然不会造反。因此，萧何便经常抢夺百姓财物，吞并农民的土地。后来刘邦得胜归来，众百姓跪地告状，刘邦见到他后仅仅一笑，让他谢罪退还田地了事儿。

显然，唐伯虎既没有这个实力条件，又没有这样的性格。

溜须。这个在中国历史上可以说多得不可枚举，凡是被称作

"奸臣"的人，基本上都是溜须拍马的高手。不但奸臣，就算是忠臣、刚烈之臣，也不敢拍着胸脯子说没有溜须拍马过。

显然，唐伯虎的身份使他即使溜须拍马同样不能避祸。

最后，唐伯虎能用得上的避祸方法，就只有一个"献丑"了。献丑的典型就是孙膑装疯。

孙膑与庞涓都是传奇人物鬼谷子的学生，庞涓下山求取功名，在魏国为大将军。后来，孙膑来到魏国，经过几次漂亮的问答，以及出谋划策，孙膑的风头迅速赶上了庞涓。本来，孙膑是抱着"有福同享"的心思，而他根本没有顾忌到庞涓的想法。庞涓非常害怕孙膑得宠超过自己，便准备除掉孙膑。某次，孙膑在齐国的堂兄说自己的父亲，也就是孙膑的叔叔故去了，希望他赶紧回家。孙膑看后连忙写回信，告知稍后即回。

庞涓得到了这封信，模仿孙膑的笔迹将其中的几句进行了涂改，大概意思是：我身在魏国心在齐国，一定找机会为齐王效力。庞涓将这封信交给了魏王，魏王勃然大怒要处斩孙膑，庞涓趁机求情，将孙膑的膝盖骨剔去，是为"膑刑"。这样做，既可以买好（孙膑与庞涓是同学，而且庞涓又是举荐人，他若不管，同僚们肯定会有想法），又可以把孙膑控制在手。孙膑受刑之后被庞涓接到了家中，孙膑对此事的前后尚不知情，感激之下又将自己的许多兵法心得告诉了庞涓。而这时一位和孙膑很好的老仆人把真实情况告诉了他，孙膑听后沉默良久，几天不说话不吃饭。这一天突然狂笑不止，送来的饭他扔到地上，趴着吃、捡着吃。

庞涓得知孙膑疯了以后，把他关在了猪圈里，孙膑在猪圈里仍然如此吃饭，庞涓看在眼里恶心在心里，欢悦之情却在头脑中萦绕。这时，庞涓才不再遮遮掩掩，将对孙膑的敌视写在了脸上。

他将孙膑用铁链锁在了门外。过了一些日子,齐国使臣田忌出访魏国,他识别出了孙膑在装疯后将其带到了齐国。孙膑后在齐国任军师,率领齐军与魏军多次交锋。最终,庞涓被孙膑战败,羞愤自杀。

为此,唐伯虎选定了"献丑"之计,而这时,恰巧一位叫王秩的人给了他新灵感。据康熙年间的《昆山县志稿》卷十四《名臣上》记载:

> 王秩,字循伯,疏爽明达,饶有干局。……每谓家人曰:"宁邸志满气扬,阴养任侠,不出十年,江右必骚动矣。"时唐寅客王所,秩微讽之,寅佯狂以归,得免。

唐伯虎在装疯的日子里,每天疯言疯语,宁王把他叫到眼前,他是说东说西就是不说正道。更有甚者,他还玩起了行为艺术,赤身裸体的在大街上左喊右喊。尽管,最终宁王视其为"志大才疏"之人,不堪其扰将其打发回家。但无论如何,他赠给宁王的《诗赠宁王》成为五百多年来人们对其品头论足的笑谈,也成为他的"谶语":

> 信口吟成四韵诗,自家计较说和谁?
> 白头也好簪花朵,明月难将照酒卮。
> 得一日闲无量福,作千年调笑人痴。
> 是非满日纷纷事,问我如何总不知?

唐伯虎逃回苏州后,将崔莹的消息告诉了好友张灵。张灵听到这个消息之后就病倒了,作为一个平民百姓,无论你的诗词歌赋书法绘画再好,在权力面前总是弱小的。你可以戏耍富人,但对于带兵持剑的强者,文人总是一文不值的。因此,张灵只有长吁短叹,在长长的相思中病倒了。看着好友逐渐消瘦,唐伯虎也毫无办法。

没过多久，张灵就离开了人世，据估算，不过35岁。张灵死后，宁王于正德十四年（1519）六月起兵造反，七月被剿灭。八月，唐伯虎的家中来了一位女子。当唐伯虎迈出房门的那一刻，想必他的泪水肯定是夺眶而出，眼前的这个人正是张灵当年朝思暮想的崔莹。当唐伯虎将张灵相思而病、思虑而亡的经过告诉崔莹之后，崔莹当即瘫软在地。

原来宁王被抓后，朝廷便将众人放了出来。她是带着千般喜悦万种风情前来苏州的，不想张郎已经故去。崔莹请唐伯虎带路，来到了张灵的坟前。经过一阵哭诉之后，崔莹殉情于墓前。唐伯虎将其合葬于一座坟中，题碑为"明才子张梦晋佳人崔素琼合葬之墓"。据《列朝诗集》记载，张灵临死前写了一首《临终诗》，诗文为：

一枚蝉蜕榻当中，命也难辞付大空。

垂死尚思玄墓麓，满山寒雪一林松。

唐伯虎偏主流思想行为之颓废与自我

在唐伯虎与张灵将近20年的相知旅程中，他们互相支持、互相劝慰，在艺术上互相促进、学习。然而，英年早逝的张灵，他的存世作品相当少。北京故宫博物院中存有一张二人合作的书画作品——《招仙图》，又名《朝仙图》，这幅画长111.5厘米，宽29.5厘米。画的是在皓月当空下，水波茫然无际，水中芦荻丛中芙蓉花儿开，整幅画以这个情景为大背景，然而最下边的美女思绪则是主要的描绘对象，水天相接的远景、大片空白的背景烘托出寂寞凄清的氛围，岸上站立的美女伫立在一座桥边。那女子似乎在沉思，又似乎在祈祷。天水合一体现着大自然的博大，然而，沉思女子又是那般娇小。一硬一软，让人们顿生怜悯之心。整幅画体现出寂寞与凄凉的氛围，似乎是被情感所累的女子在黯然神伤。从画法上看，他继承了宋元的"白描"技法，非常简单明了地勾勒出了人物的相貌、衣着，线条遒劲圆转，富有表现力并有轻重缓急等诸多变化。

这幅画，据明代张丑所著的《清河书画舫》所言"张梦晋《朝仙图》卷后有唐子畏题咏"，但很可惜，因为有人将其割去移作他处，唐伯虎的题诗不见踪影。好在有文字记录，题诗为：

郁金步摇银约指，明月垂珰交龙绮。

秋河拂树蒹葭霜，哪能夜夜掩空床。

烟中溟溟暮江摇，月底纤纤露水飘。

今夕何夕良宴会，此地何地承芳佩。

除此之外，唐伯虎也为张灵作品写过几首诗，由此可见二人的关系多么密切。

天姿袅娜十分娇，可惜风流半节腰。

却恨画工无见识，动人情处不曾描。

——《题张梦晋半身美人图》

绿崖入翠微，岚气湿罗衣。

涧水浮花出，松云伴鹤飞。

行歌樵互答，醉卧客忘归。

安得依书屋，开窗碧四围。

——《张梦晋图》

唐伯虎、张灵皆才子，许多人甚至认为，尽管张灵的寿数过短，存世之作不多，但他的灵气甚至胜过唐伯虎。例如有一年春天，二人游玩来到一处酒馆。二人推杯换盏良久，张灵酩酊大醉下出了一副上联：贾岛醉来非假倒。唐伯虎一听，立刻对出：刘伶饮尽不留零。

唐伯虎和张灵的才学谁更高，我们无法判断。但有一点可以肯定，张灵比唐伯虎还要消极，行为做事还要超脱世俗。唐伯虎曾经写过一首《流水诗》：

浅浅水，长悠悠，来无尽，去无休。
曲曲折折向东流，山山岭岭难阻留。
问伊奔腾何时歇，不到大海不回头。

可以说，这首诗的基调还是非常积极上进的，和当年唐宣宗李忱与智闲大和尚一问一答的名诗《瀑布》的思想内涵相同，只不过是从另一个方面来叙述而已。智闲大和尚作：千岩万壑不辞劳，远看方知出处高。唐宣宗作：溪涧岂能留得住，终归大海作波涛。

唐伯虎将小河拟人化，而自己作为旁观者，顶多是觉得江水这样做是不是太累了。而回答的语言却是唐伯虎心中的想法，"不到大海不回头"，大海是什么？就是一种世俗观，一种功名观。

张灵改完后，意境就全然不同了：

浅浅水，断又续，在山清，出山浊。
曲曲折折难回头，呜呜咽咽日夜哭。
问伊伤心何其多，悔恨当初出幽谷。

看后有一种让人极为心痛的感觉。"在山清，出山浊"很明显是在指责社会的不公平，这种基调比白居易的《白云泉》更加灰暗：

天平山上白云泉，云自无心水自闲。
何必奔冲山下去，更添波浪向人间。

"呜呜咽咽日夜哭"一句更是消极，张灵确实直抒胸臆了，但过于阴柔化又使得他的可读性大大降低，韵味不足较为生硬。

但这更符合那个时代寻求个性自由的一种时代大背景，诗嘛，本来就是自己写给自己直抒胸臆的东西，如果为格律所累，片面追求众人的喝彩，那与买卖何异！

功名已断，落花已败，一个符合大时代的唐伯虎正式出现

经过这次事故，唐伯虎终于理解到了"大隐隐于市"的真谛：按世俗规则去办一切阳光的事物，万世不求进取只求能够顺应天道。为此，唐伯虎写了《渔樵问答歌》劝慰自己兼及世人：

渔翁舟泊东海边，樵夫家住西山里。
两人活计山水中，东西路隔万千里。
忽然一日来相逢，满头短发皆蓬松。
盘桓坐到日灼午，互相话说情何浓。
一云深山有大木，中有猛虎吃人肉。
不如平原采短薪，无虑无忧更无辱。
一云江水有巨鳞，滔天波浪惊煞人。
不如芦花水清浅，波涛不作无怨心。
吾今与汝要知止，凡事中间要谨始。
生意宜从稳处求，莫入高山与深水。

唐伯虎到此时，他的功名之心才彻底消除，在文学艺术之路上他的水平才更精进了一步。

爱花的唐伯虎

回到苏州后,有关唐伯虎的流言蜚语立刻扑面而来,主要内容无非是唐伯虎有病,被人赶了回来。这次流言对于他来说没有什么,心情没有受到太大影响。科考舞弊案之后、娶了青楼女之时,他所受到的舆论压力比这个大得多。他继续卖他的画,专心做个小商人,除此之外继续在周边游览,感兴趣的方面仍然还那么广泛。

1515年8月15日左右,他还饶有兴致地模仿了周昉的画《杨妃出浴图轴》。与他有来往的朋友也不少,11月18日象圆社长来苏州办事儿,还专门到桃花庵拜访唐伯虎,唐伯虎大喜过望,将自己的《游庐山》《过严滩》《游焦山》《春晓》《客中送别陶太痴赴任》和《白发》等诗作交给了他,希望他提提意见。

回到了自己的一亩三分地,唐伯虎不再装模作样了。当时,确实有人怀疑他是否真疯,因此,衙门或某些人时不时地前来观察,等时间一长,宁王也就把唐伯虎这件事情忘记了。监视的人也逐渐消失了,唐伯虎这才彻底地恢复了自己的本来面貌。转过年的1516年,唐伯虎在画作上堪称一提的就是四月十五日左右画的十二幅《山居四时乐图册》。在诗文上就是将自己的《游庐山》《过严滩》《元夕》《春来》《登天王阁》《人日》《早起》《谷雨》等诗送给了知县李经,并为之画了一幅《山路松声图》。

在之后几年的愉快日子里,唐伯虎才有心思继续赏他的桃花。历朝历代爱花人很多。岔曲《八花八典》中便有八种花有八个典故或人物:兰花—孔子,海棠花—苏东坡,菊花—陶渊明,桂花—唐明皇,莲花—西施,桃花—桃花源记,梅花—扬州八怪之一汪士慎画梅花一绝,牡丹—武则天。

唐伯虎非常喜欢桃花,经常徜徉在花海中。桃花庵有山(其实是一个小土丘)有水(小溪)有明月,景色煞是好看。然而,眼望着周围的景色,他却无法高兴起来。他感慨人生苦短,转眼间自己已然47岁了,华发已生,暮年将到,自己坎坷波折间又险些晚节不保。

凝望月光下四周美丽的桃花,俯视月光下潺潺的溪水,他不禁迈步桃林中。高高的月亮悬挂在半空中,月光照射在溪流和小路上,照亮了人们前行的路。前方有一凹土井,那是为了浇水方便专门打造的。那土井中的水只有半米深,水面上漂浮众多死去的腐虫。

他不禁感慨起自己的一生。那众多死去的腐虫多么像我呀,哦,不,应该是我像它们一样,真希望,我能够死在桃花树下而非漂浮在肮脏的水上。这时,青蛙那动听的叫声与歌声传来,令我那么神往,那么动心。

听着听着,天亮了,雄鸡高声鸣叫着,呼唤得红日也在东方升起。冷气飘散开时,路上的行人慢慢多了起来。我在想,他们为何起得都这么早?莫非和以前的我一样,都是为了名利而奔波?呵呵。这一切其实都是枉然的,倒不如及时快乐。想到这里,唐伯虎苦笑了一下,不禁哀叹一声:"哎,我早该下这名利场上的酒席了!"

他不禁回想着自己的一生:虽没有"我"任何英雄之事可述,但对这世间也没有留下什么害处,更没有害过一个人,从某种意义上说,这其实已经很不容易了。因此,"我"可以得到善终和慰藉了!"我"的一生清清白白地来,又清清白白地走。

想必此时的唐伯虎,和笔者曾经写过的一首歪诗的境界很相似:"无为无害无为好,今日少年明日老。自从降生至西去,清白一生棺已了。"到此时,唐伯虎才真正地摆脱了名利的纠缠,同时也摆脱了对父亲的愧疚。

此时的唐伯虎可以说已经到了人生的末期,他为之奋斗了几十年的"功名之路",如今彻底断了,他感觉到了疲倦,更感觉到了苍老。此时的人,最敏感,最爱回忆。而他的境况其实很像花的一生——短暂的美丽,美丽之后便是凋谢、任人践踏。

唐伯虎有过人生辉煌,那个时候他的心情异常好。由此,便有了使他名垂千载的好诗出现——《花月吟》。而当花落之时,更有多达四五十首的《落花诗》。一个唐伯虎,将花的美、花的哀、花的怜展现到了极致,使得后人根本不需要再去开辟什么,只需要看看它们,从中截取一点点就可以让后人为之倾倒。

说了这么多,我们不妨先看看他的《花月吟》。《花月吟》一共11首,共88句,每句都嵌有"花月"两个字,读来既流畅又见功底,而且还能展现思维的缜密,出世后五百年来仿者无数,被誉为连珠体的精品。为了让读者更好地体会这首诗的奇特,摘录三首如下:

> 花正开时月正明,花如罗绮月如银。溶溶月里花千朵,灿灿花前月一轮。月下几般花意思?花间多少月精神?待看月落花残夜,愁杀花间问月人!

> 月转东墙花影重,花迎月魄若为容。多情月照花间露,解语花摇月下风。云破月窥花好处,夜深花睡月明中。人生几度花和月?月色花香处处同。

> 花发千枝月一轮,天将花月付闲身;或为月主为花主,才作花宾又月宾。月下花会我留酌,花前月不厌人贫;好花好月知多少?弄月吟花有几人?

欣赏完了《花月吟》，我们再看看《落花诗》。因为数量太多，我们仅摘录三首如下：

催耕声里短柴门，煤兰香中雉草园。西子归湖余有井，昭君出塞尚留村。春风院院深笼锁，细雨纷纷欲断魂。拾得残红忍抛却，也教粘向阿咸燔。

旧酒新啼满袖痕，怜香惜玉此心存。可怜窗外风鸣树，辜负尊前月满轩。奔井似衔亡国恨，坠楼如报主人恩。长洲日暮生芳草，销尽江淹黯黯魂。

伯劳东去燕西飞，南浦王孙怨路迷。鸟唤春休背人去，雨妆花作向隅啼。绿阴茂苑收弦管，白日长门锁婢僕。蛱蝶翩翩残梦里，曲栏纤手忆同携。

唐伯虎"落花诗"诗团的写作，始于弘治十七年（1504）春，那时，沈周之子沈云鸿刚好去世。老年丧子的沈周面对"三大悲"之一，也是感慨良多。因为沈周在吴中文人团体中的地位，门生故旧多达千人为其子送葬。面对此情此景，老年的沈周可能会想"即使有如此成就，我也愿以此换回我儿之身！""落花"两字就代表着无尽的悲凉与血泪，而唐伯虎写这些"落花诗"也是有感于此。

落花诗团的背后，是对旧时代的不满

沈周、唐寅、祝允明、文征明、张灵、徐祯卿等文人集团组成的"落花诗"军团，因为其诗作文辞优美、意境哀婉，在当时被广为传诵。1504年正是唐伯虎科考舞弊案发生后的第五年，人生低谷他尚未走出，心中的块垒无处抒发，寄悲情于诗词中的他是相和的才子中写得最多的。

在其中，我们看到了诗人对自己痛苦遭遇的展现，如"春尽愁中与病中，花枝遭雨又遭风"表达了自己才华不得展示的落寞心态，"多少好花空落尽，不曾遇着赏花人"，更为可贵的是经历过打击后的他，对功名富贵有了新的理解。

能展现唐伯虎心情的最好明证，就是唐伯虎写的自跋。当年沈周和唐伯虎为此都画过落花图，并都在后面题过诗。后来沈周的诗丢了，唐伯虎的图丢了，到了清代有人将沈周的图和唐伯虎的诗放在了一起。如今在辽宁博物馆内还可以看到。唐伯虎在题跋中如此说：

> 石田先生尝咏落花十篇，人情物态，曲尽无遗，而用意炼语，超越前辈……间以示予，读之累日，不能释手。顾予方被翳林樾，自付陈朽载。瞻飞英辞条，委厕有不撄怀者哉。勉步后尘，政不自知其丑也。暇日因书一过，并系小图寄兴。

可见，此时的唐伯虎仍然没有摆脱舞弊案的心理阴影，如同今天的"抑郁症"患者一般不敢示人。正因为我们经常所说的，唐伯虎一直没有摆脱舞弊案的影响，所以，落花诗所带来的心理阴影就会一直延续下去。所以，自1504年到1523年长达二十年的时间里，唐伯虎写了很多落花诗，如今被专家认可的就有47首。

然而一方面他不断写新的作品；一方面是因为诗词作品写完后会经过不断修改，修改过程有的几年，有的则可能绵延到生命尽头；还有一方面因为苏州是文人聚集之地，不断唱和、互赠下连作者本人都不知道写了多少，自身保留的可能只是一部分而已，其他则存于众多朋友的文集、日记、回忆录等诸多作品中。因此，唐伯虎的落花诗版本太多了，连专家都分不清哪些诗是1504年所写，哪些是1520年题《落花图》所写。在这个庞大的落花诗集团军内包含了上百首咏落花的诗。

唐伯虎之所以爱写"落花",完全是一种借花喻人,以此来纾解心中的哀婉与愁苦、牢骚与不满。正如日后的儒家卫道士陈继儒所说:"唐伯虎咏落花诗,至'五更风雨葬西施'之句,不觉气短。"

特别是到了晚年,宁王兵败后,唐伯虎更是生活艰难。很简单,唐伯虎毕竟加入过"宁王叛乱集团",瓜酪肯定是吃了不少。加上晚年多病、体虚,更是在1522年前后写出了苍凉凄绝的《漫兴诗》,时不时地发出"十载铅华梦一场,都将心事付沧浪"的感慨。

唐伯虎爱花爱到了极点,在花的美丽中他可以得到某种心灵寄托,一者将自己幻化成美丽的鲜花,借此回忆过往的巅峰时刻;二者因为女人爱花,爱妻爱花,欣赏花的过程也是在回忆过往的幸福。然而,花的美丽是短暂的,花容易凋谢,因此就不免哀伤美丽的凋谢。

花的美丽是短暂的,凋谢后受人践踏的哀婉则是长久的痛。这又与唐伯虎的经历多么相似,美丽短暂,哀苦常年。唐寅一生曾多次书写落花诗,每次所录诗作的数量不同,内容不同,书法风格也不尽相同。

看到满地落花,唐伯虎不禁想到了自己身后事。"我死后该怎么办?"与其自己死后暴尸荒野,倒不如眼前先埋葬"自己的替身",以得心理安慰。由此,便有了人们传说的"葬花"。

《唐伯虎全集》附录中说:

> 唐子畏居桃花庵,轩前庭半亩,多种牡丹花,开时邀文征仲、祝枝山赋诗浮白其下,弥朝浃夕。有时大叫恸哭。至花落,遣小僮一一细拾,盛以锦囊,葬于药栏东

畔，作《落花诗》送之，寅和沈石田韵三十首。

说到此处，不妨将唐伯虎的落花诗与林黛玉的葬花词做一个比较。之所以比较二者，其原因就在于：唐伯虎将花的美丽与哀婉，以及人们对花的各类想法几乎都写尽了。后人再怎么写也超脱不出他画的圈圈，包括被人称作大才子的曹雪芹也是如此。不信，我们可以对比一番。

唐伯虎与林黛玉，唐伯虎的癫狂与苦闷

在人们心中"黛玉葬花"是非常著名的篇目，经常赚得无数少男少女、痴情儿女的眼泪。曹雪芹深受"心学"影响，他的诗词作品也很受唐伯虎影响。可以想见，在唐伯虎将近五十首的落花诗团内，已经覆盖了所有吟花的内涵要素。曹雪芹的"葬花词"与其极为相似，我们可以看作是微缩版。唐伯虎虽然在悲冷主色调下，但却写出了一种悲情美，如："桃蹊李径谢春荣，斗酒芳心与夜争。陌上新蒭曲尘暗，墙头圆月玉盘倾。"

可以说唐伯虎的"落花诗"与"葬花词"在以下六个方面高度相近。

第一，葬花的目的相近。唐伯虎和林黛玉都是怕花儿顺水流入臭水沟脏了它的美丽。如林黛玉说："你看这里的水干净，只一流出去，有人家的地方脏的臭的混倒，仍旧把花糟蹋了。""质本洁来还洁去，强于污淖陷渠沟。"而唐伯虎则悲怜道："仙尘佛劫同归尽，坠处何须论厕茵。""绝缨不见偷香掾，堕溷翻成逐臭夫。"由此可见，二人的目的都是为了让等同于自身气节、命运的花儿不遭到世俗丑陋的熏染。

第二，二者都是以哀叹寂寞为主，因此二人孤单寂寞的心态

成了主角。唐伯虎先是父母、妹妹去世，继而侄儿和第三位妻子亡故，此时的他孤孤单单。林黛玉呢？客居贾府，表面上看受到贾母的疼爱，其实在整个大家族中始终没有任何支援，她情窦初开，往往"这里林黛玉见宝玉去了，又听见众姊妹也不在房，自己闷闷的"，正是"杜鹃无语正黄昏，荷锄归去掩重门。青灯照壁人初睡，冷雨敲窗被未温"般寂寞凄清。

唐伯虎高唱着"小桥流水闲村落，不见啼莺有犬蛙""江南多少闲庭馆，朱户依然锁绿苔"，而林黛玉则低声吟着"花谢花飞花满天，红消香断有谁怜？"形只影单地葬着她的花儿。"多少好花空落尽，不曾遇着赏花人""烧灯坐尽千金夜，对酒空思一点红""长洲日暮生芳草，消尽江淹黯黯魂""满堂欢笑强相陪，别有愁肠几日回""恻恻凄凄忧自惔，花枝零落鬓丝添"等，都是唐伯虎这一种心境的反复写照。

第三，都在抒发着心中的不平之气。很简单，唐伯虎对科考舞弊案一直耿耿于怀，临终之前都未能走出阴影，不平之气自然冲天。林黛玉呢？天生丽人，因为客居又非常敏感，所以，她的心头也蕴藏着汹涌暗流。如唐伯虎说："控诉欲呼天北极，胭脂都付水东流。""书当无意开孤愤，带有何心绾合欢。""春尽愁中与病中，花枝遭雨又遭风。鬓边旧白增新白，树底深红换浅红。"而林黛玉则有"柳丝榆荚自芳菲，不管桃飘与李飞"。

第四，都透着一种孤傲的反抗。唐伯虎的一生属于"狂生"之列，而林黛玉的敏感、孤傲则是有目共睹的。他们自然在这点上能找到诸多共同点，例如唐伯虎说："莫道无情何必尔，自缘我辈正钟情。"而林黛玉则是："三月香巢已垒成，梁间燕子太无情！"二人身处逆境之中，却仍然有一种不服输的心态，实在令人钦佩。

第五，他们都在担忧自己的命运。唐伯虎和林黛玉的葬花行为，其实都紧密联系着各自的命运，并为此深深担忧。唐伯虎有"貌娇命薄两难全，莺老花残谢世缘""身渐衰颓类如此，树和泪眼合同枯""李态樊香忆旧游，蓬飞萍转不胜愁。一身憔悴茅柴酒，三月伤春满镜愁。爱惜难将穷袴赠，凋零似把睡鞋留。红颜春树今非昨，青草空埋土一丘"等多处感伤；林黛玉则有"未若锦囊收艳骨，一抔净土掩风流""愿奴胁下生双翼，随花飞到天尽头。天尽头，何处有香丘？""尔今死去侬收葬，未卜侬身何日丧？"之句。二人都在联系着自己的命运，生怕有朝一日无人相送，既然这样还不如把自己幻化成花儿，自己先送送自己。

第六，诗中尽是无奈之词。尽管他们都孤傲，但面对于强大的世俗世界，他们终要低下高贵的头颅。为此，他们的无奈俯拾皆是。例如，林黛玉哭泣道"试看春残花渐落，便是红颜老死时。一朝春尽红颜老，花落人亡两不知"；相同的，唐伯虎在这点上更明显，他的无奈更多，因为他和林黛玉不同，他身处市民阶层，对于世俗的强大体味得非常明显。因此，他对此描述也特别多，甚至有些消极。如："纵使金钱堆北斗，难饶风雨葬西施。匡床自拂眠清昼，一缕烟茶飏鬓丝。""国色自来多命薄，桃红又见一年春。已无锦帐围金谷，漫把青鞋踏曲尘。绕树百回心语口，明年勾管是何人？"等。

第四章
唐伯虎与疯狂的明朝娱乐业

小商人唐伯虎的悲催岁月

人生在世,钱是万万少不得的。然而,钱财对于唐伯虎来说却根本算不得什么。尽管,他时常因为缺钱,在贫穷与饥寒中度过一个个日夜。然而,他胸中的那颗天才之心却始终在跳动着。即使他遭受天灾人祸,生活极端清贫之下同样如此。这就是天才和俗人的区别:天才无论受到多么大的折磨,都不会改变天才的特质——敏感、倔强、自傲、敢于挑战一切。

1515年唐伯虎从南昌逃出,回到家乡后过了一段时间的舒心日子。但一年多后,即1517年,苏州、松江等地发大洪水,使得唐伯虎的日子又有些不好过。

唐伯虎哭穷

1518年底他迎来了一个较为痛苦的日子，12月8日唐伯虎接到了首任老婆徐氏家里的一个噩耗——岳母吴孺人病逝了。听到这一消息，21年的丧妻之痛再次涌现，为此，他写了《徐氏岳母吴孺人墓志铭》。

而更令人痛苦的是，这一年江苏部分地区下了一个多月的雨，南京、苏州都发生了洪涝灾害，这对他的生活状况可以说是雪上加霜（那时，他肯定不知道，更艰难的时刻还在后面等着他。水灾之后便是大饥荒。灾荒刚到，又一场"人灾"来了。那就是明武宗朱厚照南巡，由此，唐伯虎的生活状况陷入空前的拮据中）。

在唐伯虎经济比较宽裕不为生活烦忧的时候，他的姿态是很高的。例如，他曾写诗《卖画》大骂金钱：

金丹不炼不坐禅，不为商贾不耕田。

闲来写就青山卖，不使人间造孽钱。

当他的生活比较困窘的时候也会写一些哭穷的诗。就在明武宗南巡之前的1518年4月，49岁的唐伯虎就对孙育（字思和）哭过一次穷。

孙育乃是三国孙权的后人。元代时，孙权的后人有一支迁到了七峰山的严庄。因为长子孙方做了御史，次子孙育做了中书，家大业大的孙统便在七峰山建亭台楼阁。孙育在父兄的基础上又增建了更多的斋榭轩馆，使其成为远近闻名的严庄孙园。因为为官，又是文人，所以，上至首辅（相当于丞相）杨一清、"江南四大才子"共同的伯乐王鏊，下到四大才子都和孙育相识。七峰山上还留有唐伯虎的诗画。

1518年，唐伯虎画了一幅《丹阳景图》并寄奉送诗八首向孙育叫穷，求助意思很明显。

十朝风雨苦错迷，八口妻孥并告饥；信是老天真戏我，无人来买扇头诗。

书画诗文总不工，偶然生计寓其中；肯嫌斗粟囊钱少，也济先生一日穷。

抱膝腾腾一卷书，衣无重褚食无鱼；旁人笑我谋生拙，拙在谋生乐有余。

白板长扉红槿篱，比邻鹅鸭对妻儿；天然兴趣难摹写，三日无烟不觉饥。

邻解皇都第一名，猬披归卧旧茅衡；立锥莫笑无余地，万里江山笔下生。

青衫白发老痴顽，笔砚生涯苦食艰；湖上水田人不要，谁来买我画中山。

荒村风雨杂鸣鸡，燎釜朝厨愧老妻；谋定一枝新竹卖，市中笋价贱如泥。

儒生作计太痴呆，业在毛锥与砚台；问字昔人皆载酒，写诗亦望买鱼来。

第一首是对贫穷的展示。

第二首明显在向主人孙育张口，"兄弟，该给钱了。不能让我白画吧！"

第三首则是自嘲，世人笑话他没有谋生的技能，但他一边手捧着书本一边说"我一边自娱自乐一边赚钱多好！"话里话外的意思是孙育肯定不会少给。

第四首则是对自我兴趣的展示，毕竟他和孙育是朋友，不能掉了身份！唐伯虎就像是北京爷们一样，即使是穷破了天，在外人面前也要装出"爷不饿"的样子来,一边大笑一边大口喝茶,其实一边喝一边肚子叫,却不能显示出来。

第五首到第八首则完全恢复了唐伯虎的本态,是一种虽然穷但志气志向不能丢的样子。

虽然没有文字记载,但是以孙育的背景,看完这些后,即使从朋友角度也会对唐伯虎有所帮助。历史上的孙育与唐伯虎的关系不错,交往也并不止一次。1520年,唐伯虎也曾到七峰山游玩。

1520年农历三月初三,唐伯虎、祝允明等人来到江边嬉戏用以消除一年的不祥之气,这被称作"修禊"。孙育请才子们题诗。唐伯虎的题诗为:

> 七峰山上多石壁,虎踞龙蹲兼卧立。
> 有时斜叠波涛文,藓固苔封半干湿。
> 主人乘兴恣登临,不速长携三五客。
> 台阁山林半相襟,一时热浪皆文墨。
> 梯高蹑险不肯辞,淋漓每酒加扛笔。
> 深镌浅刻动锥凿,从此长年费功力。
> 我也从旁记姓名,太岁庚辰年正德。
> 虽然汗漫一时事,百年转眼成旧迹。
> 试听夜深风雨中,应有鬼神惊且泣!

除了这首外,还有《把酒对月歌》(全名《月下饮孙氏印月楼把酒对月歌》)《题严庄图》《题孙氏白云山房》等六首。

2010年9月,媒体报道孙家人在族谱中发现了一首没有正式发表过的诗《宴孙氏抱瓮园见梨花大开立成一律》:

> 漏寂长门九十春,月溶芳苑万枝银。
> 园东蛱蝶迷游子,墙里秋千笑丽人。
> 钻火绿榆寒食近,插天青斾酒家新。

酷怜浅红巫山面，梦里襄王恐未真。

该诗落款时间是正德庚辰年的三月。也就是正德十五年，公历1520年，那一年唐伯虎50岁。

而且法国一位华人还要贡献给国家一幅唐伯虎的真迹，据说就是那个时间所画。这幅画是一位贵妇人即襄王和十名侍女。我们姑且不论真假，孙家和唐伯虎等文人的关系密切是毋庸置疑的，唐伯虎向他们哭穷也是真实的。

想象中的唐伯虎

然而，民间却总是编出一些特别令人神往的故事来，这是一种什么心理？很简单，人们将自我投射到了唐伯虎的身上，并对有钱人进行了一番戏耍。例如下面一例：

某年夏，唐伯虎一个人去西湖游玩。路途中，忽见一个酒肆。因为天气燥热，口渴难耐，唐伯虎便进了酒馆想解解渴。把酒欢饮之后，刚要结账，往兜里一掏。"哎呀，不好！"唐伯虎尴尬地四处张望，想看看有没有熟人，但个个脸生，连个半熟脸都没有，不由得轻声叹道："哎，忘记带钱了！"正准备接钱的伙计一看，笑脸立刻沉了下来。

"小二哥！来得匆忙，哈哈，忘带酒钱了！"唐伯虎抱拳拱手，脸色发红，带着歉意。

"哦？这位客官。忘带酒钱啦？呵呵，您这种人我们经常遇到！"

"小二哥！我可不是诳您，真是忘带酒钱，要不然这样吧，咱们赊账，我把我的名姓和住址都给您，待回去之后必当奉还！"唐伯虎满脸堆笑。

"哟哟哟，我知道您老是叫猴七还是叫马八呀！您的住址？呵呵，乖乖，您写个兔子大街窝边草二门儿，我哪儿找您去呀！"伙计的样子特令人气愤。

唐伯虎闻听，满脸难看，心怦怦地跳，四处观望，生怕被熟人看到。也是着急，再加上天气炎热，唐伯虎额头大汗淋淋，一热，唐伯虎便摇摇扇子。"嗯！有了。"唐伯虎连忙恢复了往日的英姿飒爽。他将腰间的纸扇抽出，啪的一声打开，底气十足地笑道："哈哈，伙计，你来看，我用这把扇子抵你的酒钱如何？"

小二哥一听，连忙凑上前一看，不禁冷笑道："就您这把破扇，一不镶金二不裹银，再看看扇子上的画这是啥呀？给您四个大字'什么玩意呀'！呀是感叹词，白送您！"

"啊！"唐伯虎一听勃然大怒，可转念一想，"慢，我欠人家酒钱，是我不对，我唐伯虎绝不能做吃霸王餐的事情。他是一个小二懂什么，这么多人，里面肯定有高人，我何不高声叫卖吸引懂行之人呢！"

想到这里，唐伯虎把扇子一摆，冲着众人笑道："各位远方的朋友，近处的乡亲，因我一时着慌忘带了银两。小弟愿将手中的扇子折价卖出，纹银五十两！"

众人一听，全都放下了筷子，纷纷上前看这把纸扇，凭什么值这么多钱。看罢，众人皆摇头而去，连声高叫："什么玩意，什么玩意，甭说五十两，就是五文钱也不值！"

这些人中，有一位胖胖的长者，穿着打扮一看就是个有钱人。只听他冷笑道:"你这幅画,明明是顽童涂鸦之作,无名毛头小子的作品,值个鸟钱!"说完,还将手中唐伯虎的纸扇扔到了地上。

"可恼呀,可恨!"唐伯虎真想上去给这个家伙一个,不,是几个嘴巴。但理智告诉他,一定要注意风度,毕竟自己是"江南第一风流才子"唐解元,因此,只是用白眼瞪了瞪这个人。正在双方僵持之际,从外边走来一位秀才,这人打听了事情原委之后,上前捡起扇子一看。

"呀!好哇,好哇,好哇,这一定是出自高人名家之手。"说罢,上三眼中三眼下三眼、前三眼后三眼、正三眼斜三眼看了唐伯虎足足有九九八十一眼,"哎呀!您是不是就是号称'江南第一风流才子'的唐解元呀!"

唐伯虎闻听并不答言,只是淡淡一笑,此刻的他顿时有了底气。众人一听,蜂拥而上,齐齐高呼要用高价买这把扇子。唐伯虎大笑一声:"哈哈,各位,俗话说得好,学得文武艺,货卖帝王家,帝王不识货,货与识家!刚才只有这位秀才识货,没别的可说,我只卖给他!"

秀才一听,高兴得连忙左摸右掏,掏出了十两银子。将它捧在手中,忐忑地说道:"唐解元,我没那么多钱,不够呀!"唐伯虎见状微微一笑:"您有眼光,钱没有不要紧,我的酒饭钱需要五两,我只要五两,其余的都拿回去!"秀才听罢,连声道谢。

这时,那位有钱人连忙上前,满脸堆笑:"唐解元,才高八斗学富五车,愚者不识庐山真面目真是惭愧。您的画天下无双,我真是老眼昏花了,还望您海涵。"说着拉着他坐了下来,重新叫来酒菜,并让那秀才相陪。唐伯虎大吃特喝，喝完了嘴一抹，就要扬长而去。

有钱人一看，连忙高声喊道："唐解元留步，留步！"

唐伯虎回头一笑："何事？"

"呵呵，"有钱人满脸堆笑，抱拳拱手，"能否请先生您把那扇子卖给我？"

"不行！"

"啊！我出千金，如何！"

唐伯虎并不理会，抬腿就走。

有钱人一看，跃上前来，双手一摆："先生莫走！"

"啊？你要怎样，莫不是乾坤朗朗，光天化日之下你要绑架不成！"说完，唐伯虎打了一个饱嗝，酒气喷在了有钱人的脸上。

有钱人见状，双目布满血丝，嘴巴鼓鼓着，运了半天的气，高声断喝道："你唐伯虎，吃我的喝我的，现在你不听我的，那你还我的酒来赔我的饭！"有钱人知道唐伯虎身上没带着钱，这么一说，他一看没办法也只好把扇子转卖给我了。

那知唐伯虎耍起赖来更有过之而无不及，高声大笑："是你非得让我喝酒呀，可不是我上赶着让你请。天上掉馅饼，傻瓜才不吃！"众人一听，哈哈大笑。

正在众人高兴之际，从人群中走出一位穿着红色衣服黑色裤子的捕快。那人连忙来到唐伯虎面前笑道："唐解元之名如雷贯耳，天下无人不知。看您知道这位老先生是谁吗？""不知道。"唐伯虎带着满脸的不屑。"这位是杭州四大富翁之一的胡天富胡掌柜！"说完，冲着唐伯虎耳语道，"解元公，这位胡老爷和我家知府老爷非常有交情，您卖个面子，就给他吧！"

唐伯虎听罢，连忙笑道："哦。原来是这样呀。那把扇子给了秀才，转给胡老爷恐怕不好。我重新为胡老爷画一幅。"唐伯虎画完后，众人纷纷围上来欣赏，一看竟然画了一只小王八。胡天富和捕快恼羞成怒，正准备收拾唐伯虎与秀才时，两人早已经消失在茫茫人海。

这正是：人敬我一尺，我敬人一丈，敬人者，人亦敬之；不敬人者，当以其人之道还治其人之身。

在新旧转型期，诗书画文四栖才子又如何

如果说大水期间的唐伯虎日子还可以凑合着过的话，那么其后的武宗南巡则使他立刻陷入了巨大的财政危机中。原来宁王准备多年的阴谋，终于在1519年，即正德十四年付诸行动，六月宁王发兵叛乱，七月便被王守仁击败。江彬没有将消息告诉明武宗，武宗继续南下。

这下可苦了当地百姓。朱厚照走到哪里祸害到哪里，看到当地官员的妻女好看收了，看到村姑大姐朴素天然收了。他整个成了一个收包大队长。上面这么做，底下的人也就开始学他，四处为非作歹。在全国百姓看来，这群人就像是乌云，走到哪里都有一种"黑云压城城欲摧"的恐惧。我们前面说了，朱厚照经常溜出宫去民间游玩，也听了不少民间故事。他知道江南多美女，江南粉娃天下驰名嘛。

他此行的主要目的地不是苏杭而是扬州，因为那里有琼花。那琼花之美，竟然可以令隋炀帝不顾一切地修造京杭大运河为之赏花。所以，朱厚照决定去扬州看看。杭州和扬州本不远，扬州人民为了防止女儿被武宗掠进宫，纷纷到大街上抢女婿，最有名的事件就是"金秀才一日三被抢"。

扬州人民很倒霉，苏州人民也不轻松。纷纷把女儿们好好"打扮"了一番，白的抹煤炭，貌似杨贵妃者全都弄成了猛张飞。可喜可贺的是，武宗没有去苏州，而是因病不得不回了北京。在清江浦，明武宗忽然玩起了抓鱼的游戏，结果掉落水中受寒，正德十六年（1521）三月回到北京后就一命呜呼了。

两个大灾之下，苏州乃至江苏人民都没有闲情逸致去买什么书画了。唐伯虎的生活顿时陷入捉襟见肘的境地。尽管他说过"不使人间造孽钱"这样的话，然而这却是一句笑谈，正如我们平时遇到不平事，经常会赌气说"还不如回到原始社会，小国寡民时代"。

那么，唐伯虎到底如何面对钱财这一问题，是否认为钱财很关键？其实唐伯虎40岁时写的《自寿》就已经很明白了：

鱼羹稻衲好终身，弹指流年到四旬。
善亦懒为何况恶，富非所望不忧贫。
僧房一局金縢着，野店三杯石冻春。
自恨不才还自庆，半生无事太平人。

虽然，后来这首诗又改为下面的四句：

田衣稻衲拟终身，弹指流年了四旬。
善亦懒为何况恶，富非所望不忧贫。
僧房一局金縢着，野店三杯石冻春。
如此福缘消不尽，半生落魄太平人。

但诗的核心并没有变动，即"太平人"。也就是说，唐伯虎对于钱财看得还是很淡的，科考舞弊案之前，唐伯虎不爱财，他资助过徐祯卿，还将自己的钱财大部分用来买书等；而科考舞弊案之后，他便将"安安稳稳地过一辈子"放到了人生核心地位。从这两首诗就很容易看出来。

作第一首诗时，他的功名心尚未彻底死去，因此，颇有些悔意"自恨不才还自庆"。但经过宁王之劫后，他便觉得眼前的生活都是一种快乐，并觉得"如此福缘消不尽"。唐伯虎具体改诗在何时，目前无法考证，但应是在宁王之劫功名心彻底断绝之后，他想到了自己的父母，想到了两位妻子，想到了妹妹和外甥，更想到了自己的儿子，他们都已成过去，而自己仍然在世上。

"半生无事太平人"是40岁时他对自己的评价，那个时候，他过着平民生活，虽然没有大富大贵，但也无惊无险。话里话外的意思是，这样生活下去，尽管没有什么丰功伟绩，却对自己的爱好没什么不好，颇有些自得其乐。

到了这时，即将奔五十的光景，他突然觉得自己很悲哀。因为自己不顾家，造成了家人的不幸。最明显的是妹妹和沈九娘的死，他难辞其咎。做男人做到这个地步绝对是一种失败，因此，他才发出了"半生落魄"的慨叹，而"太平人"在此时却是一种反讽。

唐伯虎，我们早就说过他是一位天才，天才与俗人的区别就在于：世俗不能战胜天才，尽管战胜了也仅仅是暂时的，只要时机成熟，天才的心就会喊出或做出一些令你吃惊的言论或事情来。果然，唐伯虎在50岁时，写了一首《言怀诗》，诗中又恢复了他的常态，再次显现了天才的本质。

醉舞狂歌五十年，花中行乐月中眠。

漫劳海内传名字，谁信腰间没酒钱。

书本自惭称学者，众人疑道是神仙。

些须做得工夫处，不损胸前一片天。

由此，我们不得不向唐伯虎致敬！天才就是天才！

唐伯虎在诗书画上的造诣，其顺序是画诗书。早年他跟随沈周学画，晚年则跟随周臣。前者自学，后者正式拜师。

他早年自学画，据传好酒的沈周某次来到唐广德的酒店，四处张望之际，哦？看到墙上有涂鸦之作。想来唐广德夫妇见儿子画的也像模像样便没有抹除，因此，有漏网之作。沈周看罢大为吃惊，便让唐广德叫来了儿子，要他和自己学画。因为，唐广德一心要儿子考取功名，对于画画不甚感冒，因此，沈周也没让他拜师。

还有一说，好酒的祝允明来到酒店发现了唐伯虎的涂鸦之作，在他的介绍下投到沈周门下。唐伯虎虽然没有正式拜沈周为师，但沈周确实为其付出了不少心血。例如有记载，唐伯虎的第一张图《贞寿堂图卷》（1486）便汇聚着沈周、吴宽等一些名流，这对唐伯虎日后得到他们的帮助或提携提供了契机。贞寿堂是嘉祥学谕（类似于今天教育局的低层官员）周希正母亲楼孺人居住的地方。周母孀居四十年，悉心教养周希正兄弟。

唐伯虎和沈周一直保持着亦师亦友的关系，就在同一年，沈周为王鏊的弟弟王磐画了一幅《鏊舟园图》，唐伯虎以五言诗落款（洞庭有奇士，楼室栖云霞；窗榻类画舫，山水清且嘉）。可以说唐伯虎在画作上能成为一代大家，沈周的功劳非常大。自科考舞弊案后，唐伯虎才正式拜周臣为师。

周臣，生年不详，字舜卿，号东村，卒于明嘉靖十四年（1535）。其人，擅长画人物和山水，画法严整工细。他曾刻苦临摹李成、郭熙、李唐、马远等人的作品，主要取法于李唐派系。画山石坚凝，章法严谨，用笔纯熟。存世的代表作有《柴门送别图》《春山游踪图》《春山游骑图》《春泉山隐图》《访友图》等。

可以说，唐伯虎跟随周臣之后，他的画风迅速与周臣合拢。而随着人生阅历的增加，他的技法也迅速超脱于周臣。到后来，因为唐伯虎的名声日渐增高，画作也更容易出售。活着的时候，他便经常为唐伯虎代笔，死后更有无良画商将周臣的题款换作唐伯虎。那么，唐伯虎的画风何以摆脱沈周、文征明而步入周臣的轨迹呢？

其实，科考舞弊案后的唐伯虎无论在心情还是性格上，都难以继承沈周的画风。因为，沈周的画脱胎于元朝画家，用笔上追求一种方劲有力，北方画的风格比较明显。用画作术语来说，就是：南派构图，手法平实；北派用笔，遒然有力。而后期的唐伯虎，因为各种挫折，在开局上往往是用短平快的方式，他的画法和沈周正好相反。特别是院体画始于南宋，其风格是一种愤怒、叛逆中夹杂着失落与烦琐。例如，他们典型的要素就是奇峭峰峦、盘根错节的树木，而这些又象征着屈辱中挣扎、人生险恶下的自强不息。

例如唐伯虎的早期作品《虚阁晚凉图》，近景岸边有两棵大树枝叶相互交叠，岸的右侧是小路，树荫下有一水榭，两位高士席地而坐，一个童子正奉茶前来。中景，四周林木郁郁。远景，山的造型、皴（即山石的褶皱）法简单明了、平和自然、不事雕琢，与之类似的还有《藕香图》《后溪图》。

唐伯虎和仇英都出自周臣门下，尽管现在唐伯虎的知名度远高于周臣，但唐伯虎的画风出自周臣是毋庸置疑的，要不然，唐伯虎日后生意好的时候，名声更响的时候，唐伯虎也不会请周臣代笔，后人也不会挖去周臣的画款改为唐伯虎的印款。典型的代表，就是收藏在上海博物馆的《观瀑图》轴。

在画风上，唐伯虎40岁左右时形成了自己的风格体系，他以山水画见长，因此，当时的两大风格，他都有所展示。例如以《骑驴思归图》《山路松声图》《春山伴侣图》《落霞孤鹜图》等为代表，多表现雄伟险峻的崇山峻岭（请注意沈周的画风），画风崇尚用细，行笔细腻而流畅，勾勒以李唐的大斧劈效为主，笔墨精到。从总体上看，这些作品有十分典型而强烈的院体特征，但文人画的风格也夹杂其间。

与此同时，诗书画一家在唐伯虎那里也有所展示。例如《骑驴思归图》上的诗便是：乞求无得束书归，依旧骑驴向翠微。满面风霜尘土气，山妻相对有牛衣。

唐伯虎早期绘画特点是远攻李唐，近交沈周。沈周代表作是《观梅图》，以元人画为宗，周臣则以南宋院画为师。唐伯虎将这两大画派融合，在南宋柔弱中融入了元人的刚猛。因此，他的山水画迅速得名。他的山水画，大多表现雄伟险峻的高山，山山相重，高岭复岭。但也有人认为，这种做法使得他的风格流变轨迹并不明显，其主要特征就是36岁时，送给即将远游的琴士杨季静的《南游图》。

他的花鸟画，也非常活泼有趣，富有很强的真实感。他画的《鸦阵图》挂在家中，有一天飞来数千只乌鸦纵横盘旋在屋顶，堪称"倒霉透顶"。

经过多年的努力，到唐伯虎40岁之后，他基本上已经自成一家，后来还非常自鸣得意地弄了一本书，名叫《画谱》，其词曰："有志于图绘者，悉心披阅，而寄兴寓情，更求诸笔墨之外。俾贵鉴者，以神品目之，则进乎技矣。"他谆谆告诫后世有志于学画者，应该仔细研磨我的这本书，日后一定会大有长进。

那么，画画都画什么呢？唐伯虎说"世之谈画者，大都人物、山水、花木、鸟兽尽之矣"，就这么多大类，然而，明白这些还不行，还要明白其间的小类别，他又说"顾人物有神仙仕女之别，山水有远近浅深之别，花木有澹浓荣瘁之别，鸟有翔集鸣食之别，兽有毛骨牝牡之别"，要想画好画，就要对各个小类进行仔细琢磨。比如鸟，有飞的，有不飞的，有空中鸣叫的，有地上琢食米粒的。这个时候，天空上高飞的雄鹰、树上栖息的燕雀、地上食米的鸡鸭，它们在神情上、羽毛上就应该有所不同。

至于有什么不同，那么就应该按照以下方法进行绘画：以至运笔施彩，种种有诀；而三品、六法、六要、六长、三病、十二忌，皆当究心焉者。

至于三品、六法、六要等画画技巧，我们在此就不详细说明了，有兴趣的朋友可以自行网上查找。

古时候，诗书画不分家，谈完了唐伯虎的画，就该说说他的书法了。唐寅的书法历来被专家们认为不及绘画、诗文出名。他的书法宗赵孟頫（1254—1322，字子昂，号松雪、松雪道人，吴兴人，今浙江湖州人。元代著名画家，"楷书四大家"——欧阳询、颜真卿、柳公权、赵孟頫之一。博学多才，能诗善文，懂经济，擅金石，通律吕，解鉴赏。其书法和绘画成就最高，被称为"元人冠冕"。书法以楷、行书著称于世）。

但实际上，他的书法30岁之前受文征明影响，以赵孟頫入局。今存他这一时期的作品《黄茅渚小景图卷》（上海博物馆藏）上的题款就与文征明极为相似。

30岁开始他又受到祝允明、李梦阳等人的影响，追慕唐人，无论文风还是书法都开始向唐朝靠近。尤其喜欢颜真卿的楷书。唐伯虎的书法用笔凝重，圆硕多肉，结体偏于长方，雄强茂密，点画横细竖粗，并吸纳隶法，横笔收尾似"蚕头"，捺笔收笔中途之顿近"燕尾"，极富力度。典型代表作就是36岁时的《落花诗册》。

37岁后风格开始成型，并再次回归以赵孟頫为基础，融合了唐代颜真卿、李邕，宋代米芾，形成了他结构秀丽遒劲，端正中带着灵性，用笔迅捷、锋头四处的风格。典型代表作品就是37岁的《七言律诗轴》（台北故宫博物院藏）、《山路松声图轴》（台北故宫博物院藏）上款题，50岁以后的《西洲话旧图轴》（台北故宫博物院藏）、《看泉听风图轴》（南京博物院藏）上款题等。

从唐伯虎的书法上，我们可以看出他的真实表情：他其实是一个比较方正的人。只不过是因为各种原因使他愿意以所谓的风流来掩盖或暂时抵挡悲哀的侵袭。

唐伯虎是一位天才，他不仅仅在诗书画以及戏曲曲艺上面有着很高的造诣，对其他文学名类也很在行，当然相对于这些，它们确实可以被称作"业余生活"。唐伯虎也是一位博学多才的人物，除了生意外，他还对天文、历法、数学、音乐、卜筮等有浓厚的兴趣。

据《梅花草堂笔谈》（明代文学家张大复所作）记载：唐伯虎去世后，高杏东得到了一部唐伯虎的藏书《通典》（唐代政治家、史学家杜佑所作。杜佑以36年的时间考溯各种典章制度的源流，以"往昔是非"实现"为来今龟镜"的目的），上边用红、黄颜色的笔做了不少批注。可见，他对这部史书的重视程度。

唐仲冕（1753—1827，字云枙，号陶山居士，世称唐陶山。清代著名的泰山学者）在《六如居士全集》的序中也说，他曾经见过一本记载唐伯虎辨析"周髀算经"的心得笔记，足有十多条。

另外，还有民间传说唐伯虎的医学也很高超。据说某次前往祝允明的家中，听到孩子啼哭，唐伯虎立刻对其诊治，并开出了一张处方：尖顶宝塔六七层，和尚出门慢步行，一把圆扇半遮面，听见人来就关门。并告知："将此物挑三个大的，同一撮韭白捣碎，外敷小儿脐眼，不月即愈。"祝允明一看便知道，说的是田螺。田螺的壳呈圆锥，螺纹像六七层的佛塔。祝允明因为找了几个医生都未能治好孩子的病，也是病急乱投医，便听从了建议，结果孩子竟然好了。

对于这个传说，我们可以抱着"存疑"的态度认为是真的。原因就在于我们时常听的一句俗语"久病成医"。

自25岁唐伯虎五亲俱亡之后，唐伯虎经受了无数次打击，病态常出，再加上大部分时间财政拮据，医药贵看不起病，民间偏方对于一般小病也许能对付。田螺性寒，有清热的功效，拿它拌盐或拌蒜敷在肚脐下面的治疗方式许多稍微年长或见多识广的百姓都会用。

唐伯虎的青楼生活

唐伯虎除了诗书画以及给人家写墓志铭、画春宫图、写艳情小说外，最大的爱好就是听戏、唱戏。除此之外，他还喜好作戏文，例如，梁乙真在《元明散曲小史》将他称为"昆曲未流行前的清丽派"。

唐伯虎与散曲

当时分南北二曲,而唐伯虎则是南北曲通吃,属于戏曲、曲艺跨界超级票友,他的［步步娇］(闺情)四景套曲最为著名。见下:

［步步娇］阁楼重重东风晓,玉砌兰芽小,垂杨金粉销。绿映河桥,燕子刚来到,心事上眉梢。恨人归,不比春归早。

［醉扶归］冷凄凄风雨清明到,病恹恹难禁这两朝。不思量宝髻插桃花,怎当他绣户埋芳草?无情挈伴踏春郊,凤头柱绣弓鞋巧。

［皂罗袍］堪叹薄情难料,把佳期做了流水萍飘。柳丝暗约玉肌消,落红惹得朱颜恼。心牵意挂,山长水遥,月明古驿,东风画桥。俏冤家何事还不到?

［好姐姐］如今瘦添楚腰,闷恹恹,离情懊恼。落花和泪,都做一样飘,知多少?华堆锦砌犹堪扫,泪染罗衫恨怎消?

［香柳娘］隔帘栊鸟声,隔帘栊鸟声,把人惊觉,梦回蝴蝶巫山庙。我心中恨着,我心中恨着,云散楚峰高,风去秦楼悄。如今宵琴瑟,怕今宵琴瑟,你在何方弄调?撇得我纱窗月晓。

［尾］别离一旦如芳草,又见梁空落燕巢,可惜妆台人自老。

到后来,唐伯虎不但自己写,而且和祝允明、文征明等人登场表演,蒋一葵(江苏常州人,万历二十二年进士)在《尧山堂外纪》记载"尝傅粉黛,从优伶,酒间度新声"。

而后来，由魏良辅点板的《词林选胜》中就收录了他的许多南散曲，而这本书也是昆曲日后教学、流传的理论经典。与唐伯虎登台次数最多的就是他的好朋友祝允明。人们说他"从优伶间度新声""梨园子弟自谓弗及"一点也不为过。他的创作热情一点也不比唐伯虎低，从作品到理论无一不包，例如他的南散曲《八声甘州·咏月》套传唱很广，这是一套用［解三醒］［油葫芦］相互回环的"子母调"，这在当时比较少见，联套为：［八声甘州］［前腔］［赚］［解三醒］［油葫芦］［解三醒］［油葫芦］［解三醒］［油葫芦］［解三醒］［油葫芦］［解三醒］［余文］。

在理论方面，祝允明对于声腔非常关注。他在著述《猥谈》中评论道："数十年来，所谓南戏盛行，更为无端，于是声音大乱。"表达了不满。而这也是日后魏良辅改革的先声。

唐伯虎是一位天才，但他的天才显然是不能超越时代的局限性。他对于散曲贡献颇多，但散曲在当时一大主顾却是青楼。在青楼佳丽的海洋中，唐伯虎的审美观还是传统的，例如他对美女的审美品位显然没有脱离那个时代的限制。例如《咏纤足俳歌》：

第一娇娃，金莲最佳，看凤头一对堪夸。新荷脱瓣月生芽，尖瘦帮柔绣满花。

从别后，不见她，双兔何日再交加。腰边搂，肩上架，背儿擎住手儿拿。

可以说，缠足是中国古代对人生理方面摧残的两大现象之一（另一个则是对男子阉割而成太监），相较于太监制，缠足则属中国独创。南唐后主李煜被认为是这项制度的始作俑者。他命人做"金莲"令嫔妃们穿，由此，风行全国。结果到了宋末，汉族女子"以大足为耻",而到了明代达到顶峰。尽管清朝前期,孝庄皇后发布命令:凡缠足女子入宫者皆斩的命令,但汉族民族风气难以禁止。终于在康熙七年(1668),缠足禁令被废止,由此,汉族缠足扩张到了其他少数民族,部分满蒙贵族妇女也开始学习起来。

作为缠足风气最盛的明朝,唐伯虎显然没有摆脱这样的思想观,对于缠足的七大特点"小""瘦""尖""弯""香""软""正"仍然津津乐道。当然,唐伯虎咏缠足放在那个年代并不算过分,相反文人才子咏足者不在少数。虽然不能说苏东坡首开先河,但以他在文坛的地位,他的号召力太大了,他之后咏足者并不少见。例如他写的《菩萨蛮 咏足》对此讴歌道:

涂香莫惜莲承步。长愁罗袜凌波去。只见舞回风。都无行处踪。

偷穿宫样稳。并立双趺困。纤妙说应难。须从掌上看。

对于缠足,李渔便研究到了变态的程度。例如,李渔认为三寸金莲可以刺激男子的视觉、嗅觉、触觉、听觉等器官,甚至将其视为"房中术"的一种必备手段。

通过上面所述,唐伯虎并非是在批判古人。以今人的眼光批评古人是最不厚道的行为之一。

艳情小说作家唐寅

唐伯虎写过不少艳情小说,对于今人来说这也不是什么光彩的事情。然而,对于那个时代的人来,这类小说还是有一定进步意义的。原因很简单,当一种思想从上往下要求百分之九十九的人都要按照"存天理,灭人性"去做,而余下的百分之一的人可以为所欲为的时候，被禁锢了许久的"性"的观念自然便崭露无疑。当然，我们不是在为艳情小说的出路而呼号。毕竟对于今天的社会来说，它没有存在的积极意义。可这并不代表封建社会没有。

现存唐伯虎的艳情小说，以《僧尼孽海》为代表，故事讲述的是：有一位外来和尚，在齐武帝时来到了中国。他长得很好，年纪又轻。21岁的他生得浓眉大眼，身高七尺多，标准的国字脸，非常帅气。而且"房中术"非常厉害。他一来到中原，便与各色人等展开了"肉搏战"。

故事内容倒没有什么介绍。然而，这本书的出现对于当时的市井文学来说是一种催动，因为，他的才学。可以说，这本书的文学水平高出同时代同类作品不少。我们这里主要谈的不是他的艳情小说的文学水平，也不是进行批判，而是从中看出唐伯虎的某种思想。由书名我们就可以看到唐伯虎儒释道三合一的信仰，他将三者的精华吸纳，能够站在客观的角度来批评一些丑恶现象。

他对儒释道都进行过批评，对于儒家，唐伯虎的诗词本身就是一种批判，对于佛家、道家我们可以举一些实例。

对道士他写过《讽炼金方士》：

破衣衫中破布裙，逢人便说会烧银。

君何不自烧些用，担水河头卖与人。

对于道教经典著作《列仙传》，他讽刺道：

但闻白日升天去，不见青天走下来。

忽然一日天破了，大家都叫阿瘩瘩！

第一首诗简单明了，我们日常生活也能碰到过。有的人看手相、看面相、批八字，说人家何时富贵，但算来算去却不知道自己何时不必风餐露宿。特别是那些所谓的"炼金道士"，四处说教人家炼金烧银，为何不自己烧些用，这么辛苦作甚。

第二首则提出了一个简单的问题，只听说有人"升天而去了"，去从来没有看到一个神仙走下来。如果说神仙长生不老，即使仙人不结婚不会有计划生育问题，但每个大人物、牛人死了就成神仙，那么天上容纳得了吗？其实，世上根本没有神仙，假如有一天人们都知道了这种道理，肯定会羞得大叫"阿瘾瘾"。

由此可见，唐伯虎崇信的是道家而非道教。对于一些佛教徒的行为，唐伯虎也进行了严厉批斥，正如《僧尼孽海》书中的第一首词，便如此批判：

漫说僧家快乐，僧家真个强梁。披缁削发下光光，妆出恁般模样。

上秃牵连下秃，下光赛过上光。秃光光秃秃光光，才是两头和尚。

两眼偷油老鼠，双拳叮血蚂蟥。钻头觅缝唤娇娘，露出佛牙本相。

净土变成欲海，袈裟伴着霓裳。枉言地狱狠难当，不怕阎王算账。

"披缁削发下光光"这句很有意思，明明是上面光光，他却说"下光光"，很明显是在讽刺那些表面上出了家，但身体却还在俗世的人。更进一步地说，就是一切台面上正义道德油光光，台面下却是污浊下作脏兮兮的人。对此，唐伯虎怒骂道"妆出恁般模样"。第二段的四句话更是有趣，两头光光是和尚，唐伯虎崇信佛教，他不可能对佛教进行攻击。此处仅仅是攻击那些穿着袈裟的假和尚而已。

如果说第二段是损，第三段就是开骂了。第四段，则是对这些假信徒的诅咒。

由此可见，他反的不是佛教，而是佛教徒中的一些害群之马而已。

唐伯虎作诗、画画、写小说，无不透着一股与传统文人格格不入的气质。唐伯虎现象在正德年间并不孤立，与他同时的文人有许多都和他一样。他们是新旧时代转型过程中的搬运工，而站在山巅做指挥家的人则是明武宗。

明武宗被明代稍后的人们，如海瑞，视为国运气势变坏之始。其实，他们眼中的国运气势并非明武宗所致，没有他，明朝的国运仍然会发生变化。只不过，明武宗的价值在于他是皇帝，尽管有人说，内阁实际领导着明朝，皇帝仅仅是作为某种象征。但这些观点忽略了一点，皇帝只是让渡了这种权力，他随时可以拿回来。他只不过是用自己的工具——宦官，制衡着内阁。

皇帝作为封建社会的最高统治者，他的一举一动无疑会成为全国上下的楷模。人们常说，上梁不正下梁歪，也许，下梁不正上梁怎么可能不歪。这种双向的影响，在任何时代、任何国家、任何组织内都会存在。

落魄文人及心学的壮大促动了个人主义及娱乐业的大发展

唐伯虎处于一个大时代，那个大时代是旧的传统道德观处于瓦解状态，新的道德观即将来临之时。投映到物质上，就是温饱向享乐发展的阶段。正德之后，明朝娱乐业的畸形发展代表青楼业的四大主顾就全部出现了——官员、商人、文人、恶霸。

文人墨客介入娱乐业之后

明初,青楼的主要顾客是官员和商人地主。在明初,朱元璋父子继承前朝的做法,大量开办了官妓营业场所。一方面,用以获得财政收入;一方面,用以侮辱曾经的敌人;还有一方面,作为对官员的福利奖赏。

但是到了宣宗宣德皇帝即位后,情况改变了。宣德皇帝(1425—1435年在位)禁止官妓与官吏之间发生关系,认为官妓的存在有违做官者的德行。自宣德禁止官员与青楼业产生关联之后,虽然上有政策下有对策,但毕竟有了国法。因此,对于青楼业的营生还是产生了较大的影响。为此,自宣德开始,青楼业者开始加大了对文人儒生群体的攻关力度,学习知识成为她们首要的工作。

而这时,唐伯虎等文人出现了。唐伯虎、祝允明、张灵等人的大规模出现,特别是唐伯虎等人最终厕身于青楼文化的建设中。包括唐伯虎在内的许多文人才子,因为各种原因而成了落魄文人,他们与青楼女子之间有一种心理共鸣。在那里,没有呵斥和蔑视,特别是一些有才学的青楼女子更是落魄文人的喜爱对象。

后来,因政治原因而失意的官员越来越多,青楼业开始利用歌曲来讲评时政,用来迎合这些人的情感。如柳如是、李香君、董小宛等人都是这方面的评论时政高手。

成化、弘治时期(1465—1487年为成化年间,1488—1505年为弘治年间),是明朝经济发展的第一个转型时期,是农业从粮食作物生产转向经济作物生产的关键时期。各方面都出现了非常喜人的情景。可以说,明朝在成化、弘治两位比较称职的皇帝的领导下,经济逐渐发展起来。

然而，正如人们所说"饱暖思淫欲，饥寒起盗心"，当物质越来越丰富，人们的思想开始变得越来越活跃，这有好的一面也有不好的一面。好的就是诸如个性解放，人们开始追求美，追求锦衣玉食、风花雪月。但是，因为人的出身、人的勤奋程度、人的智商、人的出生地的贫富以及自然资源供给度的强弱、对人性恶的一面的抵御能力等不同，自然会生出两极分化，有了两极分化，就会有人心生不满，从而产生诸如各种恶行。

在物质变化的同时，精神方面的变化更明显，特别是王阳明对"心学"的总结性发挥。如果说陆九渊的"心学"，在思想上给祝允明、唐伯虎等人以心灵寄托的话，他们又在实际行动上支持、践行着心学的内容。其后，王守仁提出了"心学"这一名词，集孟子到明朝中期之前各儒家之大成，彻底完成了陆九渊开创的"心学"理论的建构。到了明朝中后期，徐阶、高拱、张居正等"心学"信徒逐渐把持了政坛长达四五十年。那么，从小范围看，苏州文坛其实早在弘治年间就已被"心学"的信徒们占据了。

反主流心态成为时尚

仅以"吴中四才子"祝、唐、文、徐四人来说，前两人无疑是"心学"的信徒，文征明则靠近"心学"，徐祯卿英年早逝，但其思想虽以主流程朱理学为主，但也不排斥"心学"。明代中后期，文坛反对台阁体和八股文的运动则证明，"心学"作为"异端邪说"已经很强大了。唐伯虎的好朋友祝允明在这场运动中，乃是急先锋之一。他认为个人的特点与灵性是任何文学创作的核心，秦汉唐宋的诗词歌赋文虽然好，但也要有时代的特点。

文学主张下便是各自的写作形式，彼时主流写作就是台阁体和八股文。无论是台阁体还是八股文，都是在程朱理学占据主流思想下的一种反映，例如台阁体，诞生于永乐年间，因为内阁和翰林院的文臣"三杨"（杨士奇、杨荣、杨溥）的大力提倡，才成为一种诗歌的写作模式。因为"三杨"的诗词多是应付皇帝、同僚间的应酬下的作品，所以内容大多是"颂圣德，歌太平"。

在风格上，因为属于上层官僚体系，他们的思想往往四平八稳，因此，风格上也是死气沉沉，有一种"老头子""日薄西山"的感觉。台阁体不仅仅是诗词，还包括散文和书法等。由此，对当时文人士大夫的喜好基本上都有着巨大影响。

八股文更是闻名遐迩，它是典型的形式大于内容的文体，文章的内容被死死地固定在八个段落内，连字数也有一定的限制。举一个例子，清朝有一位非常著名的唐伯虎的粉丝，名叫尤侗。他非常崇拜唐伯虎，和唐伯虎基本属于一路人，文风不拘一格，行为被人称为放荡。他从《西厢记》戏词里面，挑了一句张生唱词"怎当他临去秋波那一转"，用八股文的形式进行讲解什么是八股文。此文在乾隆朝传唱一时，甚至被选入了八股文教科书《制艺丛话》。

  怎当他临去秋波那一转

想双文之目成，情以转而通焉。（破题）

盖秋波非能转，情转之也。然则双文虽去，其犹有未去者存哉。（承题）

张生若曰：世之好色者，吾知之矣。来相怜，去相捐也。此无他，情动而来，情静而去耳。钟情者正于将尽之时，露其微动之色，故足致人思焉。（起讲）

有如双文者乎？（入题）

最可念者，啭莺声于花外，半晌方言，而今余音歇

矣。乃口不能传者，目若传之。（第一股）

更可恋者，观玉趾于残红，一步渐远，而今香尘灭矣。乃足不能停者，目若停之。（第二股。以上为起二股）

吾不知未去之前，秋波何属。或者垂眺于庭轩，纵观于花柳，不过良辰美景，偶尔相遭耳。犹是庭轩已隔，花柳方移，而婉兮清扬，忽徘徊其如送者奚为乎？所云含睇宜笑，转正有转于笑之中者。虽使靓修朣于靓面，不若此际之销魂矣。（第三股）

吾不知既去之后，秋波何往。意者凝眸于深院，掩泪于珠帘，不过怨粉愁香，凄其独对耳。惟是深院将归，珠帘半闭，而嫣然美盼，似恍惚其欲接者奚为乎？所云渺渺愁余，转正有转于愁之中者。虽使观羞目于灯前，不若此时之心荡矣。（第四股。以上为中二股）

此一转也，以为无情耶？转之不能忘情可知也。以为有情耶？转之不为情滞又可知也。人见为秋波一转，而不见彼之心思有与为之一转者。吾即欲流睐相迎，其如一转之不易受何？（第五股）

此一转也，以为情多耶？吾惜其止此一转也。以为情少耶？吾又恨其余此一转达也。彼知为秋波一转，而不知吾之魂梦有与为千万转者。吾即欲闭目不窥，其如一转之不可却何！（第六股。以上为后二股）

噫嘻！

招楚客于三年，似曾相识。（第七股）

得汉宫之一顾，无可奈何！（第八股。以上为末二股）

有双文之秋波一转，宜小生之眼花缭乱也哉！抑老僧四壁画西厢，而悟禅恰在个中。盖一转者，情禅也，参学

人试于此下一转语!（收结）

由此，我们不妨对照一下唐伯虎的八股文，从中可以看出，在追求功名阶段的唐伯虎写的八股文其实更中规中矩。

苟日新，日日新，又日新

传者引圣人自警之词，著新民之本也。（破题）

夫自新而不已其功，圣人所以自警者至矣。新民之本，不既立矣乎？今夫所谓新民者，岂假刑驱而势迫哉？亦本诸身而已。（承题）

汤之盘铭有曰"苟日新，日日新，又日新"者，岂不以德之当明，犹身之当洁也？（原题）

人患迷而不悟耳。有能感触于夜气之清，而奋发于一日之际，知天理为吾之固有，而人欲为吾之本无也。（起讲）

静以存之，使虚灵之不昧者，有以复其本然之正；动以察之，使利欲之相攻者，有以去其旧染之污。（起二股）

则心之奋发者，此为之机；而攻之黾勉者，已有其地矣。（中二股）

但理本难明而易晦，功病锐始而怠终。（过接）

又必心有常主，而一念不容于少懈；力有常存，而一息罔敢以或忘。（束二股）

日日存养，又日亦此存养也。凡求复夫天理之正者，搰搰乎惟日之不足矣。

日日省察，又日亦此省察也。凡求胜夫人欲之私者，凛凛乎若检之不及矣。（后二股）

是日之继今，而来者无穷，而功之与日俱敏者无穷；功之与日俱敏者无穷，而德之与日俱新者亦无穷。圣敬所以日跻，而九围所以用式者，皆是道也。（结语）

在文人看来是正路的八股文上，唐伯虎的水平并不低，也较为正规，由此，唐伯虎之所以能够成为旧时代的拆迁人、新时代的构建者，也是因其科举正途被阻断。成化、弘治时期的诸多才子的经历和唐伯虎也很类似。

在传统文人看来是小技的诗词歌赋上，唐伯虎起先也很认真。当时的文坛思想较为保守，诗词歌赋上就是台阁体。前期的唐伯虎极为认真地学习了《昭明文选》。《昭明文选》又称《文选》，是中国现存的最早一部诗文总集，由南朝梁武帝的长子萧统（死后谥"昭明"）组织文人共同编选。书中主要选录先秦至南朝梁的诗文辞赋，不选经、子属种的作品，史书中也只略选"综辑辞采""错比文华"的论赞，只有"事出于沉思，义归于翰藻"者方可入为文学作品。在艺术形式上，尤注重骈俪、华藻。

其中以楚辞、汉赋和六朝骈文占有相当比重，诗歌则多选对偶严谨的颜延之、谢灵运等人作品，陶渊明等平易自然的作品则入选较少。唐代以诗赋取士，士子必须精通《文选》与"五经"。至宋代民间有"文选烂、秀才半"之说。

这时的唐伯虎选择《昭明文选》的原因也是为了八股取士，这可以从该书的选文标准上看出，这部书不管你的思想内容是什么，用典要多、辞藻要华丽、脂粉气要浓。而唐伯虎的诗文便有这一特点。例如他最典型的作品《金粉福地赋》就不遑多让，辞藻华丽多彩，声律对偶工整。然而，自泄题案以后，因为唐伯虎从事了商业行为，而且常常处于朝不保夕的境地，因此，多以"性灵"为根本，字句少有雕琢，多是信手拈来。

唐伯虎在功名路上被弘治皇帝所阻塞，那么，唐伯虎真的恨弘治吗？弘治对于这样一位才子痛下杀手，是否能证明弘治不是一个好皇帝呢？恰恰相反，弘治皇帝是位称职的皇帝，在唐伯虎这件事儿上，弘治皇帝做得并没有失当之处，要怪就怪唐伯虎自身因为个性张扬，而在旧时代官场路上突破了过多的禁忌。

可以说，弘治时代仅仅是新时代的发端，民间正处在向新时代狂飙突进的状态，而官场则仍在徘徊中，唐伯虎的悲剧之所以发生就在于这一点——弘治皇帝想有所作为，想对商业、吏治进行整顿。悲哀的是，唐伯虎赶上了一位想有作为的皇帝，想让新时代迁就旧时代的皇帝，唐伯虎的悲剧一生就这么形成了。

在新旧时代转型期间，一位悲苦的人物就此出现。

半正经篇

可怜唐伯虎,在夹缝中艰苦求索着的艺术老顽童

苏州的晚明化风尚在成化、弘治、正德就出现了。尽管，这种晚明化的风尚尚处于几个地方，但却是新时代的开始。本来，唐伯虎身处的那个大时代就需要有人出来引导，引导并非是阻碍历史车轮的发展，而是将新旧时代的优缺点进行调和。否则，新时代某些方面会因为更符合人的动物本性，必然将旧时代好的方面横冲直撞地废掉。

那么，引导的标准是什么？要符合当时当世的真实生产力，要能保住旧社会中的好因素，让新旧时代实现真正的融合。可惜，最应该引导的人没有站出来，毕竟江山是老朱家的，他们自己都不爱护，谁会真的爱护呢？武宗、世宗、神宗，或只顾着放任个人主义，或只顾着闷在后宫指点江山。他们并没有成为时代的引导者。没有引导者出现，个人主义与享乐主义融合在一起的奢靡之风便遍布全国发达地区，进而弥漫于即使贫穷但思想已更新了的普通百姓间。当普通百姓也热衷于奢侈的时候，社会已经进入了癫狂状态。

在古代社会，皇帝不出来引导，那就需要权臣，可惜，唐伯虎时代没有那样有魄力的权臣。最后，只好由一位皇帝的秘书来承担引导时代的责任了。这个人物的知名度不高，不信，咱们做一个小测试：谁知道丘濬这个人？

当我写下"丘濬"这两个字的时候，我都不知道我写得对不对，因为，历史上他的名字有四种写法：丘（邱）濬（浚）。

丘濬曾担任过户部尚书兼武英殿大学士，户部尚书掌管天下人口赋税、钱粮、土地，类似于今天主管经济的副总理；武英殿大学士则为皇帝起草诏令，批答奏章，虽无宰相之名，却有宰相的实权，号称辅臣。总而言之，丘濬的权力很大。更为重要的是，他的经济理论功底非常了得。我称他是"明代第一经济学家"，"明代经济学家中能与今日经济大家比肩的伟大人物"。

但丘濬属于超越时代的伟大的经济学家，他的经济思想中的某些部分即使在今天都会引起巨大争议。因此，他的超越时代的经济思想反而对明朝产生了副作用。在当时，对于新时代产生抗拒思想，并付诸行动的大人物是弘治皇帝。

其实，明朝的社会转型从成化、弘治时期便开始了，唐伯虎作为旧时代瓦解的推手，义无反顾地奔向了新时代。弘治皇帝眼见着天下日益脱离传统秩序，心中焦急万分。以今日的眼光看，这种脱离有先进的一面，例如个性解放，人们不会因为出身而形成固有不变的等级等。然而，这里面同样有着负面因素，例如全社会的奢靡，人人向钱看，传统社会的一些优点，也像泼脏水时，连洗澡的孩子一样被泼出去了。

为此，弘治皇帝加大了法制力度，在吏治、经济、文化等方面的法制进行了大规模的制定。《问刑条例》于弘治十三年（1500）颁布，共有279条。该条例是案例集合，与《大明律》一起构筑了一道防范体系。同时，弘治也加大了传统秩序的教育。对于这一点，当今有些学者称其为"历史的倒退"。然而，如果没有这种"倒退"，恐怕万历年间不可遏制的"衰落因素"早就出现了。

第一章

影响后世600年的经济权臣，也曾写过艳情小说

在海南的历史上，北宋绍圣四年（1097）是一个关键的年份。这一年，大文豪苏东坡被贬到了今天的海南省儋州市。在那里，苏东坡待了三年，他开书院授徒讲课，对海南的文化建设有了很大的推动。最终，在明朝，海南人才有了一个井喷时期，特别是中后期，在一个叫金花村的地方竟然接连走出两位影响中国历史进程的大人物。

丘濬，一位和唐伯虎经历思想极为相似的高官

一个是天下百姓妇孺皆知的清官。明朝论知名度的话，从全国老百姓角度讲，朱元璋最有名，刘伯温第二，第三位恐怕就是这位了，他的名字叫海瑞。王阳明、张居正论全国各阶层知名度恐怕都不如严嵩，更甭提海瑞了。

其实，在海瑞家的不远处，在海瑞出生前93年，这个村子还有一位特别有名的人物出现，他就是丘濬。丘濬生于1421年，也就是永乐十九年，卒于1495年，也就是弘治八年。海瑞和丘濬两个人有两个共同点，一是二人祖籍都是今天的"鞋都"福建晋江，二是都幼年丧父，海瑞四岁，丘濬七岁。但二人之后的成长就很不同了，海瑞父亲死后海瑞的生活很艰苦，学业也很不顺畅，学习成绩很不理想。丘濬则大大不同，他绝对是"神童"。丘濬在祖父的照料下两岁识字学礼，六岁诗词歌赋出口成章，十三岁熟读四书五经，读书过目不忘。二十四岁时高中解元（乡试第一名）。丘濬与唐伯虎在30岁前的经历颇为相似。

他非常有才，六岁时就写了许多诗词歌赋，一生数万首，不比乾隆少。但因为丘濬比较随性，写到哪里扔到哪里，当时的许多人又没料到这个爱作诗的小孩儿会成为一代伟人，因此，也没有保存。后来，丘濬回忆，他六岁时作的《五指山》是他比较在意的诗：

> 五峰如指翠相连，撑起炎荒半壁天。
> 夜盗银河摘星斗，朝探碧落弄云烟。
> 雨余玉笋空中现，月出明珠掌上悬。
> 岂是巨灵伸一臂，遥从海外数中原。

这是一首写景的诗，描写了五指山的美。六岁能作这样的诗我觉得非常不简单了。

那个时候，海南文化相对比中原、华南等地区要落后一些。然而，小丘濬却在诗中说"遥从海外数中原"，傲气十足。小小年纪的丘濬就这么狂。第二年，丘濬上学了，老师考他作诗才能，以八哥为题，丘濬的回答是"应与凤凰为近侍，敢同鹦鹉斗聪明"。可以想见，小丘濬很狂，否则写不出这么霸气、好斗的诗。

丘濬年轻的时候，社会风气已经开始有了一点变化，但还不明显。不像后世唐伯虎时期那样。但丘濬除了没画过春宫图外，基本上也都全了，例如他也曾经是一位通俗文学作家，据说写过艳情小说《花笺记》。但后来，他的功名心超越了一切，自丘濬中了解元之后，连续两次考试都失败了。因为写《花笺记》，他受到天下正统士人的批评，在封建社会，你想做官，性格就不能太各色、太有特点。特别是《花笺记》出来后，这倒霉事儿越来越多，许多人都认为他是"三俗"总代表。

"细想天上佳期还有会，人生何苦捱凄凉。得快乐时须快乐，何妨窃玉共偷香？"这种思想在现在也不是正经人该有的，更何况600多年前的古人。

在如此重大的压力下，丘濬写了《成语考》一书以求自赎。

丘濬主张经济自由，政府减少干预，最终……

最终，丘濬第三次进京会试成功，于1454年中二甲第一名，成了翰林院的庶吉士。自此，当起了皇帝的御用文人。先后修撰《寰宇通志》《英宗实录》。因个人著作《大学衍义补》获得弘治皇帝垂青，其后又修撰《宪宗实录》《续通鉴纲目》等。

丘濬的主要代表作是《大学衍义补》，该书是他56岁出任国子监祭酒时开始撰写，用了整整10年的时间，到了66岁完成后进呈皇帝。1487年，弘治皇帝看到此书后非常高兴，万历皇帝更是极为重视，亲自为该书作序。从此，该书成为生员科举的必读参考书，许多地方官吏将其作为施政纲领。

有明（儒家认为，只有天下一统的大朝代，才可称"有"，偏安一隅的小朝廷，"有"的只是"天下"的一部分，不配称"有"。所以，有资格称"有"的只有汉、唐、明、清。秦、隋之所以不被称为"有"是因为时间太短。宋朝，我个人认为也没有资格被称为"有"）的将近三百年历史里，丘濬的经济思想最为庞杂且重要。他的经济思想最特别的地方就是经济自由，皇权、官方都不要去干涉经济，应该任由经济自己发展。他反对加税，反对控制土地兼并，反对官僚商人，反对政府控制实体经济等。他所站的立场，可以套用这么一句话叫"站在富人角度，为国家利益服务"。

丘濬是有明一代的大儒、大作家，经济理论最雄厚的经济学家和政治家。尽管，他没有刘伯温、宋濂、方孝孺、解缙、王阳明等人有名，但实际上，丘濬的思想深深影响了明代中后期特别是后期的政治和经济政策。

此公在官场上可谓顺风顺水，一步步平稳升迁。从翰林到内阁成员都是平平稳稳、深受帝王喜爱。可以说，明中后期以后的诸多思想、政策、党争都或多或少受其影响。例如奢侈论、反对皇权官方进入经济领域、全民享乐思潮等都可以追溯到他的身上。

诸如王阳明、高拱、张居正、叶向高、李贽等的思想也能从他的身上找到渊源。

下面我们就单独谈一下丘濬的经济思维，之所以这样就是为了提醒读者：明代中后期发生的一切（好与坏），都可以从丘濬身上找到原因。

丘濬的经济思想即使在今天看来都非常有争论价值，闪光之处更是可以在今天得到弘扬。目前的凯恩斯主义（国家管控）与经济自由主义的争论在明代其实就已经展开了。这是明代在整个封建社会高度不同的地方。国家管控自古有之，而经济自由主义与自由经济则是近五六百年才成规模出现的现象。

丘濬庞杂的经济思想在当时的世界无疑属于最先进的思想之一，将其置于当时世界最伟大的经济学家行列也不为过，而他地位较高，对当时的精英团体影响极为深刻。综合起来说，他的经济思想主要包括以下几点：

重经济轻道德。丘濬对空谈道德而轻利益的风气进行了大力批驳。他认为人有追求财富的权利，所以经济工作应该是所有工作的基础。

经济自为论。他最著名的理论就是"相生相养论"，即每个人都必须要从事一种职业产生经济活动，而每个人的经济活动又是相互制约、相互依存的。统治者的任务就是让每个人都各司其职。但统治者不应该对经济活动进行直接干预，应该坚持"自为论"，甚至对高利贷这种现象也应该放任其发展。可以说，他是继司马迁之后，第一个将"放任主义"作为指导思想提出来的政治家。

安富理论。然而，"自为论"就必然导致地主的财富积累增速，因此，两极分化问题就出现了。丘濬则公开站在富人的立场上，提出了"安富"理论。他坚称"富民"是国家的支柱。

土地兼并空想论。对土地兼并问题，丘濬仍然坚持"自为论"。然而，土地兼并问题势必影响到国家税收、国家稳定。丘濬在自身思想和国家利益间最终选择了中间立场：对于既成事实的土地兼并不要去管了，以后（某个期限）要严格限制土地兼并问题（按照一丁一顷，超过的人，如果敢再买就夺走一顷以外的其他土地）。

明朝中前期，土地兼并问题已经较为严重。明洪武二十六年（1393）全国缴纳田赋的土地850多万顷，到了弘治十五年（1502）只剩下了422万顷，50.3%的土地都被兼并了，而这些数字尚未包括一百多年来新开垦的土地。这时明政府内部在经济政策上产生了巨大分歧。一种是传统的国家干预，一种是经济自由政策。既然经济自由，那么土地兼并也就可以自由了。

反对官僚商人论。朱元璋父子对于自然经济的支持让农业获得长足发展后，剩余的农副产品开始更多地进入市场，手工业逐渐兴盛，水陆交通网进一步完善，商业随之逐渐兴盛起来。商业、手工业的兴盛促进了城市发展。

而这时，包括皇帝在内的皇权、官僚等对商业、手工业、赋税征收等越来越爱插手。最典型的就是老晋商，张四维家族就是最大的官僚商人家庭。对于商业问题，丘濬特别反对官员经商，他认为官府不应该经营商业，商业应该听凭百姓去经营。官府和皇宫缺什么应该到市场上去购买，不应该靠权力机关去强行掠夺。

反对政府干预，全面退出经济领域论。他的经济思想在某种程度上与当今的自由经济思想很相似，反对一切干预，甚至囤积居奇等都是如此。在诸如盐、茶等商品上，他还主张政府放弃生产、销售的垄断，只负责监管，包括生产、运输、销售全部由商家进行。

开放海禁论。在交通上，他主张开拓海运路线，并大力支持"开放海禁"，由此，"海禁松弛派"有了可以抗衡"海禁派"的理论本钱。

创建预算制定方式。丘濬还提出了编制国家预算并将预算最终制定成型。他的具体办法是：各部门、各地预计下一年度开支，在阴历十月上报给中央。十二月下旬，户部对其进行调整、平衡后制定全国预算。

世界上首提劳动价值论。更为难能可贵的是，他早于英国威廉·配第的1675年提出了劳动价值论。他的专著《大学衍义补》形成于1487年，而配第的《赋税论》出版于1662年。而且，丘濬的思想明显高于配第。例如配第认为生产金银的劳动可以形成生产交换价值，生产其他商品的劳动则只有在与金银交换时才会产生价值。丘濬则认为生产任何一种商品的劳动都决定该商品的价值。

国富与民富关系论。在财政收入问题上，丘濬的思想也极为先进。他将财富分为理民之财和生民之财。理民之财是在既有财富基础上进行分配，也就是存量分配；生民之财则是扶助百姓发展生产，促进财富增长，也就是增量发展。

重商主义日渐突显。丘濬非常重视商人，不仅仅是他，弘治年间吏部尚书倪岳也认为通商也可以富强国家。

明代中后期，明政府逐渐采用了"重商主义"的经济政策。商人由"民之末"变为与士至少是平等地位的社会阶层。商人之家大多是长子、次子参加科举，三子之后从商。

中国封建社会的统治，一直是官绅共治。在一些家族观念比较重的地区，有些人只知有宗族而不知有国家，宗族利益高于国家利益的例子并不鲜见。同理，家族乃至家庭利益也同样可以高于国家利益。中国封建社会的儒家思想，又造成师生关系与君臣关系、父子关系在某种程度上同样重要。

而当商人与官、士合流之后，就造成了一个极为严重的现象，正如崇祯皇帝所哀叹的那样："居官有同贸易"。

商人势力在明代之前就已经非常强大，例如著名的陶朱公、吕不韦等。明代最知名的商人首推沈万三。

创建货币并行架构。在货币问题上，他的思想也较为先进。例如他认为货币权必须要垄断，他对于当时铸币权的混乱持严厉批评，他认为铸币权的下放将造成动乱和经济控制权缺失。在法定货币上，他主张铜钱应该作为法定货币，并极力反对纸币，认为用毫无价值的纸币去当货币形同欺骗。显然，他混淆了货币价值和货币价值符号。但因为当时的实际情况，他又不主张废纸币。

因此，他设计了以银为核心的三种货币并行的架构，银用于大额交易，十两以下交易只能用钱和纸币。但丘濬的设想显然不符合现实，但在当时相对于同时代的其他同僚已属不易。

到了弘治以后，纸币彻底失去了人们对它的信任。在老百姓的心中，只有白银才算是货币。连朝廷官员也普遍认为纸币形同废纸，只有白银才是真正的货币。到了嘉靖年间，成捆成车的纸币无人问津。崇祯十六年（1643），为了解决军饷和救灾资金，也曾想重发纸币。但消息传出后，商家关张、百姓闭户躲避税收官员，军人、官员也拒绝使用纸币，崇祯皇帝不得不将此计划搁置。

纸币不行了，那铜钱呢？明朝前200年的官方铸钱也不过才1000万贯。既然铜缺少，铜钱的作用自然会受到限制，在与纸币、白银的竞争中，自然处于弱势地位，这使得白银最终成了主体货币。

更为严重的是,在白银与铜钱的竞争中,明政府为了增加财政收入,主动制造劣等铜钱的行为也是铜钱落败的原因之一。早在天启年间,明政府就将铜七铅三的成祖惯例改为了铜铅各半,最低的时候甚至铜三铅七。凭借这种手段,天启年间南京铸币局的年获利就达12万两。铸息由之前的20%~30%提升到了60%。其后,铜钱的制造质量越来越低劣,到了崇祯年间,本应该是重1钱2分的铜线先是弄成1钱,之后是8分,最终竟然有重不到4分的铜钱出现。

与此同时,民间制造伪铜钱、私铸铜钱等行为也非常猖獗。铜钱根本没有办法成为主体货币,最终导致苏州市民拒用天启铜钱的极端事件。经过长达十个月的抗争,终于争取到了苏州的丝绸、松江的棉布只用白银交税。

丘濬的大部分思想在明代都成了现实,其中既有国家之福又有国家之祸。例如他对于土地兼并问题的放任。其实在封建社会,谁能把握好土地问题谁就能让国家稳定。反之,则会给国家带去危险乃至衰亡。很不幸的是,丘濬虽然在国家经济驾驭方面做出了很大贡献,但却没能把握好封建社会最基础的问题——"三农问题"。

丘濬的思想无疑是新时代的思想,甚至已经超越了同时代的世界上的绝大部分人。然而,他却没有真正的权力,他有的只是建议权、传播权。正是在这种观念的引导下,苏州越来越富裕,成为当时中国的经济重镇之一,各种万历时代才会出现的问题,在成化、弘治年间的苏州已经出现,到了万历时代甚至成为了普遍现象,新时代的优点愈来愈少。

第二章
放勒不羁在传统官场下付出的代价

明宪宗成化六年（1470）二月初四，唐寅生于苏州吴县（1995年6月改称吴县市，2000年12月31日撤销吴县市，改设苏州市吴中区和相城区）吴趋里。其父唐广德，母邱氏。那一年，与唐伯虎关系密切的人如沈周时年43岁，吴宽35岁，朱存理26岁，文林25岁，王鏊20岁，曹凤13岁，杨循吉13岁，都穆12岁，祝允明11岁。本年8个月后的11月28日文征明出生。2年后王守仁出生，3年后徐经出生，9年后徐祯卿出生，24年后王宠出生。

明朝的传统官场

唐伯虎青少年时期,其经济发展已经日益脱离了温饱阶段,特别是城市。因此,追求个性解放、享乐思潮的人越来越多。但是,那时的官场商界人士进入的比例还非常小。商人正处于向官场冲击的进程中。封建社会的传统官场主要靠同乡和同年这两个人脉资源。同乡之间互相扶持、互相帮助;同年考生之间结成一体,成员间互相维护,对其他官员党同伐异。因此,深受民间个性张扬氛围影响的唐伯虎,显然会成为官场的异类。但凡是异类,就会受到多数人的排挤。正如,日后商界大举进入官场的万历中后期,海瑞所处的境遇类似。

唐伯虎的家族有着显赫的背景,在之前几百年间,唐家代代出高人,特别是唐俭,乃是李世民时期"凌烟阁二十四功臣"之一,其功劳之大、声名之盛令后世子孙骄傲无比。然而,唐伯虎这一支却很不幸运,包括他的父亲唐广德已经连续七代都是小市民阶层,更惨的是沦落到"五民之末"的商人。

因此,唐广德从唐伯虎一出生开始,就将改换门庭的希望寄托在了唐伯虎身上。他请大画家沈周教儿子作画,之后尽其全力使其进入了最好的私塾。像所有望子成龙的父亲一样,唐广德倾尽所有为唐伯虎提供学习的环境。就拿唐伯虎的藏书来说,就连官宦之后的祝允明、文征明都为之叹服,惊叹于他的藏书之多、门类之全。可以想见,作为一个小酒馆的老板,没有辛勤劳动、起早贪黑,是供不起如此巨大的开销的。

唐伯虎很自我，五亲俱亡对他有无影响

唐伯虎也特别争气，16岁就考了个秀才第一，大名广播，人人为之赞叹。其后便开始和祝允明等人浪迹市井，而且还成了青楼常客。唐广德为了将理想变为现实，为了让唐伯虎收心，便在其18岁的时候为他娶了徐秀才的女儿，希望用贤儿媳徐氏的温柔彻底改变儿子的行为做派。然而，事与愿违，唐伯虎仅仅是收敛了一年多后，便依然故我——妓院照逛、"伤风败俗"的事情照做。

等待了几年之后（1494），万念俱灰的唐广德发出了阵阵哭号："还要让我为你做些什么？你才能听我的话！"想了许久，唐广德做了最后一搏——死亡。似乎冥冥中，父亲的死就是为了唤醒最后一条束缚在他身上的灵符——孝。大凡父亲对待儿子的感情如山一般深沉、厚重，更遑论封建社会的父亲，严父慈母是中国传统家庭教育的精准总结。父亲这座大山倒了，希望让唐伯虎这只贪恋地上食物的雄鹰能够展翅高飞，飞入那凌霄宝殿。

然而，代价太大了。唐广德一死，唐伯虎的母亲也跟着走了。一阵慌忙之后，唐伯虎的妻子和儿子相继病故，紧随其后被他嫁到外地的小妹也自杀了。如此之下，唐伯虎苦楚无处诉，行为反而更加怪诞，经常在青楼流连，还经常写诗作画慨叹，但大多都是给了青楼女子。例如：

寄妓

相思两地望迢迢，清泪临风落布袍。

杨柳晓烟情绪乱，梨花暮雨梦魂销。

云笼楚馆虚金屋，凤入巫山奏玉箫。

明日河桥重回首，月明千里故人遥。

梨　花

一箱朱碧漫粉纭，独惜梨花一段云。
病酒怜春两烛泪，夜深烧烛倚罗裙。

佳人对月

卸鬓娇娥夜卧迟，梨花风静鸟栖枝。
难将心事和人说，说与青天明月知。

旧人见负以此责之

门外青苔与恨添，私书难寄鲤鱼衔。
细摺红笺付鲤鱼，梧桐明月共踟蹰。
负心说是随灯灭，到夜吹灯试看渠。

上述四首诗，表面上看是对青楼娇娘的迷恋，甚至对她们的心理揣测都非常到位。然而，又有多少人对他的心理进行过揣测呢？他很可能只是在用酒和迷乱来麻醉自己，他有无穷尽的怨恨。用一种沉迷来敷衍凄苦。那个时候的唐伯虎刚刚25岁，从前由于有唐广德的辛劳，唐寅唐申兄弟基本上衣食无忧，而唐广德的去世，则使唐家经济紧张了起来。

唐伯虎一方面要面临养家的压力，一方面又对父亲的死心怀愧疚，纵情风月以逃避现实是很可能的。另外，唐申的身体和持家能力比他还差，这从他五年后远游前给文征明的信可以窥之，他对自己的弟弟能否存活非常担忧，甚至少有的低声下气地求人周济。此种情谊，我们很难想象，五年后他会抛开忍饥挨饿的兄弟独自快乐。如果没有极大的恨（恨天地之不公，恨自己的不孝，恨自己的无能），他显然是做不出来的。

如果不是两个明白人及时出现，恐怕唐伯虎会一生鬼混至老。有些人会疑惑，父母死了他怎么能这样。也许，这仅仅是一种痛苦无法表达的发泄方式而已。唐广德希望他继续考取功名，这个愿望之所以能够实现，一定要感谢两个人。一个是好友文征明的父亲文林，他见唐伯虎如此消沉，便写了一首《和唐寅白发》，其中写道："铿寿今亦亡，回死有余烈。数命人人殊，疾徐付甘节。大冶范我形，坚脆任生灭。"人的命天注定，每个人的命都不同，你今天即使死了，又能怎样，看清了看淡了，想想自己以后的出路吧。自从唐广德死后，唐伯虎便把这位叔叔看作是第二位父亲。他的话，唐伯虎还是听的。

另一个就是祝允明。不久之后，祝允明这位唐伯虎的"精神导师"便来到他的面前，指着他的鼻子说道："唐寅！在你面前有两条路。一条是喝死你，一条是实现你父亲对你的期望，你看着办吧！"

好在唐伯虎经过沉迷之后，选择了后者。

人脉在古代是关键

为了实现父亲的遗愿，唐伯虎便加入到了万千考试大军中。1494年五亲俱亡，唐伯虎按照惯例守孝三年，之后于1497年进入府学参加提学考试（即参加会试前的一种选拔考试。秀才要经过这一关名额选拔才可以参加乡试，之后进行会试）。而这时，恰巧碰上监察御史方志这位重德行轻才学的老进士（1487年考中），于是便把唐伯虎和张灵的考试资格取消了。而这时，文征明的父亲文林又帮了他大忙。

文林（1445—1499），字宗儒，因为祖籍在湖南衡山，所以自号"衡山"，在其子文征明出生后的两年（1472年）中了进士。文林起先做了永嘉县、博平县的县令，其后在南京太仆寺任寺丞。做了几年官后，辞职回家。1497年朝廷下旨让他出任温州知府，但他坚辞不受，仍然以生病作为说辞。而这时唐伯虎还没有参加提学考试，便对他进行了劝谏，赠诗《送文温州》（据说这是唐伯虎唯一一首"四言诗"）。这篇诗的序比文更有名，这篇序使文林对他刮目相看。进而才有其后帮助唐伯虎摆平方志的事情。

文林看后非常高兴，便将它给了苏州知府曹凤欣赏。曹凤字鸣歧，别号西野，河南汝宁新蔡人，也很有文采。他不但和文林相交，与沈周的关系也不错。他早就听说沈周有个很好的学生叫唐伯虎，今天一见这篇文章非常惊讶，唐伯虎的才华比自己估计的还要高。

文林知道唐伯虎被方志舍弃之后非常着急，但他却行将赴任，因此，临行前便请曹凤帮忙斡旋。而这时，沈周也开始为弟子的仕途活动，正在家中丁忧的皇帝的老师老状元吴宽（1435—1504，明代诗人、散文家、书法家。1472年会试、廷试获第一，和程敏政一同教授过明孝宗）、正在京中为官的老榜眼王鏊等好友也暗中使劲，最终方志安排唐伯虎进行了一场"录遗"，即补考，由知府曹凤做主考官。这其实是一种隋唐前"九品中正制"的延续，该制度由地方官向朝廷推荐人当官。而"录遗"也是地方官有意为当地的名士开方便之门的一个窗口。可以说，唐伯虎的这次考试并不是太露脸。但他第二年高中解元，将一切遗憾全都扫得荡然无存。

唐伯虎一考就考了个第一名，成为人见人敬的唐解元。前途光明一片，唐伯虎那颗狂傲的心再次从胸中跃出，让世人再次见识到了什么是天才、什么是恃才傲物。

唐伯虎、文征明在1498年共同参加了秋闱，结果唐伯虎高中解元，文征明却名落孙山。唐伯虎起初高兴得手舞足蹈，请他吃饭的人、投怀送抱的美娇娘、溜须拍马之徒，也如过江之鲫一样多得数不胜数。知道结果的当天，唐伯虎便被请去赴宴，还做了一首《六朝金粉福地赋》惹得万千瞩目。回来之后，忽然想到了落榜的文征明，连忙跑回了客店。刚一进去，就听到鼾声大震。挑帘一看，只见文征明正和衣而睡躺在床上。旁边的桌几上放着一张纸，旁边笔墨砚齐全。唐伯虎一看，只见上面写着（《客夜》）：

旅馆沉沉睡思迟，新寒自拥木绵衣。

功名无据频占梦，风土难便苦忆归。

弄月谁家双笛细，伴人遥夜一灯微。

男儿莫恃方年少，触事撄愁念已非。

唐伯虎不由心中念道："哎！唐伯虎呀唐伯虎，你看看征明虽然比你小但却城府更深。如果是我，肯定会大哭一场，可这老兄竟然睡了。"

这就是文征明和唐伯虎的性格区别。伯虎性格豪爽，因此也就不免有些暴躁。而文征明却永远那样深沉，什么事情于他都可以解决。如果打个比喻，伯虎似水，时而湍急时而平缓；征明似山，任凭风吹雨打，我自岿然不动。

乡试之后就是殿试，欢喜之后新的一场挑战近在眼前。他该进北京参加会试了。当亲朋好友们前来送行的时候，祝允明一脸的担忧。

"老祝，你这是怎么了？伯虎得了解元你应该高兴呀！"张灵在旁没大没小地说，本来祝允明收了张灵作为自己的学生。但这两位都一个脾气，只要喝了酒，敢管爸爸叫"哥们"！

"伯虎，祝贺的话朋友们都说了很多，我不想再说了，你的才华和文章大家都是知道的，但世事岂会尽如人意？这是我给你写的一篇东西，你看看吧，希望你多多珍重！"说着，祝允明竟然掉下了几滴眼泪。唐伯虎微微一笑，展开观看（《别唐寅》），只见上写：

> 长河坚冰至，北风吹衣凉。
> 户庭不可出，送子上河梁。
> 握手三数语，礼不及壶觞。
> 前辕有征夫，同行竟异乡。
> 人生岂有定，日月亦代明。
> 毛裘忽中卷，先风欲飞翔。
> 南北各转首，登途勿徊徨。

"哈哈，老祝，你太多心了。没事儿的，我定会给你们带来好消息。"唐伯虎高声地叫着。这时，文征明也走到唐伯虎的面前，"伯虎，家父昨日来信指出你一个毛病，作为朋友我不能不提醒你！""哦？伯父大人有何指教！"唐伯虎说着躬身施礼，他对于文林的话还是非常重视的。

其实文征明并没有实话实说，文林主要是因为儿子文征明落第，所以来信劝诫儿子不要灰心，唐伯虎只是顺便说说而已。他的原文是"子畏之才宜发解，然其人轻浮，恐终无成；吾儿他日远到，非所及也。"意思很明白，日后你会比他强。

"伯虎，我父亲说你做事欠稳重，好冲动；做事过于高调，而不知收敛。以你的才华，会试高中状元都有可能。然而，这个时候你更要虚心。"文征明说着，唐伯虎点着头，连连称是。

祝允明看着唐伯虎的表情，那张表情是那么熟悉。唐伯虎、祝允明、张灵、文征明四人经常在一起，文征明老成持重没人敢随便和他开玩笑，而其他三人经常被他教训。被教训的时候，三人都会点头称是，但都是左耳朵进右耳朵出。

但在今天，祝允明觉得唐伯虎有些过了，喜怒形于色，志得意满的表情显露无遗，因此，他立刻拍了拍唐伯虎的肩膀，"子畏，临行前，送你几句话，望你珍重！""夫谓千里马者，必朝吴暮楚，果见其迹耳。非谓表露骨相，令识者苟以千里目，而终未尝一长驱，骇观于千里之人，令慕服赞誉，不容为异词也。"《与唐寅书》

这些话，表面上是在说：千里马一日千里并非是看表象，否则伯乐也需要有千里眼了！千里马乃是从骨骼（也就是我们通常说的气质）上看。祝允明用千里马的事例劝诫唐伯虎为人不要过于张狂，要学会内敛。然而，令祝允明失望的是，唐伯虎还是没有听进去。

在众人的担忧下，冒着北风，唐伯虎上路了。虽然对于南方人来说，北方越来越冷，然而此时的唐伯虎却极为高兴，因为他获得了主考官梁储的好感。而梁储这个人对于自己喜欢的人那是不遗余力的支持，唐伯虎为此非常感激他。因为他听说梁储回京后，不断向同僚宣传唐伯虎的才气，自己未到北京其名声就已经鹊起。再加上同乡前辈吴宽、王鏊等人在旁点头赞誉"梁储所言非虚"，那个时期两大文豪李东阳和程敏政对其都是青眼有加。

然而，等待他的却是牢狱之灾。

新时代的个性张扬——替死鬼，为唐伯虎挨了一刀

漆黑的夜，发霉的稻草，沉重的镣铐，腥臭的躯体……这一切，本来都与才子无涉。然而，历朝历代的文学巨擘却大多承受

过如此劫难。此刻的唐伯虎迷茫无助,他的书画不会让他有牢狱之灾,他的诗词虽有些放浪但也不至于让其身陷囹圄,能够让其遭难者唯有人心。

但凡有冤者一进这个地方,总会高喊着:"我冤呀!"并且一喊就是几天几夜,尽管被打得皮开肉绽,尽管被连连呵斥,尽管同号的狱友不停地规劝与戏谑也不能阻止他喊冤。没几天,唐伯虎的嗓子就哑了,甚至咳出了血丝。他不明白,自己不就是经常拜访"恩师"吗?自己不就是表现得"高调"了吗?难道凭这些就可以判定自己有罪?

身处牢笼中的唐伯虎

此刻的唐伯虎落下了眼泪,他觉得对不起死去的父母、妻儿和妹妹,因为,他辜负了他们。这个时候,他忽然想起了三年前的福建之行。他忽然理解了"九鲤湖祈梦"的实质,猜出了梦神给自己的忠告;更理解了祝允明、文征明在临行前的种种忠告。人在逆境中往往喜欢胡思乱想,唐伯虎也不例外。"九鲤湖祈梦"就是其中之一,它发生在1496年,即弘治九年。

福建九鲤湖祈梦,发端于唐代中后期,到了宋代祈梦成为时尚,何氏九仙也就成了我国民间历史最长、影响最广的司梦神,同时也是被唯一公认的梦神。

唐伯虎之所以前往福建祈梦,主要原因是好朋友都穆的影响。好友都穆因为生于贫困之家,加之科举不利,年龄越来越大却一事无成而非常着急。因此,一听说九鲤湖祈梦灵验无比,便求一位姓黄的朋友带他去祈梦。

都穆为何不自己去?原因很简单,没有路费去不了福建。为此，他便托那位姓黄的朋友带着都穆的锦囊，内装他要对梦神说的话前往福建的时候拜祭拜祭。后来，黄姓朋友在九仙祠中将带着梦话的纸条焚烧，最终得了六个字：在何处？嵯峨高。

唐伯虎、文征明、张灵等一干才子，和都穆一起猜呀猜，可最终仍是猜不透神仙的葫芦里面到底装的是什么。随着时间的推移，一位何姓巡抚看到了都穆的文章大加赞赏，由此，都穆由一个穷困潦倒的书生，一跃而成为路人皆知的才子高人。

"原来，'在何处'是指继续走科举之路，进入官场"，都穆和唐伯虎等人这才明白前一句三个字所指。后来，"嵯峨高"的含义也明白了。在唐伯虎等人算来，弘治八年（1495）都穆乡试中举。阅卷老师乃是山西人高士达，他在山东做官，都没离开"山"（即太行山），"嵯峨"就是山嘛！更重要的是梦连贵人姓什么都说了出来。

其实，祈梦这种事情完全是巧合，乃是一种胡猜乱扯。后来，唐伯虎又于明弘治九年（1496）为功名事祈梦九鲤湖。在梦中，他看见一位身着金盔金甲的壮汉，手持万千墨斗朝着唐伯虎走来。唐伯虎刚开口要询问"大仙儿何事？"那将军却突然间不见了。正在他狐疑之际，一阵寒风吹到耳边，他打了个喷嚏，醒了……对于祈梦这件事情，我们大可不必大惊小怪。五百年前的古人不可能有今人的科学思想，迷信迷信也是正常的。

让他搜尽肝肠的梦语，如今在狱中参透了。他离那象征着文坛领袖的万千墨斗，虽然很近但却无法捕捉到，这就是在说"状元""科举"终究是一梦难圆。如今他明白了，才子未必和科举有缘。而那个金甲将军就是去年差点杀死他的指挥使。对，一切都是冥冥之中注定了的。因此，唐伯虎决定保持沉默，一切听天由命。

差点杀死唐伯虎的指挥使是怎么回事？

原来，在唐伯虎中了解元后，在一位权贵的邀请下，他在酒宴上忘乎所以，技压群儒，文惊四座，惹得众多红颜垂青。可巧，有一位指挥使的女儿看中了唐伯虎，尾随他到了一个胡同，将一个纸团扔给了他，私约次日晚在林中相聚。

唐伯虎为人诙谐，尽管人近而立却仍有些孩子气。把玩良久之后，随便扔到了一边后便睡下了，可巧被一位刚认识的朋友看见了该张纸条，捡起来一看欣喜若狂，忙顺手牵羊而去。而第二天，唐伯虎再次赴宴，因为吟诗作对煞是投脾气，这一高兴便忘记了赴约会，等喝完了酒这约定的时间都已经到了。回到客栈，则又因为酒宴上的潇洒，使他迅速进入梦乡。

当清晨的寒风吹醒他的那一刻，他才想起忘了昨夜的浪漫之约。他立刻飞身上马，向着记忆中的约会地狂奔，然而，离此尚有一里时便看到前方灯火通明，哭声、咒骂声此起彼伏。围观群众不敢上前，都离着老远，时不时地还有兵士走来走去。

唐伯虎连忙询问，有好事之徒绘声绘色地告诉他："哎哟，这可了不得了。指挥使大人的女儿去偷情约会，不想被知道了。指挥使大人勃然大怒领兵到了这里，不管三七二十一提剑就杀了那两个人。哎呀，真是太狠了。连自己的女儿都不放过。"

唐伯虎听罢，先是惊惧，之后便是狐疑。惊惧的是幸好不是自己，狐疑的是被杀死的两个人是谁？莫非还有另外一对儿痴情怨女？好心情被打乱之后，唐伯虎回到了客店。这时，他才发现，他的那位好朋友正好不在，自己的那张纸条也不在。顷刻间，他有了一种预感：也许是那位朋友拿走了纸条冒名顶替而去。

果然，后面的情节被他猜中了。果然是朋友被杀，而自己险些丧命。人的命，天注定，既然上天早就注定我有此一难，多说无益，多说无益。唐伯虎就像是泄了气的皮球一般，低着头坐在了牢房内。

然而，这一切都是上天注定的吗？

身在牢中的唐伯虎，托起了锁链，那上面沾染着自己的皮肉和鲜血。"衙门口冲南（难）开，有理没理拿钱来！"这句话的真谛，唐伯虎在被关押两个月后真切地理解了。若不是苏籍官员们相助，恐怕自己早已经被狱卒打死了。据同号的人说，若不给钱，在饭里给你加些沙石那还算客气的，找个机会把你狠揍一顿，或者关进一些有强悍狱霸的牢房关照一声，把你整治残了都算轻的。

听着这些话语，唐伯虎的心和身都在颤抖。若不是在朝为官的同乡吴宽托人捎话，唐伯虎的皮肉之苦会更甚，即使如此，这里的遭遇让唐伯虎20多年后都惊惧不已，还写下了"二十年余别帝乡，夜来忽梦下科场"，惊得他浑身是汗。

"身贯三木，卒吏如虎，举头抢地，涕泗横集"说得很清楚，唐伯虎受了很大的屈辱和折磨。什么原因使他有此一难呢？这还要从他的性格说起，正如我们常人所说的"性格决定命运"。

封建社会的官场就要低调

"我冤呀！李东阳、程敏政等人的家中，我确实经常去，但到那里只是聊天，向老前辈们请教学问，从来没有探听过什么考题。即使徐经真的打探了考题，与我何干！又听说，是都穆告发了我，可能吗？不可能的，他是我的好朋友。时也，命也，怪不得旁人！"

此刻身处在牢房的他和当年的楚霸王项羽有些相似，高叫着

"时不利兮骓不逝""天之亡我"。唐伯虎可能不会意识到，即使没有朋友的背叛与告发，他终将会与官场无缘，因为他的个性太强。

至于许多人所说的"风流"，其实是个不算问题的问题。诸如娶了九个妻子、寻八美、唐伯虎点秋香等风流韵事，基本全是后世托名所为。

唐伯虎最致命的缺点还是为人狂放不羁，而且文艺气质太深。文艺家显著的特点就是孩子气、脾气暴躁、极强的自我认同感也就是我们常常说的好吹嘘。

是因为有这样的特点，他才经常和徐经一起拜访高官显贵。他高度的自我认同，使他认为早晚要登天子堂，何不趁现在搞好关系？然而，就在二人的高曝光率下，一团乌云也压城而来。正如后来唐伯虎给文征明的信中所说"墙高基下，遂为祸的。侧目在旁，而仆不知；从容晏笑，已在虎口"。

当唐伯虎顶着"解元"之名来到北京的时候，所有人都认为"会元""状元"必属于唐伯虎。如若成真，唐伯虎将成为明朝第三位"连中三元"的大才子。然而，命运却使他遭受了一次重大打击。他因为"考题泄露"被抓进了监狱，时间是明弘治十二年（1499年）。

然而，从另一方面来说，唐伯虎经历的挫折与苦难成就了他在文学上的辉煌。假若他真的"连中三元"，他可能和一千多年的科举史上其他17位"连中三元"的才子一样，淹没在茫茫人海中。如今，除了骨灰级的历史爱好者外，还有谁知道张又新、崔元翰、孙何、王曾、宋庠、杨置、王若叟、冯京等人的名字？"连中三元"如何，"连中四元"又如何？清朝顺治年间的王玉璧号称"武四元"，而今又有多少人知晓？

在狱中，唐伯虎也在反思自己，他太招摇了！他忘记道家老子的至理名言"不自见，故明；不自是，故彰；不自伐，故有功；不自矜，故长"，他更忘记了民间俗语的教诲"出头的椽子先烂"。

唐伯虎喜欢唐朝，仰慕唐朝诗人。巧合的是，他的命运也与唐朝的一些诗人类似。当年，唐朝诗人孟郊曾写下《登科后》一诗："昔日龌龊不足夸，今朝放荡思无涯。春风得意马蹄疾，一日看尽长安花。"这首诗的意思是：过去那种穷困窘迫的生活是没有什么值得夸耀的，今天我高中了进士，才真正感到皇恩浩荡。我快乐地骑着马儿奔驰在春风里，一天就把长安城的美景全看完了。诗人把中了进士后的喜悦心情表现得淋漓尽致，其中"春风得意马蹄疾，一日看尽长安花"成为千古名句。

然而，也因为这首诗，后人批评他得失之心太重。暂时的成功就得意忘形，竟然要"一日看尽长安花"，而好花既然一日便看尽，那美丽自然短暂，他心心念念的前程也到此为止了。据说，皇帝看到此诗后勃然大怒，认为孟郊"为人轻浮不堪大用"。皇帝对他的差评使孟郊终生不得志，最高只混到个县长之类的小官。

而唐伯虎同样有这个缺点：为人轻浮。

与他同一年参加乡试的徐经（名列第41名）和唐伯虎一同进了京城后，首先便面见了梁储，梁储非常高兴，带着他们去见了许多同僚。由此，造成众人对唐伯虎的猜测。唐伯虎高中解元之后，便给主考官梁储写了《领解后谢主司》一诗：

壮心未宜逐樵渔，泰运咸思备扫除。
剑责百金方折阅，玉遭三黜忽沾诸。
红绫敢望明年饼，黄绢深惭此日书。

三策举场非古赋，上天何以得吹嘘。

表面上，唐伯虎非常谦虚，其实却是十足的狂傲，不改文人的秉性。玉遭三黜说的是当年唐伯虎被方志刁难的事情。"红绫饼"则是用典，当年唐昭宗光化年曾赐新科进士红绫饼。最后两句更是狂傲自大，称自己立刻就会登顶高峰，直接杀向状元殿。

正是因为唐伯虎认为以自己的才华当个状元没问题，那么，何不提前和同僚打好关系呢？他才以敲锣打鼓的方式拜访官员们。正是因为唐伯虎轻浮地四处炫耀才华，才惹得众多小人侧目横眉。可以说，即使没有这次弊案，唐伯虎的为官之路也不会顺畅。因为他的性格并不适合四平八稳的官场。

唐伯虎虽然为人高调，但是他没钱，想张扬也只能说说大话，气气同期的举子们。那这个作为口实，根本触碰不到法律。可惜，他和有钱人徐经成了好朋友。

商业势力开始向权力场冲刺——唐伯虎与徐经

唐伯虎与徐经的关系，其实就是典型的商业势力开始进入官场的例证。商业势力向官场进军的事实很多，但真正留下证据的，要数嘉靖、万历时期的抗倭名将、兵部左侍郎汪道昆（1525—1593）在其著作《太函集》中记录的一位本家教育子女的谈话。他是今天安徽省黄山市徽州区人，因此属于徽商系统的官员。他的那位本家是这么说的：

吾先世夷编户久矣，非儒术无以亢吾宗，孺子勉之，毋效贾竖子为也。

从这可以看出，在巨商眼中，商人的身份仍然是一种耻辱，是"竖子"，只有学了儒术做了官，才是真正的光宗耀祖。这种观念，在今天看来非常令人同情。人一出生就因为从事的职业而被人看不起。这是不对的。新时代有很多很多值得夸耀的地方，就是将金钱作为评价人的基础，其他诸如身份等级全部被废弃掉，可以说是一种进步。但问题是，仅仅是金钱好吗？新旧时代只有融合并达到一种妥协才是进步的。而这就需要引导，唐伯虎倒霉就倒霉在明朝的皇帝很少有人出来做引导，偏偏被唐伯虎碰到一位愿意进行引导的皇帝。他就是弘治皇帝。

弘治皇帝对于商业势力扩张进行了一种本能式的自主抵制，他对于商人仍然保持着一种警惕。然而，身处苏州经济发达环境的唐伯虎，却对商业势力毫无排斥之心，要知道，唐伯虎本身就是小商人家庭出身。

关于唐伯虎与徐经的结识，有三种说法。

一种，两人在赌场结识，成了好朋友。进京路上相遇后便结伴而行。

一种，两人之前根本不认识，因为唐伯虎的才名，徐经对其刮目相看、百般殷勤，甚至承担了路上的全部花销。

民间还有一种说法，说徐经乃是唐伯虎的大舅哥，因为，他的妻子姓徐。然而，这种说法基本属于道听途说、闲人野话之列，没有什么确凿的证据。前两种说法，则相对可能性大一些，二人之前根本不相识一说，最为可靠。

徐经，字衡父，又字直夫，自号西坞，乃江阴（今江苏省江阴市）巨富。从小生于蜜罐子中的徐经，出门在外都会带上好吃的、好玩的，甚至有些像周星驰演的《武状元苏乞儿》一样，进京的时候恨不得把自家的房子、大树也带着。徐经这次进京会试便带了几名戏子，一路上甚是惹人注目。

与唐伯虎相遇后，闻听这便是唐解元，立刻生起结交之心。唐伯虎也是个好交朋友的人，与徐经一见如故。到了京城，两人一个有财，一个有才，"出双入对"，拜望达官显贵。

俗话说得好，"人心隔肚皮"。当唐伯虎风光无限的时候，包括都穆在内的朋友，许多人都对其冷眼旁观。"哎，看没看见，今天这两人去了主考家里！""哼，人家是谁呀！唐解元、徐财主！"……

奇怪的事情出现了，当程敏政判卷之时，忽见两篇好文，非常贴题。这次考试，程敏政和李东阳商量来商量去，决定找一个比较偏的题目，最终他们商定了这个题目：

> 问：学者于前贤之所造诣，非问之审、辨之明，则无所据以得师而归宿之地矣。试举其大者言之：有讲道于西，与程子相望而兴者，或谓其似伯夷；有载道而南，得程子相传之者，或谓其似展季；有致力于存心养性，专师孟子，或疑其出于禅；有从事于《小学》《大学》，私淑朱子者，或疑其出于老。夫此四公，皆所谓豪杰之士，旷世而见者。其造道之地乃不一如此，后学亦徒因古人之成说，谓其尔然。真知其似伯夷、似展季、疑于禅、疑于老者，果何在耶？请极论之，以观平日之所当究心者。
>
> （选自《篁墩文集》卷十）

这个考题很偏，许多人都不知道用典何处，所以，许多考题答得驴唇不对马嘴。考题中"旷世而见"的四位"豪杰之士"，乃指张载、杨时、陆九渊和许衡。"有从事于《小学》《大学》，私淑朱子者，或疑其出于老"是说许衡，典出元朝儒生刘因的《退斋记》。

许衡（1209—1281），字仲平，怀庆河内（今河南沁阳）人，学者称鲁斋先生。初学佛道，后为程朱理学代表。元至元七年（1270），因上书"论列阿合马专权罔上，蠹政害民"，世祖忽必烈不听，之后便"谢病请解机务"，然仍受命为集贤大学士兼国子祭酒，专门教授蒙古子弟理学。而刘因（1249—1293）对许氏自请罢中书执政而就国子之举，甚为不满，故作《退斋记》讥讽许衡。

知道了这个典故，考生才能以典故为基础答题。看到这两篇好文章，程敏政忽然想到，在没有当考官前，曾经和唐伯虎、徐经说过这个典故。因此，他立刻对旁人说："这两张卷子一定是唐寅和徐经的。"

此言一出，就像是长了翅膀一样，飞遍了京城。顷刻间，流言四起。本来，乡试的时候太子洗马梁储就四处夸奖唐伯虎，说新科状元必属唐寅，还向主考官程敏政进言"仆在南都得可与来者，唐寅为最；且其人高才，此不足以毕其长，为君卿将异之"。

再加上徐经、唐伯虎高调进入京城社交界，还多次拜望程敏政、李东阳等，朝堂内的许多官员对此都狐疑不止。

之所以要说"风闻言事"，其实是为了给唐伯虎案件中的"检察官"说说话。

至今仍然都有许多论者对户部给事郎华昶等言官的举证不仔细进行鞭挞，说他们误了唐伯虎等人。然而，对熟悉历史特别是监察史的人来说，华昶是在履行自己的职责。自武则天正式提出"谏官、御史得以风闻言事，自御史大夫至监察得互相弹奏，率以险诐相倾覆"以来，"风闻言事"就成了言官的通行做法。

而"风闻言事"的存在对揭露官员各种腐化、劣行十分必要。

官员的亲属、奴仆对外无意间的讨论常常会涉及一些官员的劣行，这些言论传播到民间后会受到监察御史的注意，监察御史会向上报告民间的言论，至于所言之事是否是真的，则由监察机构去考察。

华昶的问题就在于他太绝对了！把问题说得太严重了！

> 国家求贤，以科目为重，公道所在，赖此一途。今年会试，臣闻士大夫公议于朝，私议于巷：翰林学士程敏政，假手文场，甘心市井。士子初场未入，而论语题已传诵于外；二场未入，而表题又传诵于外；三场未入，而策之第三四问又传诵于外。江阴县举人徐经，苏州府举人唐寅等，狂童孺子，天夺其魄，或先以此题骄于众，或先以此题问于人，此岂科目所宜有，盛世所宜容？

> 陈待罪言职，有此风闻。愿陛下特礼部场中朱卷，凡经程敏政看者，许主考大学士李东阳与五经同考官重加翻阅，公为去取。俾天下士就试于京师者，咸知有司之公。

此言一出，弘治皇帝立刻下令将徐经、唐伯虎押入大理寺。更关键的是，此时，朝堂上有人想将程敏政取而代之（翰林院副掌院傅瀚），而程敏政平日里自负才学甚高看不起同僚（史载他"才高负文学，常俯视侪偶，致为人所嫉"）。所以此案一发，很多同僚都坐视不理。

可以想见，在苏籍官员和程敏政等人的政敌的唆使下，徐经和唐伯虎受到了怎样的折磨。最终，徐经招供，说买通了书童得到了考题。皇帝此时命当时的第一主考、文坛领袖、大学士李东阳查看卷子，着手调查程敏政是否挟私。

李东阳奉命会同五经同考官审查程敏政看过并拟取中进士的朱卷，结果徐经、唐寅的卷子并不在其中。李东阳便上奏：

> 日者给事中华昶劾学士程敏政私漏题目于徐经、唐寅，礼部移文，臣等重加翻阅去取。其时考校已定，按弥封号籍，二卷俱不在取中正榜之数，有同考官批语可验。臣复会同五经诸同考连日再阅，定取正榜三百卷，会外帘比号拆名。今事以竣，谨具以闻，幸下礼部看详。
>
> （《明孝宗实录》卷一四八）

然而，久在官场的李东阳却不下结论，他说：

> 尚书徐琼等以前后阅卷，去取之间及查二人朱卷未审，有毙与否俱内帘之事，本部无从定夺。请仍移原考试官径自具奏别，白是非以息横议。
>
> （《明孝宗实录》卷一四八）

皇帝听罢大怒，唐伯虎的处境变得不妙，"得旨华昶、徐经、唐寅皆被锦衣卫执送镇抚司，对问明白以闻不许徇情"。

其后，以文叙伦、王守仁为首的三百名进士参加殿试，由刘健、李东阳、谢迁、李杰、焦芳、王鏊、周经、马文升、白昂、徐贯、闵珪、焦芳詹、屠滽、元守直、王轼为殿试读卷官。

唐伯虎被人误会，其实并不冤

会试的事情完了，唐伯虎的案子却陷入了两难境地。该如何办？

徐经是有钱人，唐伯虎与主考官特别是程敏政、吴宽、王鏊等人关系很好，特别是后两个人还是他的同乡前辈，既有钱又有人。难怪令人怀疑他们徇私舞弊。

其后，工科给事中林廷玉上奏，提出了解决办法。这在《明孝宗实录》卷一四八中有所记录。

> 工科都给事中林廷玉，以尝为同考试官与知内帘事，历陈敏政出题阅卷取人有可疑者六，且曰："臣于敏政非无一日之雅，但朝廷公道所在，既知之不敢不言，且谏官得风闻言事。"曰，"昶言虽不当，不为身家计也。"今所劾之官晏然如故而身先就狱，后若有事谁复肯言之者。但兹事体大势难两全，就使究竟得实，于风化何补。莫若将言官、举人释而不问，敏政罢归田里。如此处之，似为包荒，但业已举行又难中止。若曰朋比回护颠倒是非，则圣明之世理所必无也。

简单地说，林廷玉开的方子就是：言官"风闻言事"是法律赋予的权力，不能因此治罪。如果治罪了，以后再有贪赃枉法的事情，谁还会举报？要知道官员的坏事往往是从民间先传来，其后官员才会重视。然而，既然是"风闻言事"就会有搞不清楚的地方。科场舞弊这件事情全天下的士子都知道了，而且都担心官官相护把这件事情大事化小小事化了，所以，为了维护皇帝您的尊严，为了维护考试的尊严，只能牺牲程敏政和两位举人了。

林廷玉说完之后，给事中尚衡、监察御史王绶等人，纷纷上书要求释放华昶，逮捕程敏政。其后，徐经开始抗辩，说华昶"挟私诬指"。程敏政也上奏要求和所谓的证人对质。就在双方争辩的关口，风向立转。徐经承认送了程敏政金币，于是左都御史闵圭等众人，再次要求逮捕程敏政。这时候，弘治皇帝将奏折扣了十多天没准奏。这一下，几乎所有言官都齐刷刷地要求皇帝逮捕程敏政。

最终皇帝没有办法，拖了足足两个月，终下令将程敏政缉拿归案。

到了六月份，华昶带着他的证人与程敏政在午门对质。对质双方为：程敏政、唐伯虎、徐经等人和华昶、无锡举人方学等人。

最终经过多部门会审，由闵珪牵头查证，徐经供认：

> 来京之时，慕敏政学问，以币求从学。间讲及三场题可出者，经因与唐寅拟作文字，致扬于外。会敏政主试，所出题有尝言及者，故人疑其买题，而昶遂指其实。未尝贿敏政，前惧拷治，故自诬服。

用现代文来说就是：徐经和唐伯虎来到京城后，二人敬慕程敏政的才学，向他求学并谈及可能的考题会是什么（那时，程敏政还不是考官，考官名录未发）。因为明朝官员工资低，许多人都干兼职，程敏政看中徐经的钱便教二人学问，做起了"猜题老师"。这个其实很常见，上过学的人都知道，每到中考、高考、自考，老师们总是根据历届考题猜题，程敏政也是如此。只不过猜题太多，等后来真的成了考官之后，他也忘了自己猜过什么题。

因为后来徐经与唐伯虎根据可能的考题进行了试卷模拟。而这些他们都没有避讳，都对外进行过宣讲，与好朋友谈及过。前者之所以供认程敏政卖考题，乃是受了拷打所致。

唐伯虎供认：自己确实给程敏政送过礼，但却是为了请程敏政给自己的伯乐梁储写饯行文章，因为梁储要"外放"做地方官。对于这个礼物是什么，历来说法不一，《二科志》和《尧山堂外纪》都说是"持帛一端"；而王世贞却说送了"一金币"。

如此，案情大白，华昶"言事不察实"有过；"（徐）经（唐）寅等夤缘求进（即溜须拍马以求得官）之罪"。弘治皇帝命"轻罪重罚"，具体如何判处由闵珪等人拟定。最终结果出炉：程敏政退休；华昶调南京太仆寺任主簿；徐经、唐寅皆废功名，交了罚款后去当吏役。皇帝准奏。如此，徐经、唐寅就将永世不得为官。

程敏政出狱后，愤懑不平发痈而卒。也有人说他被一些人羞辱，吐血而亡。

唐伯虎出狱后，被谪往浙江为小吏。正如他在《与文征明书》中所说"士也可杀，不能再辱"。唐伯虎知道了这个任命后便挂冠而去。

徐经自此走上了8年上访路，他屡次说"我是屈打成招的"，最终被平反，其后亡故，享年35岁。

官员开展副业已经成为常态

对于唐伯虎是否作弊，历来就有争论。有的人说唐伯虎很冤，徐经虽然可气但也冤，乃是政治纷争让他们受了苦。当然，也有人认为他们不冤，原因很简单，程敏政名声不好，徐经才学一般，富人买题很正常，唐伯虎才学嘛仁者见仁智者见智。因为明朝开国之后就立了低薪的顶层设计，如果按照国家规定去生活，明朝官场个个都是穿补丁官服，上下朝走着去走着回，晚上吃糠咽菜。到了晚明，基本上连生存都无法保证。

因此，明朝官员贪污很正常。像程敏政这样的官员，经常给学生猜题赚钱，其他官员又都有自己的副业来源。官员们特别是教育方面的官员的另外一个重要的副业是润笔费。何为润笔费？就是为人作文绘画所取得的酬劳。该词出自《隋书》，说的是隋文帝让内史令李德林拟订升迁郑译为刺史的诏书。但李德林慢慢腾腾就是不动笔。隋朝统一天下的第一功臣、丞相高颎便笑着说："莫非内史令想跟你要润笔费？"郑译道："我初为地方官，挂着拐杖回朝，从来没得过一分钱，哪里有润笔钱呀！"

名词的出现往往在现实事件形成一定规模之后，所以，请人家写东西给钱早就有了。宋太宗甚至专门立下了润笔钱的规矩，有劳有得、多劳多得。

但是，南宋灭亡之后，元明时期，随着朱熹理学的壮大，这种收取报酬的思想被许多人视为对文人的侮辱。特别是商人的邀请。

例如，无锡人王绂在洪武、永乐时期书画一绝，一次见某位商人举止谈吐儒雅，便送了一幅画。这位商人看后非常高兴，便给钱请求再画一幅，结果王绂把之前的画要来撕毁之后，把钱扔给了商人。许多文人学士送人书画无数却分文不要，即使要也要得非常低廉。丘濬的思想很前卫了吧，而且对商人也很支持。他的书法很好，但别人跟他要，他是要看这个人的品行、职业的，你就是再有钱、给再多的钱也不给。但是，此时的丘濬已经属于异类了。因为，英宗天顺年间收取润笔费的情况已经较为普遍了。

到了唐伯虎出生时的成化年间，润笔费已经极为普遍，就是清官廉吏也都认为润笔费很正常，是一项弥补工资的重要手段。有才能的官员，在这种情况下，更免不了会出现贪腐的行为，借机行贿的事情更是其衍生物。按理说，以唐伯虎的才学和知名度，润笔费一项基本就可以使其衣食无忧，但是，很不幸的是，唐伯虎过于逍遥，使得其理财能力极弱。

祝允明甚至管润笔费叫作"精神"。没有"精神"怎么有精神作画呢？祝允明和唐伯虎像极了明王朝，虽然有钱，但吃喝玩乐、挥霍无度，一切都灰飞烟灭了。

润笔费行为，进而催生了书画交易市场。许多老百姓都加入其中，如果遇到名人，总要借机会讨些书画用于交易。唐伯虎就曾在一次下雨时，躲到了一个皂隶家中，结果皂隶向其索要书画。

但是，唐伯虎在写墓志铭等吹捧文章、诗词的时候，对于润笔费的要求相对比书画更高。类似于唐伯虎、文征明这样的中下级文人追求润笔费也无所谓，按照他人的意志去写东西也无妨。然而，如果是官员的话，问题就严重了，在书画市场上的腐败越来越严重。严嵩就是很明显的例证。当然收取润笔费的人也未必都是贪腐，例如，海瑞就收取过润笔费。

由此可见，经济大潮中，官员的为官品德是关键，金钱的腐蚀其实是次要的。

唐伯虎科考舞弊案一出，便有人提出质疑，对唐伯虎表示同情，例如当时的吏部左侍郎兼翰林院学士吴宽即致函浙江幕府（即唐伯虎赴任的地方长官，文征明父子也写过书信与他讨论唐伯虎被陷害的事情），称：

> 今岁科场事，累及乡友唐寅。渠只是到程处为座主梁洗马求文送行，往来几次。有妒其名盛者，遂加毁谤。言官闻之，更不访察，连名书内。后法司鞫问，亦知其情，参语已轻。因送礼部收查发落，部中又不分别，却乃援引远例，俱发充吏。此事士大夫间皆知其枉，非特乡里而已。渠虽尝奏诉数次，事成已无及矣。

也是苏州人的，该科殿试读卷官王鏊，时任吏部右侍郎，也说"横遭口语，坐废"（见《震泽长语》）。

另一位读卷官焦芳［1434—1517，字孟阳，泌阳（河南驻马店地区泌阳县城南草店）人。明天顺八年（1464）进士。他在正德元年（1506）任吏部尚书兼文渊阁大学士，加太子太保武英、少师兼太子太师华盖殿大学士〕，在正德年间主修的《孝宗实录》上也说"有知者至今多冤惜之"。

尽管人们同情唐伯虎，但是，对于平常百姓来说，还是大多相信有弊案存在的。唐伯虎、徐经等人并不像徐祯卿、张灵那样出身草根。前者因为有才与众多苏州籍高官关系深厚，后者则仗着万贯家财与不分籍贯的高官关系深厚。

从另一个角度看，程敏政和徐经的嫌疑也确实很大。

例如程敏政，《罪唯录》上记载：

> 政少以奇童闻，英宗抱之膝，指阶下金猊赐若，敏政辄趋下叩头。上曰："是子他日当以货败也。"后以进士入翰林，历官成化中，且大拜，刘吉使其党魏璋发敏政阴事，坐罢。寻结中官李广等，复起。会边帅以七千金托敏政上广，广别得罪自杀，轧后为债帅所困，遂有贿题徐经之事，为给事华昶所发。

这里提到了之前程敏政贪污的事情。而后世一些人认为，程敏政之所以受贿，是因当时花销巨大欠了不少钱。

再说徐经，徐经家里富有，乡间对他有"为富不仁"的批评，而且华昶指出了重要一点，即徐家早有买题的传统。据李调元《制义科琐记》卷二《卖题》，华昶弹劾程敏政时就说：

> 昔景泰（1450—1457）年间，徐泰（徐经的叔祖）买中顺天解元，事露覆试，景泰曲护幸免。今经与泰同家，敏政又从而招徕之。朝廷科目，岂容再坏？

可以说，徐经出事后，就连他的亲属都幸灾乐祸，很少有人为他喊冤。

最后我们谈谈唐伯虎的伯乐吴宽、王鏊、梁储等人的作用。吴宽、王鏊是唐伯虎的同乡前辈，地域亲情自然使他们将唐伯虎放在了同一队列。两相呼应，他们不遗余力地为唐伯虎鼓吹。这在扩大唐伯虎知名度的同时，也使唐伯虎为人嫉恨，给他带去了极大风险。

吴宽、王鏊早就知道唐伯虎，因为他们与唐伯虎的老师沈周相识。早在1486年唐伯虎画《贞寿堂图卷》时，沈周就利用自己的关系请二人为之题诗。因此，二人对唐伯虎很看重。而吴宽在丁忧期间（1495—1498）和唐伯虎相识时，唐伯虎还上过一篇《上吴天官书》。此文一出，唐伯虎在吴宽心中的地位又重了许多。而吴宽丁忧之后于1499年便入京为官，1497年他帮助唐伯虎过了方志这一关，1499年他又助唐伯虎逃脱牢狱之灾。

我们再看看梁储这个人。梁储（1451—1527）字叔厚，又字藏用，号厚斋，晚号郁洲，石肯（今属广东省佛山市南海区）人。明成化十四年（1478）进士，当时的主考官就是1466年的榜眼程敏政。梁储后来官至太子太师衔，正德十年（1515）任台阁首辅（丞相）。此人不仅为官正派，敢于直谏，也极有学问，曾经主持编纂过《孝宗实录》。

然而，梁储这个人性格强悍。他看中的人就大张旗鼓地宣扬，自然会引起其他政治势力的愤恨，使这些人在科考舞弊案中不遗余力地证实唐伯虎确实作弊了。

我们之所以这么说，绝不是说唐伯虎等人作弊了，而是在说，唐伯虎在科考时的张扬不知收敛，让很多人对他没有好感，在他是否作弊的问题上，人们倾向于肯定。否则，唐伯虎就不会因为人们的风言风语而受到了亲人的排斥，受到某些朋友乡亲的排挤（因为唐伯虎的弊案给家乡带来了耻辱，有些人便想教训教训唐伯虎，后被文征明、祝允明等人劝阻）。

这件案子，恐怕永远是笔糊涂账。只不过苦了当事人，给唐伯虎带来无尽的苦恼和噩梦，但对于历史来说却是个好事，正是这次科考失利，才使唐伯虎没有成为一个碌碌无为的官员，而是成为留下了无数佳作的风流才子。

所以说"福兮祸所伏，祸兮福所倚"，唐伯虎似乎也要感谢这场灾难。

第三章
新时代的文人，唐伯虎的经商生涯

当唐伯虎出了监狱，义正词严地拒绝了"天恩"之后，摆在他面前的道路有两条：一条是回到家中，先受尽世人白眼，过了一段时间后再恢复平常，这一条路需要有极强的心理承受力。要知道，那个时候作弊可不像现在被人容忍，那个年代则会受到人们的强烈鄙视。一条是自此天涯海角、游走四方，从此天当被地当床，朝露而起日落而息。这一条路则需要忍受爱人、亲人两地分居的难熬岁月。然而，最终唐伯虎却来了个折中，先回家之后游走四方。

唐伯虎归家

唐伯虎二月会考，三月下狱，四月程敏政下狱，六月结案，七月放出，九月唐伯虎养好伤后便回到了苏州。而在动身前的那一夜，令他终生难忘，因为，那一夜他与给他带来无尽怨恨的朋友告别了。

漆黑的夜，秋风那个冷。北京的秋夜，北风袭动，让南方的士子瑟瑟发抖。两个落魄的人都默不作声，良久之后，其中一人抱拳拱手，"子畏，我对你不起！"另外一人则故作轻松，爽朗地一笑："无碍无碍，你我兄弟不说它不说它。一个浙江布政使小吏不做也罢，不做也罢。徐兄归家之后，望多多保重！""保重！"那人拱手离去，跳上了小舟。远去、远去。

留在徐经身后的唯有月光照射在江面上的波光粼粼，以及几声哀叹。

送走了徐经，带着满身伤痛的唐伯虎，也离开了。只不过，他选择的是白天，站立船头望着滔滔江水，或许他会想起妻子的拥抱、弟弟的嘘寒问暖、朋友们的鼓励、乡亲们的热情。然而，这一切都是空虚的想象。

留在唐伯虎身后的唯有哀叹声。

这一年的中秋，很肯定地说唐伯虎没有在家里过，而是在京城养伤，抑或是在京杭大运河的航船上。入夜后，他望着头顶上的明月，肯定更加想念生活了近30年的苏州。此时，他的乡愁更浓，更烈了。也许，在那个时刻，他会发出如下慨叹：

小时候

乡愁是走出苏州一起去聊票（北京土语，聊天的意思）

伯虎逍遥在城外

爹妈劳碌在城内

长大后

乡愁是一条小小的扁舟

伯虎在快乐的船上

爹妈在焦急在岸头

后来啊

乡愁是五方矮矮的坟头

伯虎在外头，凄苦

父母妻妹和儿子，团聚在里头，快乐

而现在

乡愁是条长长的运河

我在这头

苏州啊，你竟然在那头

然而，现实就是现实，刚一回到苏州，便接到了一个噩耗，他的老伯乐——他视为父亲的文林病逝了。当身遭三棍、满身疤痕的他扑向棺木的时候，他痛哭流涕、句句带血、声声悲鸣，好友文征明赶忙放下杠子，搀扶起了他。

文征明去年乡试大败，虽然丢脸却并未丢失德行；唐伯虎今朝乡试惨败，既丢了脸又失了德行，不久后他还要失去爱情和亲情，以及与文征明的友情。

谁能猜到如此大难！

显然，那一时刻的乡亲朋友们，并没有考虑到唐伯虎给家乡带去的耻辱。名节在那个年代被人看得很重，人们因为长者的故去，暂时没有顾得上责备可怜的唐伯虎。然而，亲人就未必了。当唐伯虎拖着衰弱的身躯敲响家门时，是久久的等待，原来仆人正在睡觉，他不想被人吵醒，即使敲门人是他的主人。恶狗见到他，汪汪地狂叫着，丝毫不认眼前这个落魄而倜傥不再的人。妻子端坐在屋内，背对着他，脸看着它处。

那一时刻，唐伯虎可能想到了吴起，想到了苏秦，想到了一切倒霉的人面对冰冷亲人的场景。亲人有时候绝情起来，比陌生人更断然、更令人心碎。

"我回来了！"我们只能以这种猜测来模拟唐伯虎呼唤妻子时的语言和表情，按照常情推理，他当时的语调定然是悲切的，充满着哀怜与希望，希望老婆能够双肩震颤，猛然回头，然后高叫一声"相公，你回来了！"之后，将他紧紧拥抱。

然而，唐伯虎迎来的却是类似于这样的话："天下皆说你冤枉，现在朝廷也放了你，该给你何种补偿？"

眼见妻子面不改色身不动，想必唐伯虎会用这种语言答复："夫蒙大冤，我意恢复功名，恢复名誉，却不想朝廷竟然让我做个小吏！此等做法太羞煞士子。我辞职不去赴任！"

"什么！"想必他的妻子必会跃然而起，怒目相视，高声斥责一番。

尽管，妻子、奴仆，甚至狗都欺负他，唐伯虎还是要面对生活。在此，各种记载出现了不同，有的人说他生了病，有的人说他身体很好，面对各种鄙夷的目光他坦然接受，但素爱折中的我却认为两者都不太可靠。

有的人说唐伯虎人生遇到过两大转折，一是科考舞弊案，二是宁王礼聘。如果从猎取功名上说，可能是对的。然而，在人性人格塑造上说，我不同意这种观点。我以为唐伯虎遇到的两大转折，一是五亲殒命，二是科考舞弊案。宁王礼聘对他的思想其实没有太大的影响。无非是曾经的星星之火，彻底被浇灭了而已。

自从唐伯虎25岁五亲殒命之后,他的感情世界乃至情感世界已经坍塌了大半,科考舞弊案对于他的情感世界影响并不大,所以他能够坚持下来。科考舞弊案绝了功名之路,再怎么也比不了五亲殒命。所以说,他不会病倒,但也不会坦然面对。

此时的唐伯虎,因为家境问题还并没有过多考虑到生存问题,其最有代表意义的是朱存理买驴事件。十二月望后一日(阴历十二月十六日)唐伯虎将他收藏的一本老版《岁时集》一部十册,当给了当铺,当了一两五钱银子。而在此过程中,还有一大帮朋友帮助朱存理,例如钱同爱赠白金六钱,朱良玉赠银五钱(半两),祝允明赠银五星(二分半为一星,十分为一钱,十钱为一两,十六两为一斤,因此,祝允明赠银一钱多),张钦借米一石,沈邠赠米一石。在众多朋友中,唐伯虎的资助最得力,由此可以窥二。

其一,此时的唐伯虎虽然无论在身体上还是心灵上很弱,但过往的豪气并未就此淹没。

其二,此时的唐伯虎,还没有到卖画谋生的地步,基本上还在靠吃老本儿。唐伯虎家藏丰富,连文征明这样的官宦人家都自叹不如。可见其父唐广德对他的期望有多深。

然而,正是因为唐伯虎的这一举动,才彻底激怒了老婆。一怒之下,老婆回家了。

唐伯虎的三次婚姻:高度自我的代价

有人认为唐伯虎和首任妻子徐氏感情并不是特别好,因为,唐伯虎只留下一首悼念妻子的诗——《伤内》：

凄凄白露零，百卉谢芬芳。
槿花易衰谢，桂枝就销亡。
迷途无往驾，款款何从将？
晓月丽尘梁，白日照春阳。
抚景念畴昔，肝裂魂飘扬。

徐氏是老秀才徐廷瑞的次女，唐广德为了让唐伯虎收心考取功名，便为他选了这门亲事。二人婚后可以说是相敬如宾、举案齐眉。

至于为何只有一首诗留存，我们为什么不从另一个角度去考虑呢？也许正因为太好了，他才不想触及这一伤感地段。这个道理，有过极为悲痛经历的人恐怕能够理解。有时候能够书写出来的感情，反倒未必是最强烈的感情。憋着嘴、流着泪、满心血的情况下，文字是不能表达出的。

当然，上述两种情况都只是猜测。

这个时候，唐伯虎再次恢复到了六年前的本相。当年他和祝允明一起经常流连于烟花柳巷，而如今失去妻子寄托的他也只能再次前往那个"温柔乡"。因为，那里面的女人对男人不会声嘶力竭，不会左一个"无能"右一个"傻帽"。而在其中，他认识了一个叫作"沈九娘"的妓女（唐伯虎的第三任妻子）。而她，将为他的后半生带去欢乐与无尽的思念，同时，也为他带来后世不知是福还是祸的五百年"误会"。

沈九娘名字叫"九娘"，后世的落魄文人惺惺相惜，为了解决自己的生活、功名、爱情等诸多方面的不如意，便理想式地杜撰了"九美"，进而，又让他这位风流才子去点了秋香。秋香与沈九娘的身份相同，后世的人为了弥补对"青楼"的蔑视，便又给她安了个相府丫鬟的身份。

许多人都说明朝的士子很开放，然而，真正的事实告诉我们：未必。

唐伯虎在情感上有幸也有不幸，这和我们大家一样。

唐伯虎娶的第一位妻子，贤与不贤不去管她，至少她和唐伯虎之间还算幸福。

第二位妻子离开他也不是没有原因，后世许多人都批评她，但我认为：以唐伯虎的性格基本没有养家的能力。还好他是才子，靠卖画为生。但作为一名封建社会的官宦之女，你让她跟着一个穷书生，很难很难。我们不必苛求于她，放眼我们周围吧。她能等唐伯虎一年，希冀他改变，就已经很难得了。

他和第三位妻子沈九娘可以说是肌肤之亲和情感交融合体的典范，尽管物质生活比较贫乏，但他们无疑非常幸福。

如果不幸福，唐伯虎也不会为了她与兄弟唐申发生了大冲突，甚至到了失和的地步。为了娶沈九娘，唐伯虎又与文征明发生了剧烈冲突。亲情、友情都为了她而发生了大逆转，可以想见，彼时的沈九娘对于唐伯虎的心灵慰藉多么重要。

几十年的兄弟情、朋友情竟然抵不住一个半路出家的儿女情，这里面的秘密还要从唐伯虎的千里大游玩说起。我们的标题叫作"千里大游玩"。其实，更贴切的叫法应该是"千里大流浪"才对。当受尽冤屈、为天下人耻笑的才子，回到家乡，妄图用亲情来安慰自己的时候，连家中的狗都对自己汪汪地怒叫着去欺负他这个可怜的人，我们不由得想到了周星驰《武状元苏乞儿》断臂后受到的众多欺辱，让人为之落泪哀戚。

流浪，许多人都认为是一种懦弱的行为，是一种用逃避的形式去赢得暂时解脱的非理性行为。然而，流浪隐逸人士却认为，他们是用肉身的飘逸换来精神的永存。也就是说，流浪隐逸人士笃信的一般是道教哲学。面对这种人，笃信儒家的人认为是低俗的逃避，很不高雅。

然而，唐伯虎日后的《桃花庵歌》所表达出的精神境界却已然是对道家的"大隐"再唱赞歌，对儒家所崇敬的大英雄"救世主"（诸如好皇帝、忠臣良将等）则大加讽刺。

个人的肉体却是唯一的，也是短暂的。当世与来世孰重孰轻，是道家与儒家的区别之一。所以，流浪与归隐乃是一种有别于儒家思想的哲学理念。

人们常以"仁者乐山，智者乐水"来将山水与人进行关联，大自然对于每一个人都是平等的，高山不会因为你是好人而低下高贵的头颅，清水也不会因为你是残障而故意变得浑浊。它们没有世俗人的爱憎与市侩，也没有身居庙堂者的高台教化与所谓的仁者，它们只按照事物本来的面目给予人类、动植物相同的营养。所以，流浪、归隐在某种程度上是贴近自然母亲的一种方式。

人在母亲子宫中的状态是最舒服的状态，而人进入大自然后所处的状态就如同于此。这次远游，《唐子畏墓志铭》中如此记载："放浪形迹，翩翩远游。扁舟独迈祝融、匡庐、天台、五夷，观海于东南，浮洞庭、彭蠡。"

人在最舒服的状态下，会对才智有巨大的推进作用。由此，在诗词上，他留下了《游焦山》《焦山》《庐山》《严淮》《登吴王郊台》《齐云岩纵目》等众多好诗绝词。在绘画上，也留下了《函关雪霁图》《落霞孤鹜图》等堪称其代表作的山水画卷。

当然，近现代也有些学者对其作品评价是"总体上缺少一种堂皇的大气而显得穷醉"，更有人从其诗词作品"有伸脚处便伸脚，得缩头时且缩头""皇天老安排定，不用忧患不用愁"等处，言其是"活脱是一个守着生命残阳的'萎人形象'"，并煞有介事地说引用他的文字较多的《增广贤文》标志着中华文明衰落的开始，由此，唐伯虎被传扬为中华民族"阳痿"的象征。

那么，真实的情况又是如何呢？借助唐伯虎《与文征明书》中的一句话来作为我的见解："海内遂以寅为不齿之士，握拳张胆，若赴仇敌。知与不知，毕指而唾，辱亦甚矣！"

写唐伯虎的文学作品，从古至今大约都有如下场景：唐伯虎到了某处，人家便问"您哪位？从何处来？"唐伯虎便回答"我乃苏州唐解元伯虎"。

其实，仔细想想这很不合实际。因为古时候的新闻媒体不如今天这么发达。事情从京城出，也许两三年才能到全国各地。特别是如果唐伯虎与之对话的人是学子，那么，唐伯虎恐怕不会这么怡然自得。因为，以唐伯虎那个时候的声誉根本达不到举国皆知的地步，苏州自古多才子，当时唐伯虎的威名比起祝允明来相对逊色许多，与老前辈王鏊、文林等相比更不是一个量级。

之所以谈及这个，就是为了说明除了苏州的一些唐伯虎的朋友外，全国人民是宁可信其贿赂也不会信其被冤。

可以说，不搞清这个问题，我们无法探知前后两个唐伯虎为何有着如此大的差异。可以想见，一路上唐伯虎肯定遇到了多起被奚落的事件，由此，才使得他这次散心的效果大打折扣。

唐伯虎郊游下的明朝旅游业

唐伯虎离开了苏州，乘船前往镇江。

唐伯虎的旅游路线

在镇江市郊游览了著名的金山寺，金山可以遥望江中的焦山，焦山的西面则是金陵。抬眼望去，高耸挺拔的紫金山和石头山隐没在茫茫云雾之中，景色绮丽动人。在瞥见金山的那一刻，他可能想起了过往的岁月，不由得发出了"一失足成千古恨，再回头是百年人"的感慨（明朝杨仪写的《明良记》中记载，唐伯虎曾写"一失足成千古笑，再回首是百年人"，对科场舞弊案后的心情做了总结。后人为了更直白地表达悔恨之意和更有冲击力，便将"笑"改成了"恨"）。

唐伯虎满怀悲情地游览完金山寺、焦山后，便从钱塘江出发到了扬州，看了西湖、平山堂等名胜。同时，想去看朋友郭云帆，可巧他没在家，于是留给他一首《寄郭云帆》：

我住苏州君住杭，苏杭自古号天堂。东西只隔路三百，日夜那只醉几场？保叔塔江湖影浸，馆娃宫把麝脐香。只消两地堪行乐，若到他乡没主张。

虽然朋友没在，但他仍然继续游览杭州，写下了《题画》：

湖上仙山隔渺茫，世尘不上渡头航。白苹开处藏渔市，红叶中间放鹿场。落日沈沙罾有影，新霜着树橘生香。遥闻逌老经行处，芝草葳蕤满路旁。

在保俶寺他与好友朱彦明一同游览美景，留下《与朱彦明同游保俶寺》一诗：

篚舆衔尾试临汀，兰若从头遍叩扃。晨呗香凝通殿雾，夜渔灯散漫湖星。登高新酒倾鄳白，吊古空山涌帝青。又算一番行乐处，诗成吟与故人听。

其后，他又沿富春江到了芜湖、九江、庐山，写下《庐山》一诗：

> 匡庐山高高几重？山雨山烟浓复浓。
>
> 移家欲住屏风叠，骑驴来看香炉峰。
>
> 江上乌帽谁涉水？岩际白衣人采松。
>
> 古句磨崖留岁月，读之漫灭为修容。

接下来，他又乘船到了黄州，《赤壁图》出炉。

南行到达湖南，登鉴岳阳楼。逗留几日后顺湘江南行至衡阳，登上了五岳之一的南岳衡山。向东进入了福建，游览了武夷各座名山和仙游县的九鲤湖。这天晚上唐伯虎在九仙祠睡下。到九鲤湖之后，他第二次祈梦。他梦见来到一个空空的房间，看到屋顶垂下一条黄色的绢绸，上书"中吕"二字。

此时，唐伯虎的心情似乎好了许多，身上的儒家气味日渐淡薄，道家的"处世哲学"日渐显见。那时，他写下了如下词句：

> 浅浅水，长长流；来无尽，去无休；翻海狂风吹白浪，接天尾闾吸不收。即如我辈住人世，何荣何辱？何乐何忧？有时邯郸梦一枕，有时华胥酒一瓯。古今兴亡付诗卷，胜负得失归松楸。清风明月用不竭，高山流水情相投。蔂荚自晦朔，兰菊自春秋；我今视昔亦复尔，后来还与今时俦。
>
> 君不见，东家暴富十头牛；又不见，西家暴贵万户侯；雄声赫势掀九州，有如洪涛汹涌，世界欲动天将浮。忽然一日风打身，断篷绝梗无少留。桑田变海海为洲，昔时声势空喧啾。呜呼！何如浅浅水，长长流？

紧随其后进入浙江，游天台山、雁荡山。在天台山，他写下了《嗅花观音》一诗：

> 拈花微笑破檀唇，悟得尘埃色相身。

办取星冠与霞帔，天台明月礼仙真。

游雁荡山期间，他画了十几幅画并题诗，其中有一首更显示出唐伯虎已经出离了烦躁心情，开始有了正常人的心理需求：

沿溪结屋上居幽，烦嚣不到林木稠；元谈足以消长日，况有琴书相唱酬。

山中老木秋还青，山下渔舟泊浅汀；一笛月明人不识，自家吹与自家听。

仙香柔条映小寰，柴门流水自潺湲；心期写处无人到，梦里江南女几山。

之后渡海到了普陀，沿富春江、新安江上溯，抵达安徽，再上黄山与九华山。在此处，我们不知道唐伯虎是否想到了程敏政，这位因为科考舞弊案受牵连的官员。被放出后程敏政便吐血而亡，由此可见程敏政对于名节的看重。皇帝结案却没有给他平反，而带着污点生活对于深受儒家观影响的他来说是难以忍受的。当唐伯虎来到程敏政家乡之时，他是否去祭拜了这位恩师？后人只能揣测。

我想，他是去了。不是正大光明地投名帖，而是双膝跪地，遥望而泣，并高呼一声："愧杀寅也！"

经过这段千里大游玩，唐伯虎确实暂时摆脱了科考舞弊案的愁容，重新找到了16岁前的自我，离自然、离道更加近了，我们不妨以将要归家时唐伯虎的诗（《题菊花图》，过闽宁信宿旅，邸馆人悬画菊，愀然有感，因题）作为本节的结束：

黄花无主为谁容，冷落疏篱曲径中；仅把金钱买脂粉，一生颜色付西风。

明朝发达的旅游类图书

明初洪武体制对人身的限制，到了唐伯虎时代，这种控制力度已经极为虚弱，因此，类似于唐伯虎这样的人便有了外出经商、旅游的可能。当然，对于商人来说，经商和旅游往往是一体的。

按照吴志宏博士的研究，明代旅游图书不包括方志在内就出版了665部，要知道古代出版业不像今天如此发达，665部专门的旅游类图书的出现已经非常繁荣了。不仅仅是国内旅游指南，还包括日本、朝鲜、越南、琉球、东南亚国家。从类别上，主要分为路程类图书（主要是旅游路线图，这种书既方便了旅游，又方便了商人规划商业运输等方面的计划，如《环宇通衢》等）、旅游游记、名胜及风土人情介绍（此类图书对商业同样有推进作用）。

根据吴博士的研究，这665部图书，有相当一部分都是嘉靖、万历年间编修的，特别是关于京津冀（北直隶）的旅游类图书。

在上述这些旅游类图书中，其实路程类图书，有许多就是商人的商道书籍。例如，《明一统路程图记》［明隆庆四年（1570）休宁县人黄汴撰，又名《图注水陆路程图》《新刻水陆路程便览》《士商必要》］，《天下路程图引》［明天启六年（1626）憺漪子编，又名《士商要览》］，《士庶备览》《天下四民利用便观五车拔锦》《天下四民三台万用正宗》《天下民家便用万锦全书》《水陆路程》《新安原版士商类要》《士商类要》《寰宇通衡书》等。

上述这些商路图书，除了为商人带去便利外，更弥补了正史的诸多不足，提供了不少正史没有收录的行程路线图。例如《明一统路程图记》收集水路路线143条，陆路路线100条，除了南北二京至十三省驿路外，又收录了水路路线127条，而且标注了各个驿站之间的距离，非常便于客商使用。

为了便于记忆，这些商路图书还将一些地名编成歌谣。例如有一首《水程捷要歌》说的是从徽州到杭州的水路里程：一自渔梁坝，百里至街口，八十淳安县，茶园六十有，九十严州府，钓台桐庐守，樟梓关富阳，三浙坞江口，徽郡至杭州，水程六百走。

为了让商人能够在目的地更好地融入当地社会、了解当地风俗，更重要的是了解当地的基础建设、物产，从而更有利于经商活动，这些商路图书往往对风土人情、酒店旅馆、治安状况等都有详细的记述。凡是商旅外出所需的常识，诸如山川险夷、物产出处、行程风险、水旱码头、牙侩好坏、门摊课税、名胜古迹，乃至轿夫船户是否可靠，沿途食宿是否卫生，皆有记述。

因为海陆交通路线的开辟，明政府又大规模地开发交通工具、构建交通设施、完善交通管制机构，这些直接促进了大规模的商品流动，海上贸易的发展还使得明朝的商品如茶叶、丝绸、瓷器等远销到欧洲。

新旧思想夹缝中的唐伯虎

唐伯虎的一生除了会试去过一次北方，基本都在江浙皖地区进行游览。除了这次大旅游外，较远的旅行还有两次，一次是弘治十八年（1505）到达安徽的歙县（程敏政的老家）和休宁，出行的目的可能是卖文。另外一次，则是正德元年（1506）到苏北沛县，陪王鏊一同游览了著名的"歌风台"。唐伯虎画有《歌风台实景图》。

除此之外，他就是在苏州周边活动，南京、宜兴、江阴、太湖（在和朋友泛舟的地方作了《震泽烟树图》，1504年陪王鏊游林屋洞，作了《林屋洞图》）、无锡。

综合看来，在这次千里大游玩中，他主要是排遣郁闷心情，其后的多次游览则是或卖画或故友相聚。旅游期间，唐伯虎的诗书画作品特别多。例如在福建祈梦时就曾留下两首自题诗。

其一：

> 可惜庭中树，移根逐汉臣。只为来时晚，开花不及春。

很明显是比喻自己如树（石榴）开花，赶不上春天的命运。

其二：

> 三通画角四通鸡，天渐黎明月渐低。时序秋冬复孟夏，舟东南北复东西。眼前次第人都老，世上参差事不齐。若要自家求安稳，一壶浊酒一盏灯。

从这首诗中我们可以看到此时的唐伯虎心境已经稍好，有一种淡然面对世事的态度，但"一壶浊酒一盏灯"表明他还没有跳出自我。

如果说这首诗还不够明显，那么他经过严子陵钓台时，写下的《严滩》足以证明他的精神境界还未超脱烦闷，有一种归隐的心理。

> 汉皇姑人钓鱼矶，鱼矶犹昔世人非。青松满山响樵斧，白舸落日晒客衣。眠牛立马谁家牧？鹈鹕鸬鹚无数飞。嗟余漂泊随馇粥，渺渺江湖何所归。

随着行程即将结束，想到古人严子陵得以躬耕垂钓终老一生，对于自己将何去何从则又陷入思绪茫然之中。

然而，这种心理能让他在现实生活中有好日子吗？显然不能。

正是因为此，他回家之后才又遇到了一次打击。

最终因为口袋里没钱了，他不得已返回了苏州。唐伯虎因为长途跋涉，心力交瘁，大病了一场。此后很长一段时间，唐伯虎在家休养，表面上是养病，实际上是一种重生。

远游回来后，摆在他面前的首要难题就是如何谋生。这是个人人都必须面对的生存问题。然而，在这个问题之前，还有一个非常棘手的问题摆在他面前——第二任妻子竟然提出了离婚。

唐家家道已经日渐衰落。再加上唐伯虎为人做事潇洒豪爽，花钱大手大脚，更让家庭的财务状况雪上加霜。本来唐伯虎之前就做了一件非常仗义的事情，帮助朋友朱存理买驴，然而这却令妻子非常生气，愤然回了娘家。唐伯虎回来后，又干了一件事儿使得夫妻关系彻底破裂。原来，好朋友徐祯卿将要赴京科考，唐伯虎典当一番后借给了他路费（因为路费，二人其后险些绝交）。之后，唐伯虎就将精力放在烟花柳巷及诗词歌赋、书画术数的研究上。

出身官宦人家的妻子，显然忍受不了这样的情况。有些人认为唐伯虎的第二任妻子是为了唐伯虎解元身份才嫁给他，根本就不爱他。为此，给她取名泼妇、悍妇，并将各种不好的词汇和形象强加给这个女人。

然而，当我们站在女性立场上去看，我们应该理解，为何一个女人宁可净身出户一分钱不要，也要与之离婚（按当时法律规定，女子提离婚的话一分钱都没有）。显然，她和大部分深受儒家观念影响的妇女一样，难以忍受更不会理解唐伯虎行为间的哲学意义。她和我们一样，乃是俗人世界里面的一滴水而已。

唐伯虎娶了个妓女

离婚后，孤身一人、穷困潦倒的唐伯虎更有些破罐子破摔的意味，经常与青楼名妓沈九娘来往。显然，对苏州名人唐伯虎，沈九娘早已是如雷贯耳。沈九娘粗通文墨，对于有才学的人很是敬佩。而苏州才子唐伯虎此时的境况已经大大好于两年前。

人们对于科考舞弊案已经慢慢淡忘，往日的乡情已然重新再现。无论是对唐伯虎才学的肯定，还是为了苏州人的尊严，同时由于唐伯虎的朋友们对其高度肯定，相信唐伯虎被冤枉的人越来越多。

1502年，唐伯虎千里大游玩归来后便开始专职卖画为生，从那时起他遇到了人生中最爱的女人——青楼名妓沈九娘，久而久之他便有意与沈九娘成婚（唐伯虎的第三次婚姻）。而这一行为，显然破坏了儒家观念特别是程朱理学。兄弟唐申大加反对，兄弟二人失和。某日，因为一件小事，两兄弟大吵大闹，恰巧此时，好友文征明赶到。文征明一阵劝导，这才罢休。

然而，事情并未了结。自回到苏州后，唐伯虎经常流连青楼，文征明早对其有了很大的看法，便以书信的形式对唐伯虎进行了规劝。唐伯虎见状，立刻回复了一封《与文征明书》（请注意文中词句的语气，后面有简单的现代文翻译）

寅顿首征明足下：

无恙幸甚！昔仆穿土击革，缠鸡握雉，参杂舆隶屠贩之中，便投契足下，是犹酌涊沰以饎饎，采葛覃而为絺绤也。

取之侧陋，施之廊庙，冠剑之次，人以为不类，仆窃谓足下知人。比来痴叔未死，狂奴若故，遂致足下投杼，甚愧甚愧!且操奇邪之行,驾孟浪之说,当诛当放,载在礼典,寅固知之。然山鹊暮喧,林鸦夜眠。胡鹰耸翮于西风,越鸟附巢于南枝。性灵既异,趋从乃殊。是以天地不能通神功,圣人不能齐物。至农种粟,女造布,各致其长焉。故陈张以侠正,而从断金之好;温荆以偏淳,而畅伐木之义。盖古人忘己齐物,等众辨于觳音;出门同人,戒伏戎之在莽也。寅束发从事,二十年矣,不能翦饰,用触尊怒,然牛顺羊逆,愿勿相异也。谨复。

我们先看看唐伯虎这篇文章的内容:首先,他说征明兄没有什么病这太好了。小时候我跟着父母一起做小生意、杀鸡卖酒的时候,就和您的关系非常好。别人都说我行为怪异,但我不管那些,因为我知道您对我是了解的。从前您的父亲(痴叔,是用典,指西晋王湛,不善言谈但才学甚高。此处用以夸赞文征明的父亲文林)尚在世(文林亡于科考舞弊案同一年,但时间在后),我的臭脾气还像以前一样,依然我行我素,气得您拿织布的梭子扔我,现在想来真是惭愧呀。

看到这里,我们看到唐伯虎似乎有悔意,然而,他话锋一转,却说,我也知道奇谈怪语、行为乖张的我不符合礼教。然而,山雀傍晚鸣叫,林鸦夜眠,胡鹰在西风中展翅高飞向北方飞去,南方的鸟飞往南方。这是为什么呀?它们之间灵气不同,当然志向不会一样。

看到这里,唐伯虎霸气十足,摆出了一副绝交的架势。之后,他又摆出了居高临下的态势:天地万物没有全都会的,连圣人都做不到,男人种地,女人织布,都是用其所长,只有这样才能兄弟同心(断金)。

最后,唐伯虎两手一摊,对文征明说道:寅束发(15岁左右束发）从事,二十年矣,都这样过来了,希望您不要强行改变我!

文征明实在是想不明白,为什么短短五年时间,唐伯虎就成了这样的人。当年科考舞弊案出来后,他心情不好,出去散心时,还曾经留过书信,要我(文征明)好好照顾他的兄弟,怎么刚刚过了四年,他就变成了如此模样!想到此处,文征明站起身,找出了唐伯虎当年给他的书信,上面的字仍然清晰:

> 但吾弟弱不任门户,傍无伯叔,衣食空绝,必为流莩。仆素论交者,皆负节义。幸捐狗马余食,使不绝唐氏之祀。则区区之怀,安矣乐矣,尚复何哉!唯吾卿察之。

兄弟孱弱,又没有叔叔伯伯,我怕他没吃的没穿的被饿死。我的朋友们都是很讲义气的人,望你们行行好把那些狗呀马呀吃剩下的东西周济周济我兄弟,千万不要让我们唐家断子绝孙呀!

看到此处,文征明两眼落泪。

因为,与朋友兄弟失和,唐伯虎的心情糟糕透顶,于是他便在明孝宗弘治十八年(1505)九月去了休宁县城西15公里处的道教圣地齐云山游览。果然,心情大好,为此,留下了一首七律《齐云岩纵目》:

> 摇落郊园九月余,秋山今日喜登初。
> 霜林著色皆成画,雁字排空半草书。
> 曲糵才交情谊厚,孔方兄与往来疏。
> 塞翁得失浑无累,胸次悠然觉静虚。

唐伯虎的双面人生——新旧时代的怪胎

齐云山玉虚宫道长汪泰元要写碑铭。起先请了一个姓贾的秀才写，但他要二百两润笔费，但道长拿不出来。幸好唐伯虎来到，他分文未要写了《齐云岩紫霄宫元帝碑铭》。这就是"孔方兄与往来疏"的来历。

同时，又应王友格之请，为他写了《王氏泽富祠堂记》，其开头便介绍了不凡的家庭背景，"徽歙多世家，泽富之景曼氏，是其一也"，其后又交代了此行的目的，"弘治乙丑，余行旅过徽，友格以币交，故为记其事云"。

此时的唐伯虎在与朋友们的相聚中，除了祝允明、文征明等特别要好的朋友外，他的各种记、铭、书、画等其实都是要钱的。所以说，此时的唐伯虎已经因为第三任妻子的出现、和兄弟交恶等原因，逐渐回归到世俗世界。

之后，又为吴明道撰写了《竹斋记》。在此处不妨插一笔，正德十四年（1519）十二月朔日（有人认为应该是1505年所写，意见不一），唐伯虎又在这个地方给汪时萃画了《双鉴行窝图》。

因为唐伯虎当时的知名度颇高，许多人都愿意为他的作品掏银子。因此，那时的唐伯虎生意兴隆。

唐伯虎一意孤行，终于在1505年娶了沈九娘。而为了更好地生活，唐伯虎决定建立别院，供夫妻二人居住，毕竟与弟弟一家生活在一起有很多问题。而这个行为，又很符合日后万历时代的特征，万历时代知识分子界有一个很流行的口头禅，我在后面又加了一句，这样晚明的特点就全了：改个号，娶个小，盖一间大房子。

唐伯虎盖了桃花庵

一来沈九娘的身份，出出进进不太方便；二来唐伯虎生性放诞，经常与艺术界的朋友相聚，和唐申的生活方式不太合拍，对双方都是一种打扰。

此时，唐伯虎有三项资源可以动用：一是父亲所剩的遗产；二是卖画收入；三是沈九娘的嫁妆。

第一项，不用太想，定然所剩不多。唐伯虎在科考舞弊案之后就靠典当支撑，千里大游玩所花的路费恐已用去大半。更重要的是，作为一名艺术家，藏书是他的嗜好，不到万不得已他不会动用。因此，这部分能用的并不多。

第三项，则对于男人来说是轻易不会考虑的。从二人婚后的几年时光里，我们可以猜想，她的大部分嫁妆钱都花在了日常开销上。

第二项，也是我们今人时常挂怀的就是唐伯虎的画作书法售卖情况。后世人常常说他因为才名远播，他的画应是供不应求。然而，仔细猜度，真实情况恐怕并非如此。唐伯虎的画作在古玩书画界市场上的售价与他的知名度并不成正比，更何况这个知名度是在众多唐迷的烘托下才得来的。彼时，苏州艺术氛围浓重，能与唐伯虎比肩者不下十数名，在此种情况下，他的售画行为带有很大的不确定性。

否则，也就不会有日后唐伯虎慨叹：

十朝风雨若昏迷，八口妻孥并告饥。信是老天真戏我，无人来买扇头诗。青山白发老痴顽，笔砚生涯苦食艰。湖上水田人不要，谁来买我画中山。荒村风雨杂鸡鸣，辘釜朝厨愧老妻。谋写一枝新竹卖，市中笋价贱如泥。书画诗文总不工，偶然生计寓其中。肯嫌斗粟囊钱少，也济先生一日穷。白板门扉红槿篱，比邻鹅鸭对妻儿。天然兴趣难摹写，三日无烟不觉饥。

正是因为这种不稳定的生活，时而饱时而饥的生活状态，使得沈九娘的身体日渐衰弱。特别是1509年苏州水灾，唐伯虎的卖画生涯自然会因此中断。这一下，全家重担都落在了沈九娘身上。而其勤俭持家、锱铢必较的结果就是过度劳累、提前病倒。最终在1512年冬，沈九娘离世。

对妻子的死，想必唐伯虎带着深深的自责。时人、后人都不必怀疑二人的感情多么牢固，在唐伯虎悲苦的一生中，在情感生活领域，这十年无疑是他最幸福的十年。正如他在诗中所说："镜里形骸春去老，灯前夫妻月同圆。万场快乐千场醉，世上闲人地上仙。"

作为男人，他并没有让自己的女人衣食无忧，唯一能够给她带去的就是精神上的安全。自1505年唐伯虎成婚之后，青楼艳场唐伯虎去的也就少了。他们夫妻二人便在桃花庵中幸福地生活着。尽管贫困。

沈九娘死后的若干年，一次出扬州城卖画归途，他想到了她，由此便写下了一首思念故妻的哀婉诗作，名曰《扬州道上思念沈九娘》：

相思两地望迢迢，清泪临门落布袍。
杨柳晓烟情绪乱，梨花暮雨梦魂销。
云笼楚馆虚金屋，凤入巫山奏玉箫。
明日河桥重回首，月明千里故人遥。

其后，唐伯虎便带着女儿独自在桃花庵居住。妻子亡后，单独抚养女儿的艰辛使他想到了老朋友，想到了兄弟。40岁生日时，尚有妻女相伴，而此时，却少有故人。

有一种说法，说某次唐伯虎生日，祝允明和张灵等都在外地，徐祯卿和朱存理等人亡故，唐申因为兄弟失和一家子都没有来贺。最终，正在唐伯虎悲悲戚戚之时，文征明率领一家老小前来祝寿。其后，唐伯虎便写下了《再与文征明书》，盛赞文征明：

> 昔项橐七岁而为孔子师，颜路长孔子十岁；寅长征仲十阅月，愿例孔子，以征仲为师，非词伏也，盖心伏也。诗与画，寅得与征仲争衡；至其学行，寅将捧面而走矣。寅师征仲，惟求一隅共坐，以消镕其渣滓之心耳，非矫矫以为异也。虽然，亦使后生小子钦仰前辈之规矩丰度，征仲不可辞也。

无怪乎袁宏道批语称之为：真心实话。谁谓子畏狂徒者哉？

其后，在文征明、祝允明等人的撮合下，唐伯虎兄弟重新和好，将唐伯虎失去妻子的悲哀慢慢抹平。似乎一切都好了起来，然而，紧随其后的宁王之邀又使他遭逢一场大难，皮肉之苦再次降临。最终，他悟得了人生的真谛，一首劝解世人的千古悲壮之歌诞生了，这就是著名的《百忍歌》：

> 百忍歌，百忍歌，人生不忍将奈何？我今与汝歌百忍，汝当拍手笑呵呵！朝也忍，暮也忍；耻也忍，辱也忍；苦也忍，痛也忍；饥也忍，寒也忍；欺也忍，怒也忍；是也忍，非也忍。方寸之间当自省，道人何处未归来，痴云隔断须弥顶。脚尖踢出一字关，万里西风吹月影；天风冷冷山月白，分明照破无为镜。心花散，性地稳，得到此时梦初醒。君不见如来割身痛也忍，孔子绝粮饥也忍；韩信跨下辱也忍，闵子单衣寒也忍；师德唾面羞也忍，刘宽污衣怒也忍；不疑诬金欺也忍，张公九世百般

忍；好也忍，歹也忍，都向心头自思忖。囫囵吞却栗棘蓬，恁时方识真根本？

此时的唐伯虎已经开始真切地感受到了世俗世界的强大，他开始表面上屈从于世俗社会。原因很简单，他需要面对生活的压力。他要卖书画赚钱，他要卖文赚钱。而要卖就要针对对方的需求，按照人家的要求去写，否则你没饭吃。

他的心分为了两半，一半在旧时代，一半在新时代

人家让你写个墓志铭，人家写的都是好词好句，你偏偏有啥说啥。把死者的肮脏事儿全抖出来啦。例如：这死鬼小时候吃喝嫖赌抽坑蒙拐骗偷，长大后欺男霸女无恶不作，侮辱老娘调戏嫂子侮辱儿媳，哈哈，现在这家伙终于死啦！大快人心。

正如人家过寿，左一个长命百岁，右一个松柏常青。你比较个性，说了句：长命百岁不可能，你都活八十了，早该死了。"老而不死是为贼"！要是您，您说您会给他钱吗？不揍个乌眼青、腿折胳臂断了不了事。所以说，他要向世俗低头，尽管他的内心还在保留着很强的自我。

民间唐伯虎形象中有一则小故事《这个婆娘不是人》，就很能说明这一点。

某年某月某日，正在家中作画的唐伯虎，突然听到屋外人喊马嘶，鼎沸的声音吵得他不得不起身观看，只见门外闯进十多名如狼似虎的家丁。个个都是黑衣黑裤黑便帽，每个人都带着喷人的酒气。

"哎，哎，谁叫唐寅！"其中一人高声叫着。

唐伯虎闻听鼻子一歪，非常看不起这帮人。因为古代

人没有叫名的,您看《三国演义》曹操和刘备以及个中有深仇大恨的人,在写信、对阵的时候,都是孟德、仲谋、玄德、云长、翼德等。就算是杀父夺妻这样的大仇都得叫字,否则会被人看成没有文化,二流子一个。

"唐寅没有,有一个唐子畏!"

那人一听,说道:"哎,你告诉他,张大老爷的母亲张太夫人要做寿,过去给太夫人写个《祝寿歌》,听见没!"

唐伯虎微微一笑:"一定带到!"说完,这帮奴才呼啦啦地离开了。

唐伯虎冷冷一笑:"哼,张大老爷,我听说过,就这小子平日里欺男霸女无恶不作!为富不仁,我给你娘祝寿?哼,想得美!"

唐伯虎转身回屋继续写诗作画。第二天,同样的场景再次上演。上次那个家伙踢门而进,指着唐伯虎嚷道:"唐子畏,你告没告诉唐寅,给我家太夫人祝寿?为何昨天唐寅没有去府上回话?"

"哦,我不是唐子畏呀,我叫唐伯虎。"

"哦,你不是唐子畏呀,那好,你告诉唐寅和唐子畏去张大老爷府回复!"

"好,好,好。"唐伯虎笑着回答。

第三天,这帮人再次闯了进来,一把揪住唐伯虎:"小子!你原来就是唐寅呀!你装,我让你装!"说完举拳便要打。唐伯虎连忙怒道:"好大胆的奴才,我给您老太夫人祝寿,弄好了,你家老夫人得奉我为上宾,你敢动我!"

这帮奴才一听，还真有些害怕，连忙松了手，将唐伯虎半押半拥着弄到了张府。这时候，张府人头攒动，真是人挨人人挤人。一听说"江南第一风流才子"唐伯虎到了，众人全都围了过来。

张大老爷一看唐伯虎来了，高声笑道："唐才子才高八斗，今日请您来为我母亲祝寿，真是叨扰了！"

唐伯虎冷冷一笑，心道："真会装！你那样请法儿，我不来能行吗？你这老小子为非作歹一辈子，今天看我怎么戏耍你！"

张太夫人也听说唐伯虎到了家中，于是专门打扮了一番来到大厅。

"唐才子，该您啦！"张大老爷说完了空洞的母贤子孝的大论之后对唐伯虎说。

唐伯虎冷笑着来到富贵的老妇人面前，说道："这个婆娘不是人！"

"啊！"张大老爷豁然站起，要不是旁边的宾客拦着他就要冲上去给唐伯虎一个嘴巴。

"好似南海观世音，"唐伯虎说出了第二句之后，众人欣欣然，唐伯虎接着说，"两个儿子都是贼。"

张大老爷一听，猛然站起，一把揪住了唐伯虎："姓唐的你敢骂我们兄弟，哼，要不是二弟现在正在赶回来的路上，他听到你这句话就得杀了你！"

"张大老爷不要急嘛！我还有下面一句呢！"

"什么？"

"偷来蟠桃寿母亲。"

"好！"众人齐声叫好。张大老爷笑得十分尴尬。

这则故事的真实性较高。在这一阶段，从大的环境来说，有钱人特别是商人虽然社会地位已经有了较大的提高，但以唐伯虎为代表的文人墨客对其尚属于平视状态。因此，面对财大气粗、有钱就很任性的商人，就会利用自己的机智一边戏谑有钱人，一边从有钱人处得到好处。

作为新旧两个时代的见证人，在旧时代理念下，他这个时期也创作了不少规劝世人的诗词，主要是教人重德行。例如《警世》：

交朋切莫交无义，做鬼须当做有灵。

万类之中人最贵，但行好事莫相轻。

《检斋》：

检束斯身益最深，检身还要检诸心。

鞠躬暗室如神在，恭己虚斋俨帝临。

视听动言皆有法，杯盘几席尽书箴。

遥知危座焚香处，默把精微义理寻。

唐伯虎身上的旧时代特征——陈孝子歌

在唐伯虎的诸多朋友中，有许多人可以说是天才，但相对来说都是各自有自己的发展方向，唐伯虎的画、徐祯卿的诗、祝允明的书法，文征明则是在综合平衡中发展，基本都属于第二名。但细分起来，各有优缺。

例如，唐伯虎在生活上虽然放荡不羁，但他的诗书画特点却以写实、表达真切愿望为主，而祝允明则如狂人般无拘无束，大有气吞山河之势。体现在书法上，唐伯虎以规规矩矩的楷书、行书为主，很少有草书，狂草几乎没有存世。而祝允明则楷书、行书、草书、狂草无一不精。因此，唐伯虎在诗书画三个方面书法也是最薄弱的。

不仅如此，唐伯虎在天才、"风流才子"等光芒掩盖下，却也有着一些平庸的地方，例如他的审美观、宗族观、继承观等，显然都没有超脱同时代人物的思想束缚，甚至更保守。

中国人无论你怎么叛逆，其最终都是要回归儒家思想。唐伯虎其实也是如此。唐伯虎幼年不知孝顺父母，等知道了孝顺父母已经晚了，例如他的遗作《陈孝子歌》就是明证。这是他的遗作，但没有完成。可见在其行将就木之际，他更思念起故去的亲人。也许是在晚秋时节，看着满地的落花，他颤巍巍地移动着身子，一边想着母亲，一边不知不觉地想到了陈立兴。

元朝有一个叫陈立兴的人，以砍柴为业，母亲年七十，瘫痪且盲目。她母亲爱吃王家糕，他每天从郊区走到城里去买。由此，唐伯虎深为感动。也许是唐伯虎即将离开人世吧，或者人老了总会想起过去。

回忆过往的岁月，有儿时的嬉戏、父母的斥责，一切都是那么美好，他一边慨叹着一边书写着。唐伯虎不禁悲痛不已，特别是对母亲的思念日益加重。可惜诗还未写完，人已经没了。后来钱贵为之序，并写：

> 元季有孝子，姓陈名立兴。结屋住蠡口，采樵以养生。有母年七十，瘫痪双目盲，居然卧床席，九年六月零。爱啖王家糕，其家住在城，地名临顿里，相去将一程。每日买一贯，持归母点心。如此以为常，不限晦与明。……我为赋其事，兼述旧所闻。五通为神仙，十号称世尊。诸佛证圆觉，群仙保长生。晋昌唐寅撰。

此上吾友唐君所作，凡百四十有六句。皆出等闲谈笑，而词源滔滔，出不容已，有非苦思剧学所能及者。然不及终篇，遂成绝笔，余窃悲焉。……因效其体，作五十四句续而成之，殊愧不相似也。……道远名徒在，忙昧未足凭。试泛鑫日塘，近以白年征。……既永尔庙食，子孙更绳绳。我歌宁有极，为尔传云仍。嘉靖乙酉春仲一日，致鸿肿寺漕湖钱贵。

除此之外，最典型的就是"不孝有三无后为大"思想。因为儿子早死，其后又娶了一房但没有生养，最后娶了沈九娘也仅是生了一个女儿。为此，唐伯虎极为苦恼。恰巧弟弟唐申生了一个儿子长民，其后长民夭折。唐伯虎有幸在五十一岁的时候，看到弟弟又生下次子兆民，五十二岁时生下三子阜民，唐伯虎弥留之际，恐怕有过一丝挂念。为此，唐申便当即将唐兆民立为唐伯虎的过继子。

唐兆民所写的《遗命记》将唐伯虎的一生进行了介绍，其间记录了一段感人肺腑的话，令今人读之无不落泪：

父抚予长，述以前事，率祭墓前，语伯曰："噫！而今而后，兄无若敖之叹矣。"予是时始知有蓼莪之感，然而事父之心，益敬而孝，其晚景偷乐，晏如也。忽于二十一年壬寅九月，予父病危，召予曰："尔伯向日所言，我当更其说以示后人，汝须记之。"益抚掌而言曰："昊天之聪，不剪唐宗。今有二子，以送我宗。兄有兆儿，予有阜童。泉台含笑，尔我何穷。"言毕大笑，俄顷而逝。

看到这里，我头脑中立刻闪现出这样一幅场景：晚秋的风，强劲地刮着坟前的一老二少。"哥哥，你安心地和爸妈在一起吧。兆民是你的儿子，我有阜民，你安心吧。"说罢，唐申伸出了右手，掌心贴在了"唐寅"二字之上，满脸泪痕。

也许，这个场景对于女权主义者来说非常气愤，因为，他们兄弟二人都没有将"女儿"考虑在内。然而，历史归历史，今人归今人。他们的兄弟之情，让人无法不感动。

许多后世具有唐伯虎思维方式的"心学"信徒，都很惊讶：唐伯虎怎么会写出这样的东西。其实，唐伯虎经受着世俗社会的煎熬，他不得不这样写。

其次，是教人知足常乐，与世无争，多多快乐逍遥。例如：

富贵荣华莫强求，强求不出反成羞。（《叹世》）

善亦懒为何况恶？富非所望岂忧贫？（《四十寿》）

《警世·世事如舟》：

世事如舟挂短篷，或移西岸或移东。

几回缺月还圆月，数阵南风又北风。

岁久人无千日好，春深花有几时红。

是非入耳君须忍，半作痴呆半作聋。

《警世·万事由天》：

万事由天莫苦求，子孙绵远福悠悠。

饮三杯酒休胡乱，得一帆风便可收。

生事事生何日了，害人人害几时休。

冤家宜解不宜结，各自回头看后头。

其中最为人们常用的就是《警世》中"冤家宜解不宜结，各自回头看后头"，几乎成为人们口中最常出现的句子之一。

除此以外，还有《赠人游》：

功名何必苦追疑？心事从来天可知。

《失题》：

于人无忮求，于世无乞索。

天下方太平，乡里免漂泊。

君能知此趣，吾诗所以作。

可以说这个时期的唐伯虎是非常痛苦的，表面上他无所谓，买画的人除了交钱之外，还要送酒。其实，这仅仅是他摆脱痛苦的一种手段而已。

唐伯虎抓紧赚钱盖房子搞装修

文征明这个人脾气非常好，一辈子没说过别人坏话。因此，君子绝交不出恶语。看唐伯虎那样决绝，也就不再主动答理他了。唐申呢，毕竟是兄弟，虽然失和但也时不时地让儿子长民去看望伯虎。好在唐伯虎自己卖文鬻画，自在逍遥，起初，他孤身一人便到吴趋坊巷口临街的一座小楼中居住。

抓紧赚钱盖房子

在那里，他开始积极抓紧创作，目的只有一个就是赶紧赚钱为沈九娘赎身。因为，妓女要想正式嫁人那是必须要经过老鸨的同意，并赔偿她口中的"损失费"。作为妓院的摇钱树，沈九娘的赎身钱肯定不少。作为家中长子的他，动用家里的钱本来可以，但因为兄弟的坚决反对，他也只好用自己的才华赚到这笔钱。

后来，他和沈九娘正式成婚之后，便觉得那里一是空间太小，二是毕竟那个地方对于他来说太吵，而且也不方便。他便决定在城北桃花坞建一个别院，这就是后来著名的桃花庵。桃花坞原是宋人章庄简的别墅，但经风雨沧桑，早成了一片废墟。不过因为这个地方景色宜人，有水（一条小溪）有树还有一个小土丘，非常适合半隐居的唐伯虎居住。他还为此拟了几间屋子的名称，如"学圃堂""梦墨亭""蛱蝶斋"等。

唐伯虎在1505年决定筹建桃花庵别院，1507年建成，桃花庵建成后，唐伯虎写了一首《桃花庵歌》：

桃花坞里桃花庵，桃花庵下桃花仙。桃花仙人种桃树，又摘桃花换酒钱。

酒醒只在花前坐，酒醉还来花下眠。半醒半醉日复日，花落花开年复年。

但愿老死花酒间，不愿鞠躬车马前。车尘马足富者趣，酒盏花枝贫者缘。

若将富贵比贫贱，一在平地一在天。若将贫贱比车马，他得驱驰我得闲。

别人笑我太疯癫，我笑他人看不穿。不见五陵豪杰墓，无花无酒锄作田。

当我们仔细探究这一期间他的所作所为时，会发现唐伯虎并非我们以为的那般舒服与坦然。虽然，唐伯虎也有凡买画者皆要送酒的潜规则，然而，这只是在他画作好销的时候。当全家上下饥寒交迫的时候，唐伯虎也只能徒劳地发着"不使人间造孽钱"的慨叹。

这段时期，是唐伯虎创作的高峰阶段。尽管费了九牛二虎之力，桃花庵的工程都没有顺利进行，有成烂尾楼的风险。不巧，此时债主们又纷纷前来，万般无奈的唐伯虎只好向当官儿的朋友徐祯卿借款。大概时间，我们可以推算一番：1505年徐祯卿考中进士，1507年桃花庵建成。因此，借款的行为大致发生在1506年。

唐伯虎借钱，当个好官真不容易

说到徐祯卿这个人，可不简单，论诗才，在当时的人心目中，他是"四大才子"之首。唐伯虎的诗才在当时文豪的眼中，只能排在第三，唐伯虎最为人称道的是画。例如清人沈德潜编选《明诗别裁集》只收录了文征明两首诗，而徐祯卿则多达二十三首，唐、祝则为零。

《明诗综》在评论明代大诗人的特点时也指出，李梦阳以气势称雄，何景明以飘逸闻名，徐祯卿则以真挚的情感为人们称道。

更难能可贵的是，徐祯卿家境极为贫寒，起先是靠着借唐伯虎好朋友刘嘉德家中藏书学习，刘死后又经常去唐伯虎家中看书，靠着借书学得五车之才，非常了不起。他成名也比唐伯虎要早，16岁写的《新倩集》便使他在才子集中的江浙地区闻名，但在官场上他却屡次被贬，屡遭同僚上级排挤。

唐伯虎跟徐祯卿的关系因刘嘉德和借书等原因，变得非常好。向他伸手借钱完全可以，凭着这些关系徐祯卿也还真应该借。更何况，唐伯虎在金钱上还帮过他一次大忙。

原来，1501年徐祯卿乡试考中，要去京城会试但没有钱，唐伯虎等朋友便出资帮助他，但可惜1502年会试失败。三年后，即1505年才再次进行会试中举。

按通常人的想法，这样的大才子，当官肯定能当大官，有才华嘛。唐伯虎向他借钱肯定会给的，令唐伯虎没有想到的是，徐祯卿竟然说没有钱！

当读完徐祯卿不借钱的回信后，可以想见唐伯虎的愤怒。他觉得很冤：想当年，为了给徐祯卿凑进京赶考的路费，自己出力最多，闹得和老婆都离婚了。不想，这家伙当了官儿后就鼻孔朝天了，真是是可忍孰不可忍，唐伯虎一怒之下不理睬徐祯卿了。

其实，唐伯虎和我们都犯了一个错误。有才华的人未必能当官，特别是大官。事实上，徐祯卿当的这个官当得是又累又憋屈。

因为他长得比较丑，皇帝看后心生厌恶，便没有按照规矩让他去翰林院做翰林（翰林院是专门起草机密诏制的机构，翰林会经常见到皇帝，皇帝也是为了眼不见心不烦），改派他去了大理寺做了一个左侍副官。

明朝的官员工资特别低，而他又在大理寺这个相当于今天的最高法院，当了个小官——大理寺左寺丞副（七八品），即使他想贪，恐也轮不到他。更何况，他非常刚正廉洁。

文人才子当官往往过于书卷气，聪明者经过几次打击后，便可以迅速融入官场；迟钝者往往屡败屡挫，至死不渝。而徐祯卿就属于后者，他虽因"文章江左家家玉，烟月扬州树树花"驰名天下，在官场上却无籍籍之名且屡次被贬，屡遭同僚上级排挤。

唐伯虎借钱的1506年，徐祯卿正处在官场生涯最倒霉的时期，他因被属吏蒙骗，稀里糊涂地放跑了一个犯人，因此被降为国子博士。可巧在这个倒霉时刻，唐伯虎来借钱，他怎么可能有呢？

并不知内情的唐伯虎错怪了徐祯卿，而徐祯卿见几个月过去了唐伯虎也不给自己回信，自己再次去信交流诗作也不答理，大为不解。无意间，与朋友们交谈，才得知唐伯虎对自己不借钱的行为非常不满。为此，徐祯卿连忙给唐伯虎写信告知自己的无奈。

见《唐生将卜筑桃花之坞，谋家无赀，贻书见让，寄此解嘲》

予昔攀白日，虹霓干紫庭。

浮沉帝座侧，无人知岁星。

侧侍公车无所欢，聊骑天马出长安。

南下苍江浮七泽，还携谢客弄波澜。
青倪中开秀庐岳，瀑布洒入千峰寒。
冥冥仙气贯南斗，直欲凌身烧大丹。
回裾西拂巫山浦，浩荡欢心间云雨。
归来欲奏楚王书，汉主上林方好武。
黄金不遇心自吁，白璧无媒翻见侮。
昨日结交燕少年，酣歌击筑市中眠。
正逢天子失颜色，夺俸经时无酒钱。
入门百结鹔鹴尽，笑立文君明镜前。
却思旧日高阳侣，黄公酒垆何处边。
天下绨袍谁不怜，郤卿未具山中橐。
何人为买剡溪田，唐伯虎，真侠客。
十年与尔青云交，倾心置腹无所惜。
击我剑，拂君缨，请歌《鹦鹉篇》。
为奏朱丝绳，胡为扰扰苍蝇之恶声？
我今蹭蹬尚如此，嗟尔悠悠世上名。

唐伯虎看到这封书信后，这才理解了徐祯卿当时的无奈，便回信与之和好。

许多人都非常吃惊唐伯虎也这么世俗，然而这就是真实的唐伯虎。唐伯虎确实是才子，也确实是天才，但是才子、天才也并不是不食人间烟火。

别人笑我忒疯癫，我笑他人看不穿

桃花庵1507年建成后到1514年被宁王邀请去南昌的7年时间，唐伯虎迎来了创作高峰，其根本原因就在于：婚姻幸福。人的心情好了，自然动力十足。例如1508年就创作了《岁朝图》《阳山积雪图》《杏花草阁图》《唐解元正觉禅院牡丹图立轴》《许由挂瓢图》《江山骤雨图》《山居风雨图卷》《林屋洞图》《秋声赋图》《垂虹别意图》《齐云岩紫霄宫元帝碑铭》《秋山红树图》《夏山欲雨图》《题钱元抑小像》等书画诗文。这些大多都被出售了。

在这段时期，他也创作了非常著名的《桃花庵歌》，许多人都认为这是"出世""大隐"的明证，自此，他开始忘情于世间，真正且彻底地蔑视起了世间俗物。然而，本人认为，其实这首诗，在本质上仍然是他对于世间功名之路难成的一种无奈的挽歌。他在心底嘲弄着自己。正如，他在父母、妻儿、妹妹亡故后去青楼麻醉自己一样。

最能表现这一点的就是1508年唐长民之死。

1508年，唐伯虎又遇到了人生的又一大悲哀时刻——侄儿唐长民的夭亡。秋九月，唐伯虎带着泪痕，再次迈出孱弱的双腿，在沈九娘的搀扶下，来到了儿子（长民过继给了伯虎）坟前，抚摸着墓碑，唐伯虎嘟囔着："莫非我真的是白虎星转世吗？"

我们经常叫唐寅为"唐伯虎"，那个时代的人经常叫他"唐子畏"或"唐解元"，其实，最应该叫的却是"唐白虎"。当我们查看唐伯虎画作的时候，你会发现一个奇特的现象，从现存的画作看，除了17岁的作品《贞寿堂图卷》（现藏于故宫博物院）、29岁的作品《虚阁晚凉图》（1499年农历12月底或1500年1月。一部分人认为是伪作，其原因那时科考舞弊案刚过去，他恐难有此心情；其二就是他题字的书体与23岁以后的其他作品完全不同）外，唐伯虎的绝大部分画作，用的都是"唐白虎""唐白虎诗画印""唐寅私印""南京解元""逃禅逸吏"等落款，没有看到过用"伯虎"或"唐伯虎"的章和字款。

以"唐白虎"印留世的就有：《震泽烟树图》《幽人燕左图》《关山行旅图》《松间草阁图》《毅庵图》《东篱赏菊图》《江南农事图》《临流倚树图》《杂卉烂春图》《王蜀宫妓图》《摹韩熙载夜宴图》《林李公麟饮中八仙图》《骑驴思归图》《悟阳子养生图》《钱塘景物图》《函关雪霁图》《风竹图》《秦士图》《云山图》《西风吹叶图》《桐山图》《空山长啸图》《野亭霭瑞图》《葑田行犊图》等。

这是为什么呢？按理说，白虎星是煞星，是凶星。然而，唐伯虎却以此为名，可以说这本就透着一股邪气、一股强大的自责感。其实，我们常人也是如此，有的人人生三大悲——少年失怙、中年丧妻、老年丧子都遇到了，他就经常自我解嘲："哎！我真是命硬呀！"唐伯虎也是人，也会自我解嘲。

现在我们就来看看这篇墓志铭《唐长民圹志》，请注意黑体字。

长民，余弟申之子也，母姚氏。余宗不繁，自曾大父迄先府君，无有支庶，余又不育，暨有此子也，兄弟骈肩倚之。年十二，颖慧而淳笃，在父母侧，未尝仰视跛步，读书夜必逾甲乙，其兴亦未尝至漏尽也。有间必诣余，是外更无他适。**余每心计曰："唐氏累世植德，耳目可指摘而言者五代矣。同门巷途，称为善士，无有间言。天必佑之，振起其宗。"**及余领解都下，顷以口过废摈，而犹冀有此子也。今不幸以死，又将何所赖也？**岂余凶穷恶极，败坏世德，而天将蔺其宗耶？**而余束发行义，壶浆豆羹，兄弟欢怡，口无苇言，行不诡随，仰见白日，下见先人。无怼于衷，昊天不聪，丧吾犹子，诚为善之无征矣。

于乎冤哉！呜呼痛哉！卜以卒之年正德戊辰（1508）九月丙午，去死之日凡三月，葬城西五里晋昌旧阡殇之穴。陵谷迁移，志铭圹首，呪笔命词，涕之无从！铭曰：昊天不聪，翦我唐宗，冤哉死也，斯童！兄弟二人将何从？维命之穷！

唐伯虎写的这篇墓志铭，先是介绍侄儿父母，之后说家族人丁不旺。紧随其后对侄儿夸奖一番说他聪明，在父母的督促下必然会成为家族的希望。而如今却夭亡，难道是因为过去的我造孽太多，做了许多不符合礼法的事情败坏了世风，老天爷在惩罚我们唐家？我们兄弟二人自从成人后品德和行为都能对得起天地和先人，怎么能这么惩罚我们唐家呀！我觉得冤呀！痛呀！长民六月亡故，九月我们将他埋葬在城西五里地外的家坟内。现如今需要迁墓，我为他写墓志铭，边写边泣，痛苦难忍，唯有写下如下话语：

老天爷呀你不辨是非，剪掉了我唐家的血脉，冤呀！冤呀！你看看呀，这里埋葬的人还是个小孩呀！如今，他走了撇下我们兄弟二人，我们日后可怎么过呀！哎！我们的命简直苦到了极点！

悲痛总会过去，只要你足够坚强。可以想见，若不是有沈九娘在的话，唐伯虎能否挺得过这一关也未可知。然而，唐伯虎毕竟是唐伯虎，他在爱情的扶助下挺过了这一关，迎来了四十岁大寿。而在这之前，他接到了一个绝好的礼物。

第四章
两个时代夹缝中的悲剧才子的悲剧人生

新时代的奇葩们

在唐伯虎的诸多朋友中,祝允明和张灵两个人跟他最相近。张灵比唐伯虎、祝允明更消极、更前卫。

据《吴郡丹青志·张灵》记载:"张灵,字梦晋,家与唐寅为邻。两人气志雅合,茂才相敌,又俱善画,以故契深椒兰。灵画人物,冠服玄古,形色清真,无卑庸之气。山水间作,虽不由闲习,而笔生墨劲,斩然绝尘,多可尚者。灵性落魄,简绝礼文,得钱沽酒,不问生业,嘐嘐然有古狂士之风。为郡诸生,竟以狂废。"

癫狂三人行

按照辈分，张灵和唐伯虎应该以叔侄论。张灵拜祝允明为师，老师不像老师，学生自然不像学生。祝允明比唐伯虎大10岁，唐伯虎比张灵也大几岁，都才气横溢而又玩世不恭，三人以兄弟相称，放浪不羁，游戏人间。张灵在酒席间作诗《对酒》，其中曰："隐隐江城玉漏催，劝君须尽掌中杯。高楼明月笙歌夜，知是人生第几回？"

此时明显带有道家人生苦短不如及时行乐的观点。张灵虽然出身贫寒，却经常流连于酒肆青楼间，丝毫不去顾忌高堂的温饱冷暖。就连同样出身贫寒的徐祯卿都对此气愤不已，劝曰：

> 咄咄张竖生，时命何迫窘；狂趋欲何之，家无斗石储，为汝戚戚复戚戚。抚畜老幼当从何？须晨起，弗踽踽，且往探囊赍，空负文史腹，肠枯竟奚为。

从"竖生""空负文史腹，肠枯竟奚为"看，徐祯卿已经不是一般意义上的劝谏，而是批判甚至指责。

唐伯虎对于张灵的行为，似乎保持着一种默许状态，至少在诗文上我们看不出有何批判。

三人疯癫的状况，最严重的时候，据说曾在荷花池中裸体嬉戏。然而，从当时情景推断，这个大约仅是传闻，因为，祝允明裸体狂书是在家中，唐伯虎见状都为之大吃一惊。大庭广众之下，三人做此惊人之举，就连现代人都难免为之脸红，唯有所谓的行为艺术家才能偶尔为之。但三人在一起经常做些惊世骇俗的行为，那是肯定的。

例如在《唐伯虎轶事》卷二《遗事》"外纪"条中就记载着："伯虎与张梦晋、祝允明皆任达放诞，尝雨雪中作乞儿鼓节，唱莲花落，得钱沽酒于野寺中痛饮，曰'此乐惜不令太白知之！'"

唐伯虎之所以能够最终成为天才，他的引路人祝允明功不可没。可以说，在唐伯虎的众多朋友中，精神上的第一朋友是祝允明，生活事业上的第一朋友则是文征明。

精神之友祝允明

祝允明生于1460年，年长唐伯虎10岁，乃是"吴中四大才子"中叔叔辈的人物，年长唐伯虎和文征明10岁、徐祯卿19岁。然而，这位叔叔却是位"老顽童"式的人物，玩儿起来比唐伯虎还要疯。武有许褚裸衣战马超，文有祝允明裸体书法。祝允明可比许褚脱得彻底，许褚是裸上衣，他却是裸全身。

某年夏，热浪让人恨不得脱去所有外衣，然而，因为世俗理念的限制。每个有头有脸的人都不敢如此作为，在下人面前仍然要长袍头冠整齐，显示出名人高士的作为。祝允明则不然，他是赤条条地手握大笔，挥汗作书。而这时，好朋友伯虎因为太熟悉了，便没通报径直进入书房。

唐伯虎猛然一见，也是大吃一惊。"啊啊"了半天，见祝允明并不理睬，时而做沉思状，时而做疯狂状手舞足蹈抓耳挠腮，光臀四动，煞是让人喷饭。祝允明因为太认真了，墨汁时不时地点到身上。突然间，祝允明不知为何将毛笔送入了口中。"哎呀！"祝允明大叫，满嘴黑墨。唐伯虎见状哈哈大笑。

祝允明猛听后面有人，下意识地捂住隐秘之处，回头一看是唐伯虎，先是尴尬一笑，其后索性张开了手。

"子畏，你笑什么！有啥可笑的。"

"笑你一丝不挂，你呀无衣无褐，何以卒岁？（连粗布衣服你都混没了，以后的日子你可咋过呀！）"

"哈哈，岂曰无衣，与子同袍。（谁说没穿衣服，我和你可以穿一身儿呀！）"

二人说罢，搂着肩一起谈书法艺术去了。

这就是唐伯虎和祝允明的关系，二人在一起不必拘泥于礼教。正是因为两个人的见面，唐伯虎世俗的心态里便有了不一样的天空。因为祝允明外祖父"大奸臣"的不好名声，因为祝允明老师沈周"终身不仕"的思想，祝允明早年就很崇尚道家自然、快乐享受的思想。

他们相识是在唐伯虎9岁之后、与沈周学画开始，大概是12岁左右。那个时候的唐伯虎显然在苏州小有名气，诗书画在他的年纪中已属上乘，被人誉为"神奇小子"的可能性很大。当然，也有可能是祝允明闲来无事去酒馆喝酒，突见唐伯虎"小才子也"，因此，前往唐家拜访，非要拉着小唐伯虎一同做朋友。二人交友其实也很正常，因为，既是才子，又是官宦之后。

自此，二人有了长达四十年的朋友情谊。那个时候，祝允明脱离了雄厚家庭背景的羁绊，而唐伯虎则是经受很大挫折后才脱离了功名思想。二人的功名思想，除了受主流思想影响外，二人的赫赫家庭背景更是关键，"不辱没祖先"的思想贯穿了他们的头脑。

首先看祝允明，因为祝允明家七代为官，被人称为"魁儒家庭"。祝允明的老丈人李应祯官居太仆少卿、广西左布政使。他的外祖父徐有贞特别有名，他曾帮助在土木堡被瓦剌生擒的明英宗复辟，并且力主杀害大忠臣、民族英雄于谦，可以说他是一个不折不扣的大奸臣。正因为有着这么个背景，造就了他在官场上的不如意，虽然外祖父当官类似于丞相（首辅）的高官，但官声太差使后代子孙受天下人白眼。

不过徐有贞虽然是奸臣，但书法却非常好，行草天下闻名。这也奠定了祝允明在书法上的喜好程度，正如著名的明代文坛领袖王世贞在《艺苑卮言》中所说："天下书法归吾吴，祝京兆允明为最，文待诏征明、王贡士宠次之。"他是当之无愧的"为国朝第一"。

另外，构成祝允明性格洒脱、无拘无束的原因也在于家庭环境。生母16岁时病故，父亲祝瓛和祖父祝颢在其24岁时先后去世。

再说唐伯虎，唐伯虎的家庭背景是"四大才子"中门第最高的。唐伯虎的远祖可以追溯到唐雎（战国时魏国人），后来迁居到江苏的沛国，六世孙唐都任四川的临邛令。唐都之孙唐林被封为建德侯，其后因为其子唐蔚被废迁移到河南的颍川。唐蔚之三世孙唐帽任会稽（今属浙江）太守，唐帽之子唐翔任丹阳（今安徽当涂县东北）太守。唐翔之子唐固，任三国时孙吴政权的尚书仆射，主管内政。

唐固三世孙唐彬任晋镇西校尉、上庸襄侯，其子唐熙把家迁到了甘肃凉州，其子唐郓任前凉凌江将军，从凉州迁居晋昌（山西定襄县西北），由此，才有了唐伯虎经常津津乐道的"晋昌唐伯虎"。唐郓曾孙唐瑶、唐咨都做过晋昌太守、永兴侯。唐咨的孙子唐褒受封过晋昌公，成为国家柱石性的人物。唐褒的第四代孙唐俭，在隋唐时期曾经随唐太宗一起起兵晋阳，受封为莒国公，位列"凌烟阁二十四功臣"的倒三，功在徐懋功和秦琼秦叔宝之前。

北宋后南迁到了南方，唐伯虎一支自从南迁之后几经动荡，家业不兴，逐渐衰落，人丁更不兴旺。

由此，可见二人都有"不辱没祖先"的思想，而唐伯虎的家庭背景更深厚，所以他的思想更深刻一些。而祝允明呢，虽然因为外祖父官声不好对科举并不太热心，但最终仍然被"不辱没祖先"的思想束缚继续参加科考，当了一名县令。

唐伯虎与祝允明成了朋友后，迅速变"坏"。唐广德夫妻看在眼里，恨在心里。因为，祖上的光荣，现实的境况，夫妻二人把一切希望都寄托到了唐伯虎身上，将其视作改换门庭、重归官宦之家的希望。

祝允明总是劝说唐伯虎：人生在世转瞬即逝，人的生命太过短暂和虚弱。既然人生短暂，怎能不好好地生活？即使你心怀万丈雄伟，就算你想出人头地，但也不能把自己固定在小的天地里，一定要多多地出去走走。因为常把自己固定在一个小的天地里，就会使自己眼光短浅，心胸狭窄。

唐伯虎科考

唐伯虎自幼被视作神童，很厉害了吧。而祝允明刚一出生就被人视作灵慧之人。其原因很简单，他是个"六指"。这个人在文学艺术道路上确实是牛人。"五岁能作径尺大字"，九岁能诗。可以说论书法，他是天下第一。但其思想却也特别怪异。因此在祝允明的影响下，唐伯虎迅速有了"行为乖张"的称号，又迅速结识了其他文人义士，例如文征明、都穆、杨循吉等。因为和文征明相识，唐伯虎也自然认识了文林，文林立刻对其产生了好感。一班好友在一起非常快乐，那时的唐伯虎并非后世的唐伯虎那样不服礼教。至少相对于其他才子，他还不算太过离谱。

但这些怪异的行为，在他的父亲母亲眼中可是大逆不道的事情。因此，迅速催促他考取功名。唐伯虎便在父母的催促下于16岁参加童子试，一举夺得"秀才第一"的雅号。

考试成功的唐伯虎，立刻迎来了乡亲们的夸耀、朋友们的羡慕，因此，渐渐地又开始经常出去和朋友们聊天、饮酒、作诗、写对子，渐渐地又再次荒废了功课。偏巧此时，邻居家的兄弟中了举人，那风光劲儿更使得唐广德夫妇百爪挠心般着急。于是，在唐伯虎19岁的时候为他成了亲，娶了徐延瑞徐秀才的二女儿为妻。

经过几年的夫妻生活，唐伯虎的乖张气仍然没有消融，唐广德夫妻那是打也不是骂也不是，毕竟已经娶妻了，总不好再像管教小孩儿那样管。而这时，他们非常反感的祝允明却突然转变了。

祝允明在此时也不知道哪根筋转了，也开始撺掇唐伯虎考取功名。唐伯虎当时也非常纳闷儿，"这六指儿是怎么了？跟往常大不一样呀"。不久，唐伯虎惊讶地知道，祝允明竟然又参加了考试，并且顺利地拿到了考试资格，并于1491年乡试成功，1492年会试成功，被封官为广东惠州府兴宁知县。而之前，他也经历过数次科考，但总是抱着嘻嘻哈哈的心态，不想这次他竟然努力了。

得知消息的唐伯虎，为之一震，便开始了新一轮的奋发图强。然而，就在他按照父母的理想奋进的时候，1494年家中连遭变故——父母、妻儿、妹妹五亲相继而亡，七口之家变成了两口之家，唐伯虎顿时乱了方寸，无心科举。正在这时，祝允明来信劝他努力考取功名以让五亲得以欣慰。

正是在这种情况下，唐伯虎决定豁出命去也要考上进士。这段时期，他的精神状态可以用日后写作的《白发诗》窥知：

> 清朝搅明镜，元首有华然。
> 怆然百感兴，雨泣忽成悲。
> 忧思固逾度，荣卫岂及哀。
> 夭寿不疑天，功名须壮时。
> 凉风中夜发，皓月经天驰。
> 君子重言行，努力以自私。

此时的唐伯虎因为亲人离去，极为悲伤。我揣度：尽管他没有为儿子的死作诗纪念，在他的内心，想必此痛之大，大到不敢触及的地步。对于妹妹的死，他也是抱有无尽的歉意。父母妻儿死后，想必家中极度缺钱，毕竟丧葬费是一大笔钱。而平时不理家务的唐伯虎，也确实没有能力维持家庭，便草草地把妹妹嫁了出去，得了一大笔彩礼钱。哪知不到半年，妹妹就因为难以忍受丈夫的胡作非为上吊自杀了。

可以想见，一连串的打击使他极度自责、后悔、悲伤。清晨起来梳洗却发现镜中的自己白发已然多半，不禁百感交集，伤心得大哭一场。

哎，命也命也。不要再疑惑是不是老天爷在捉弄自己，还是赶紧趁着时光考取功名吧。凉凉的夜风吹动他的白发，抬眼望着圆月，他不禁慨叹：只有符合天道才可长久。君子要谨记自己的作为，把过往曾经自己的宏愿实现。

当唐伯虎想到父母对他的期望后，他决计痛改前非，向科场之路进发。然而，天不遂人愿。起先是1497年监察御史方志到江南视察教育工作，可惜方志是位卫道士，主张"先德行，后艺文"。听说了唐伯虎、张灵二人的劣迹之后，扬言这二人绝不录取。果然，在此后的"预考"中，二人都名落孙山。若不是文林、文征明的帮助（方志最终将唐伯虎放在了最后一名，张灵因为没有人脉仍然落榜），唐伯虎根本就无法进行乡试。

其后，乡试完毕后又因为自己太过招摇，险些命丧南京。再之后便是科考舞弊案，一连串的打击使得唐伯虎离当初的誓言越来越远。当南昌之行断了最后的功名之路后，唐伯虎彻底绝望了。

彻底与时代隔离

当人生来到末年的时候，唐伯虎又写了一首《白发》，其词曰：

白发日较短，吾生行衰暮。囊无神仙药，此世安得度。

灭没光景促，人生草头露。年少轻前途，老大戒末路。

蹲下扫陈迹，结履学新步。奔波敢自恕，五十舜犹慕。

大孝终立身，匪犹官资故。黾勉达巷旨，庶不忝吾父。

哎，白发越来越多了，我的生命已经接近尾声。可惜呀，我没有神仙药让我成为不老之人，更不可能飞升成仙。我能够存活在世间的时间越来越短了，就好像一个人在急切地催赶着我"你快死了，你快死了"，我看到了我坟前的枯草，那将是我最后的家。哎，年少时我放勒不羁，认为前途光芒无限，可如今的我却要经常告诫自己不要走上穷途末路……

可以说，在人生暮年，唐伯虎对自己的现状非常不满，不满的原因就在于最后两句话：为了达到父亲（巷，本人认为指代的就是父亲）的期望，我已经非常勤勉地做了，可惜作为平头百姓的我实在觉得对不起父亲。

由此可见，唐伯虎的功名心其实指代得很明确：为了父亲。

唐伯虎一直觉得对不起父亲，当父亲在酒馆中劳作的时候，自己在外逍遥快乐；当父亲在为自己的前程操碎了心的时候，自己仍然在厮混。他的功名之心、功名之路，全都是为了弥补对父亲的心理亏欠。

而当他以这个目的行进在官场之路的时候，他已然脱离了世俗。

转眼到了1509年元旦，毫无喜气的桃花庵更多的是悲伤与难过。朋友们大多远在他乡，张灵则不知又去了何处游玩。孤单寂寞中，唯有沈九娘相伴。

"伯虎，"沈九娘将手轻轻地放在他肩头，"今天是元旦，该有些喜庆的样子了！"

"是呀！听说，文贤弟（即文征明）回来了。你还不去看看他！"沈九娘有意识地提醒着他。她知道二人失和的原因，她不会怪文征明，因为，绝大部分人都反对他们在一起。她也知道，唐伯虎非常想见老朋友。然而，天生敏感、自傲的他，仍然难以拉下脸来去主动求和。

"哎！不见了，不见了。"唐伯虎的表情有些木然。

"长民已死！我们兄弟又无后了。"唐伯虎再次下意识地念叨着，这几天他一直在无意间重复着这句话。

一阵很久很久的沉默。突然，门外人声嘈杂，大人说话，小孩儿欢叫。

"慢点儿，慢点儿！"声音传来，唐伯虎猛然站起，但旋即狐疑地看着沈九娘。

"我听错了吗？我听错了吗？好像是征明的声音！"

沈九娘的眼在转动，泪水在飞流。她重重地点了点头。唐伯虎连忙小跑着来到门前，打开了门。而这时，门前站着一位中年人，正举手欲拍打小门。

"征仲！"（文征明，本名文壁，字征明，又字征仲）唐伯虎话音刚落。

文征明哈哈大笑，转身招呼着后面的人，"快叫伯伯，来来，快叫呀！"

随着或是少年温柔音，或是少儿奶柔音的传来，唐伯虎和身后的沈九娘欢笑不止。这时，唐伯虎又看到了唐申和他妻子姚氏。沈九娘连忙上前拉住了姚氏的手，姚氏连忙道"嫂子"。

唐伯虎欢喜得不得了。他觉得此时的他如入梦中。自从与文征明失和后，三年来虽然偶有合作、游玩，但都是在朋友们的力邀之下才聚在一起，根本没有主动相聚过。而与唐申，虽然失和后也常常交往，但兄弟之间的芥蒂已有。长民死后，两家才刚刚走动有些多了，但唐申和姚氏总是透着一股怨气。

两姓三家人便这样聚在了一起，顷刻间清冷的两口之家变得热闹非凡。姚氏、沈九娘和文征明的妻子连忙出去忙活，文征明让孩子们出去玩耍，三人坐在一起开始叙旧。三人都有意谈过往幸福的岁月，不去触碰三年前的不快。文征明谈话间，看了看唐伯虎。

"子畏，看你身体好像不是太好，你要多加注意。我与子重（唐申的字）已经商量好了，过去的事儿都不要再想了。你们兄弟二人谁对谁错都不重要，作为兄长你是否对得住兄弟子重自知，兄弟对你如何你也知晓。长民之死，使他想到了当年你向我求助的场景。子重也道'兄长志高面薄，能如此低语匍匐已属罕见'，仅为此他也要向你说声'对不起！'"

唐申闻听，连忙起身。"大哥。征仲哥把你当年写给他的信交给我后，我才知道你多年的苦。我确实怨恨过你，姐姐、嫂嫂、侄儿的死与你有关，但事情已经过去，总是纠缠也是无益。从今往后，我们兄弟还像以前一样！"

唐伯虎闻听连连点头。

"多谢，多谢！"唐伯虎冲着文征明作揖答谢。

饱含热泪的唐伯虎回忆起了过往的文征明。文征明真是可以称得上一位最值得所有人交的朋友呀！他真是文人中的异类，不但是一个大才子，而且还是一个大好人。他的一辈子没有为了功名溜须拍马过，没有说过别人的不是，没有害过别人，没有做过一件对不住自己理想的事情。而且为人非常精明，可以说明察秋毫，每到关键时刻从来不糊涂。

小商人唐伯虎死于经商失败

1509年9月前，唐伯虎的画作生意兴隆，可以说财源广进。如此一来，他便长得白白胖胖起来。例如1509年一年他便创作了《桃花庵图》《春风第一枝图》《梅花图》《莺莺小像》《秋林野舆图》《唐寅四旬自寿山水》《槐荫高士图》《班姬团扇》《桃渚图》（沈周、文征明、周臣、仇英合作为盛桃渚做寿）《秋林野兴图轴》《玩鹤图》（与仇英合作）《竹炉图》《文会图》《荆溪山水图》《青绿山水册》等。

然而，一次天灾使得唐伯虎的生活状况急转而下。

苏州大水冲毁了繁华

1509年9月，吴中大水。苏州城里城外一片哭号声，城外的人纷纷涌入城中。有钱人家家大业大房子牢固，再加上城墙高大安全算是有了保障。然而，大水终是入城了，贫穷人家房倒屋塌狼狈至极。顿时,唐伯虎的状况也和大部分苏州人一样,开始了拮据的日子。大水期间,忙着抗洪;大水过后,家家户户都有损失,一时间买画的人骤然减少。沈九娘在这一年也身染重病,真是雪上加霜。病情稍有好转,沈九娘又投入到了筹计家用中。

目睹着当年繁华无比,而今却狼藉一片、惨惨戚戚的苏州,唐伯虎接连接到朋友们的邀请,希望用诗词歌赋的形式,互相慰藉一下。唐伯虎去是自然去了,但他却有一个计划,他要把眼前的光景用书画的形式展现出来,让后人珍惜美好的家园。

正如张丑(1577—1643,原名谦德,字叔益,又字青甫,号米庵,昆山人)在《清河书画舫》(1626年成书)中说:"当正德己巳,吴中大水,时有宗让者,适居相城,不无牢愁骚屑之感,一时士大夫若王文恪辈,争为歌诗慰藉之。独子畏先生既成有声之画,复构无声之诗,殆是诗中画,画中诗,恐摩诘(王维)复生,子畏无多让也。暇日出示张进士伯起,谓其天真烂发,逸趣宛然。一段萧疏清旷之气,出没于烟波柳岸间,使人应接不暇,藉令营丘(李成)、北苑(董源)、松雪翁(赵孟頫)极意为之,亦自不远,真神笔也。"

天空中淡淡的云儿偷望着世间的悲惨,高山旁东倒西歪的树儿在抚摸着裸露的根。大水仍然在咆哮,吞噬着世间的生灵。虽然,画面上没有显示一个人的存在,但整幅画卷极为沧桑悲凉。唐伯虎的心情如同画作一样,低沉而又悲痛。

其后,唐伯虎的画作急剧减少,主要原因是生计问题。唐伯虎把主要精力放在了卖画、卖扇面、给人写墓志铭、写戏曲曲艺的唱词并义演上,朋友之间的应酬减少,因此,留下来的作品较少。

就在唐伯虎过着清贫的日子,整日里都在喝粥咽糠的时候,他的爱妻沈九娘，也因为长期的营养不良在1512年故去了。

然而，即使是这样的情况，唐伯虎仍然没有改掉自己的爱好：喝酒。而从那个时候起，唐伯虎的酒反而喝得更勤、更多了。这并非是唐伯虎无情无义，相反，和他当年"五亲俱亡"之后继续流连于青楼楚馆一样，都是一种愁闷无法解脱的表象，他恐怕有一种用酒杀死自己的想法。

他对于酒除了一种无法解脱的苦闷以外，其实还有一种思想积淀在起作用。这种思想积淀就是在儒家思想统治下的许多才子，看到了一些高高在上的人的一种"伪善"，联系自身的苦难、社会的不公平等产生的一种"消极避世"思想。但因为人性所在，儿子、父亲的责任又必须承担，两种思想相碰撞，只能用酒来麻醉自己。

因为上述两种苦，唐伯虎才日日饮酒，时时举杯，唱出了"酒醉还来花下眠"的千古哀音。

酒醉还来花下眠

现在我们非常熟悉的一句话叫作"与其身后万世名，不如手中一杯酒"，其实，这句话出自张翰之口。张翰，字季鹰，西晋时的文人，此人作诗不拘一格，人称"江东步兵"（"竹林七贤"之一的阮籍听说兵部有美酒便主动去当步兵校尉。江东步兵，即江东的阮籍）。因为行为做事非常自我，许多人都看不惯他，因此，有人质问他："卿乃可纵适一时，独不为身后名邪？"（你小子别看现在放纵一时，你难道不顾及一下死后的名声嘛！）

张翰闻听，哈哈大笑，"使我有身后名（另一版本为：命名我

有身后名），不如即时一杯酒！"（哈哈，就算我死后有名那有啥用，简直不如现在我手中的一杯酒有用）

唐伯虎完全继承了张翰的这一思想，他对酒情有独钟。

年少时日日夜宿青楼，时时不离酗酒高歌。五亲离世后，断过青楼一阵却未断过酒；科考舞弊案、妻子离去时、侄儿去世时，甚至妻子沈九娘病故后仍然不曾断过酒。

唐伯虎如此，他的朋友们自然也是如此，特别是祝允明、张灵这对师徒。例如祝允明，原来祝允明也戒过酒，然而戒了两年重又复饮，结果酩酊大醉，所以他特别写下了《醉》这首诗，诗曰：

> 醉来中岁里，那复有童心。只觉忘人我，何为更古今。山河秋兀兀，星露夜惛惛。惆怅惟陶阮，悬知磊魄襟。

祝允明跟唐伯虎一样，对于"饮中豪杰"李白都非常钦佩，因此，便留下了《济阳登太白酒楼却寄施湖州（聘之）》一首：

> 昔闻董糟丘，尝为李白天津桥南造酒楼。人间二子不可见，唯有杰句挂余心肺烂烂珊瑚钩。长安风沙住不得，南归再卧苏台秋。泊舟济阳城，买酒销客愁。登楼拜先生，晋爵浇黄流。知章不语先生笑，飞花乱扑过楼头。金陵更无凤凰游，岳阳莫将黄鹤留。乡关浮云蔽落日，题诗却寄施湖州。余为先生牛马走，湖州乃是贺老俦。西塞山，杜若洲，与尔相期钓鳌去，千年江海同悠悠。

祝允明饮酒的诗非常多，在此我们仅举这两例而已。祝允明晚年比唐伯虎更疏狂任性，挥霍无度，以卖字得钱用来饮酒作乐，每次把钱花光为止，或把钱散给客人，自己不留分文，以致日益贫困。有时出门时，债主群集其后，他反而更加高兴，时而与之玩笑，时而装疯卖傻。

张灵更是如此，酒在面前，什么老师祝允明，什么叔叔辈的街坊大哥唐伯虎统统不管。抢酒、斗酒、摁着脖子罐酒那是太平常不过了。当然，他也有诗作留存，例如《对酒》：

隐隐江城玉漏催，劝君须尽掌中杯。

高楼明月笙歌夜，知是人生第几回。

唐伯虎、祝允明、张灵等吴中文人，见惯了一些儒家子弟口中喊着儒，背地里却干着男盗女娼的丑陋事情。这种道貌岸然的现象，使他们感受到了一种愤怒。然而，对于这种主流思想的钳制，他们无法摆脱。因此，便在心学的影响下做出了种种常人难以想象的行为，而酒就是这种思想发泄的最佳路径。

酒前更癫狂

发泄可以让人充分放松，把自己的真实想法绽放在人们的眼前。这个时候的唐伯虎，才不是官方压制的唐伯虎，也不是民间神话了的唐伯虎，而是真正的唐伯虎。他敏感，做事不按礼教，放勒不羁。

有这么一首《把酒对月歌》便将唐伯虎的狂淋漓尽致地展现在我们面前。因为，在此诗中，他竟然向自己的偶像李白抛去了轻蔑的眼神。

李白太有名了，有名得根本无须介绍，"千古第一诗人"的称谓，恐怕绝大多数人都能同意。此君与酒的关系更是密切。杜甫称曰："李白一斗诗百篇，长安市上酒家眠。天子呼来不上朝，自称臣是酒中仙。"面对皇帝李白仍然酒气十足。

对此，唐伯虎无限钦佩，他也曾月下独酌，因此自然也就有过

"对影成三人"的笑谈。他对李白的钦佩是由衷的，然而，即使面对自己的偶像，唐伯虎仍然有一种天然的傲气，请看他的《把酒对月歌》：

> 李白前时原有月，惟有李白诗能说。
> 李白如今已仙去，月在青天几圆缺？
> 今人犹歌李白诗，明月还如李白时。
> 我学李白对明月，月与李白安能知？
> 李白能诗复能酒，我今百杯复千首。
> 我愧虽无李白才，料应月不嫌我丑。
> 我也不登天子船，我也不上长安眠。
> 姑苏城外一茅屋，万树桃花月满天。

唐伯虎开始便说对于月的吟咏，李白是唯一能够写出的。可以说开篇就把自己的偶像捧到了"天下第一"的地步。然而，紧随其后，他又说此时我站在李白曾经咏月的地方，不知道月亮和李白能不能知道呀。李白又能写诗又能喝酒，我可比不了，他"斗酒诗百篇"，我能"杯酒诗十篇"。一个是斗酒，一个是杯酒。我虽然在李白面前很惭愧，但我想在月宫中与嫦娥相伴的李白恐怕也不会嫌我丑。

可以说，话到这里我们可以看到，唐伯虎是一个很自负的人，在最后直接指出李白不如自己——"不登""不上"。后世有人觉得那是唐伯虎吃不着葡萄说葡萄酸。然而，以当时唐伯虎的精神状态，他认为李白的功名之心太过，他去天子船本身就是一个错误，不如自己与大自然零距离接触好。看到这里，熟知唐伯虎故事的朋友会微微一笑，因为，唐伯虎与他的偶像实在太像了——狂傲之徒。

当然，自负归自负，论诗才李白高的不是一星半点。请看，唐伯虎模拟李白的《将进酒》，二人无论在气势、意境、让人易于理解等多个角度，可以看出，唐伯虎的诗才相去甚远。然而，与李白较力失败，那太正常了，毫不丢人。不信，我们再看看白居易的《劝酒歌》，可以说唐伯虎的诗才居两者间。

李白的《将进酒》：
  君不见黄河之水天上来，奔流到海不复回。
  君不见高堂明镜悲白发，朝如青丝暮成雪。
  人生得意须尽欢，莫使金樽空对月。
  天生我材必有用，千金散尽还复来。
  烹羊宰牛且为乐，会须一饮三百杯。
  岑夫子，丹丘生，将进酒，杯莫停。
  与君歌一曲，请君为我侧耳听。
  钟鼓馔玉不足贵，但愿长醉不愿醒。
  古来圣贤皆寂寞，惟有饮者留其名。
  陈王昔时宴平乐，斗酒十千恣欢谑。
  主人何为言少钱，径须沽取对君酌。
  五花马，千金裘，呼儿将出换美酒，与尔同销万古愁。

白居易的《劝酒诗》：
  劝君一杯君莫辞，劝君两杯君莫疑，劝君三杯君始知。
  面上今日老昨日，心中醉时胜醒时。
  天地迢迢自长久，白兔赤乌相趋走。
  身后金星挂北斗，不如生前一杯酒。

唐伯虎的《进酒歌》：
  吾生莫放金叵罗，请君听我进酒歌。

为乐须当少壮日,老去萧萧空奈何?
朱颜零落不复再,白头爱酒心徒在。
昨日今朝一梦间,春花秋月宁相待?
洞庭秋色尽可沽,吴姬十五笑当垆。
翠钿珠络为谁好,唤客那问钱有无。
画楼绮阁临朱陌,上有风光消未得。
扇底歌喉窈窕闻,尊前舞态轻盈出。
舞态歌喉各尽情,妖痴索赠相逢行。
典衣不惜重酤酊,日落月出天未明。
君不见刘生荷锸真落魄,千日之醉亦不恶;
又不见毕君拍浮在酒池,蟹螯酒杯两手持。
劝君一饮尽百斗,富贵文章我何有?
空使今人羡古人,总得浮名不如酒。

古今才子皆爱酒

"古今才子皆爱酒",也许这句话说得有些绝对,然而,对酒的讴歌一直没有停过。因为,酒可以掩盖悲苦,暂时换得快乐。例如《诗经》中便有"子有酒食,何不日鼓瑟?且以喜乐,且以永日"之句。特别是唐末诗人罗隐(833—909)的《自遣》(得即高歌失即休,多愁多恨亦悠悠。今朝有酒今朝醉,明日愁来明日愁)一诗出炉后,更是成为许多人的座右铭。

同时,人们也看到了"一将功成万骨枯"背后的阴险,正如辛弃疾的《破阵子》所说:"了却君王天下事,赢得生前身后名,可怜白发生!"为了皇帝的宝座,赢得了后世的名声,那有什么用?我老了!

而唐伯虎对此也有深切的感怀，如他的清曲《沽美酒》：

绾垂杨赠别离，听寒鸦似悲啼。满目风光助惨凄，伤情只自知，欲诉待凭谁？有日嫁儿郎，新婚宴尔，怎知俺愁中滋味。我呵！恨无能比翼并栖，空独自屈指佳期。

呀！猛惊看青衫泪湿！

可以说，那个时期主流思想所提倡的"高大全"，在许多文人眼中抵不过一块遮羞布。例如，唐伯虎就将子弹攻向了孔子等名人大贤，请看他的《无题》：

人生在世数蜉蝣，转眼乌头换白头。百岁光阴能有几，一张假钞没来由。当年孔圣今何在，昔日萧曹尽已休。遇饮酒时须饮酒，青山偏会笑人愁

然而，这又能怎样呢？在他们面前摆放着一个命题，皇帝面带不屑地说："选吧，你们！"

存在与死亡！在人们面前摆放着，选择什么？很简单。所有人都希望活着，然而活着却是痛苦的。因为，世上的黑暗太多了，而自己却不能消灭它们。因此，只能让自己麻醉，让自己喝死。喝死不需要勇气，但自杀却需要极大的勇气。

正如唐伯虎所写的《渔家傲》那样，酒醉之后希望能成仙，逃离这世间浮云：

世泰时丰刍米贱，买酒颇有青铜钱。夕阳半落风浪舞，舟船入港无危颠。烹鲜热酒招舍己，沧浪迭唱仿扣舷。

醉来举盏醉明月，自谓此乐能通仙。遥望黄尘道中客，富贵于我如烟云。

由此，唐伯虎迷恋起了道教、佛教。然而，这些其实仅仅是表象而已。实际上，他仍然痛苦不堪。正如他的《醉时歌》所写

的：

> 纷纷眼底人千百，或学神仙或学佛。学仙在炼大还丹，学佛来寻善知识。彼要长生享富豪，此要它生饶利益。忠孝于其道不同，且把将来挂东壁。我见此辈贪且痴，漫作长歌解其惑。学仙学佛要心术，心术多从忠孝立。惟孝可以感天地，惟忠可以贯金石。天地感动金石开，证佛登仙如芥拾。

唐伯虎在青楼疯狂饮酒的同时，也在消耗着自己的健康，例如《醉诗》所写：

> 碧桃花树下，大脚墨婆浪，未说铜钱起，先铺芦席床。
>
> 三杯浑白酒，几句话衷肠。何时归故里，和她笑一场。

赏花时也饮酒，这类诗词多达三十首提到了酒，仅举一例《花下酌酒歌》：

> 九十春光一掷梭，花前酌酒唱高歌。枝上花开能几日，世上人生能几何。
>
> ……
>
> 好花难种不长开，少年易老不重来。人生不向花前醉，花笑人生也是呆。

高兴时写，痛苦时写，总而言之，酒不离身成为四十岁后唐伯虎真实的写照。他宁愿醉生梦死，也不愿清醒地活着。

其实，这种对酒的态度即使今天都不落后。因为，不好的事情永远会存在，所以忧愁永远不会消解。

阳间地府俱相似，只当漂流在异乡

时光在不以人的意志为转移的情况下，快速地进展着。唐伯虎的身体一天不如一天，祝允明和文征明等朋友远在他乡，张灵、徐祯卿、朱存理等朋友死的死病的病，其他的朋友混得比他还惨，唯有都穆衣锦还乡，但二人早在十多年前就已经不大走动了，至于吴宽等长辈们则基本上全都去了极乐世界。"百年强半"的唐伯虎，经常觉得"来日苦无多"。

自从科考舞弊案后，游戏人间又20多年了。孤独的唐伯虎迎来了他最为落魄的时刻：穷病交加。

唐伯虎拖着羸弱的身体他来到了桃花林中。冷风骤雨让桃花纷纷落地，残花败叶上站着的则是风烛一般即将熄灭的唐伯虎。忽然间，他想到了一件重要的事情还没有做，那就是女儿的婚事。年幼时，自己少不更事，尚未尽孝道，父母却已先亡；尚未懂得夫妻贵在相知相爱而非肉体，两任爱妻俱亡；尚未得膝下之欢，爱子爱侄却已夭折；尚未挺起胸膛对妹妹说"别怕，有大哥呢！"而妹妹却已悲愤上吊。这一切的一切，唐伯虎在行将就木之时，忽然间又觉得一阵剧烈的心痛。

他不能死，至少也要将女儿的亲事定下方可。想到这里，唐伯虎捶了捶腰，咳嗽了两声，迈着艰难的步伐前往好朋友、书法家王宠的家中。王宠比唐伯虎小25岁，与他是忘年交，因为他的书法特棒，在全国的知名度仅次于祝允明，和文征明比肩，而此时又处在书法艺术的巅峰时刻，家境很是不错，所以，时常来桃花庵和唐伯虎交谈，又时不时地接济唐伯虎。

唐伯虎知道，王宠很想让自己的女儿做儿媳。而如今，自己即将变成朽木，该是做完这件事情的时候了。王宠自然非常乐意，一一答应。二人商量好了三媒六礼诸多事宜之后，唐伯虎便在王宠家中饮酒吃饭。当晚回家，他极为高兴，立刻做了《自寿诗翰册》。

一个月后的十二月一日夜，身体日渐衰落的他，怎么也睡不着。情深深、雨蒙蒙、夜沉沉。唐伯虎孤身躺在冰冷坚硬的床上，思忖着过去、现在与将来的时候，他不禁有一种冲动。他想跳下床，高声地对着空旷的原野高喊着：我不服！并写下了下面一首诗：

  一日兼他两日狂，已过三万六十场。

  他年新识如相问，只当漂流在异乡。

然而，不服又能怎样！

父母、妻儿、妹妹、侄儿一个个身归那世，唯一的女儿也嫁作他人妇。"我当怎样？我活着还有什么意义？"想必此时的他，会发出如此疑问，这个疑问纠缠了人类数千年，而且仍将继续延续下去。

作为个体，他已经完成了自己的历史使命。女儿有了幸福的归宿，下一代的延续任务已经完成。

作为个体精神，他同样完成了任务。他相信自己的诗词歌赋、书法图画将永存世间，尽管其中有许多人会对他的"德行"产生质疑，但他不在乎，唯大英雄能本色，是真名士自风流。

他又做了一个噩梦，梦见自己被关在北京的大牢中，父母、妻儿和妹妹还有侄儿、沈九娘等都前来看望他。他非常纳闷儿，"他们怎么跑到一起来了？"这时，大牢门开了。凶神恶煞一般的狱卒，身穿红衣红裤，手持大砍刀拥了上来，不说一句话便将他拉了出来，任凭亲人们的呼唤。这时，唐伯虎醒了。

醒来的他，忽然感到，既然女儿找到了好的归宿，自己也有了嗣子唐兆民，可以说在尘世上已经了无牵挂了。而阴间有自己那么多亲朋好友，特别是父母双亲和爱子也在那里，他想为他们在阴间尽孝，他想在阴间亲亲爱儿的脸蛋以弥补阳间那个唐伯虎很少给予的亲情。想到这里，他笑了，他觉得阴间比阳间更美好，更值得他去游览一番。想到此处，他提起了毛笔将桃花笺上刚刚写下的那首诗改了，这就是日后引得无数唐迷闻之落泪的《伯虎绝笔》：

生在阳间有散场，死归地府也何妨。

阳间地府俱相似，只当漂流在异乡！

写罢，将毛笔一甩，大笑三声，颓然倒地！

唐伯虎辞世后，由亲家王宠，好友祝允明、文征明等人凑钱安葬。祝允明写了墓志铭，由王宠手书在碑上。起先被葬在了苏州城西北处桃花坞（今苏州市平江区西大营门双荷花池）故居附近，其后又被迁到了苏州城西的横山东侧。

好朋友祝允明伤痛之极，又写了《哭子畏二首》：

其 一

天道难公也不私，茫茫聚散底须知。水衡于此都无准，月鉴由来最易亏。

不泯人间聊墨草，化生何处产灵芝。知君含笑归兜率，只为斯文世事悲。

其 二

万妄安能灭一真，六如今日已无身。周山既不容神凤，鲁野何须哭死麟！

颜氏道存非谓夭，子云玄在岂称贫。高才剩买红尘妒，身后犹闻乐祸人。

其后，祝允明便在思念好友中慢慢消耗着自己的生命。一日，他梦到了唐寅、徐祯卿和张灵，三人冲他摆手微笑，顷刻间祝允明也笑了，和他们挽着手，高声笑着，来到了酒馆内大饮而醉。其后，他便写下了《梦唐寅、徐祯卿亦有张灵》。

唐伯虎死后三年，祝允明也离开了人世，临终前他再次想到了好友唐伯虎，一首《再挽子畏》心酸出世：

少日同怀天下奇，中来出世也曾期。

朱弦竹绝桐薪韵，黄土生埋玉树枝。

生老病余吾尚在，去来今际子先知。

当时欲印椎机事，可解中宵入梦思。

三十五年后，他的另一位好友文征明，也死在了工作岗位上。至此，吴中四大才子：祝允明、唐伯虎、文征明、徐祯卿全部离世。

唐伯虎的一生，正如徐祯卿为其写的评语一般：

有鸟骄斯，高飞啼提。饮择清流，栖羞卑枝。俶荡激扬，操比侠士。超腾踔诡，又类君子。长鸣远慕，顾命俦似。猥叙苦辛，仍要素辞。与子同心，愿各不移。恒共努力，比翼天衢。风雨凌敝，水勿散飞。天地闭合，乃绝相知。

唐伯虎之后的粉丝们

明朝万历年间，常熟书商何君立因为喜欢唐伯虎的行事风格，更重要的是看到了眼前的巨大商机，经过一系列的商业运作，并花重金对其诗词进行了整理，印刷出版。由此，洛阳纸贵，唐伯虎名声响彻江南，也造成了许多他的崇拜者，这些崇拜者或对其墓进行维修，或对其进行讴歌赞颂，或遵从唐伯虎的行事风格，惹世人瞩目。

公安三袁的推崇

后世有许多唐伯虎的崇拜者，在这其中"三袁"是非常著名的文学团体，他们的精神与唐伯虎极为相似，特别是袁宏道。

袁宏道（1568—1610），明代文学家，字中郎，又字无学，号石公，又号六休。荆州公安（今属湖北公安）人。他在文学上反对"文必秦汉，诗必盛唐"的风气，提出"独抒性灵，不拘格套"的性灵说。与其兄袁宗道、弟袁中道并有才名，合称"公安三袁"。

袁宏道曾经重修过唐伯虎墓，对他的诗学、思想极为认可。他所说的"五快活论"尽管有许多消极的因素，但在明代商品经济极为发达的那个时期，却很有典型意义。

其后书商毛晋和朋友，在崇祯十七年，也就是公元1644年明朝灭亡那一年，来到苏州春游，恰巧看到唐伯虎的墓地残破不堪，心生哀怜，不禁发出慨叹："是朋友之罪也，千载下读伯虎之文者皆其友，何必时与并乎？"这句话从一个层面上说，他很喜欢唐伯虎的诗词和行为做事方式，从另一个侧面，我们还可以体会到一点：作为一名商人，毛晋觉得吃了"死人"唐伯虎的油水，而其"本主"生前未能享受，心里有些过意不去。因此，他打听到唐伯虎还有一个侄孙媳妇在世，生活很困难，便慷慨解囊资助，更重修墓地，再立碑石，并且在墓旁建了三间祠堂。苏州地方官雷起剑也非常喜欢唐伯虎，便亲自题了碑题——重修唐解元墓，并发出了"更勒石以遗千古之有心者"的慨叹。

乾隆年间，著名的唐伯虎迷、进士尤侗来到墓地凭吊，写出了《吊解元墓》诗："才人无禄又无年，生死悲欢总可怜。梦断东都空岁月，香销南国尽风烟。"

清嘉庆六年（1801），吴县知县唐仲冕见唐伯虎的墓再次荒废，又重修了一次，并立碑书"明唐解元之墓"。因为喜爱他的缘故，又筑了石亭对其进行保护，还建石绰楔一座。

1985年，苏州市文管会再次对其进行整修，墓地四周加筑了石墙，按原碑拓片重刻墓碑，再建石亭，植树绿化，并修建了唐寅纪念馆。

唐伯虎的官方评价

人死后必定要被评价一番，我们俗人往往一两天而已，某些人会被评价来评价去，唐伯虎就是其中之一，他在官方和民间评价争夺战中不得消停五百年。

自从唐伯虎死后就有了官方和民间两种评价方向。

清顺治二年（1645）五月，《明史》正式开馆纂修，清廷以大学士冯铨、李建泰、范文程、刚林、祁充格为总裁，操办此事。

对于文学名士的编纂时间还要靠后，在参考了大量的地方史料之后，唐伯虎的生平也定了稿。最终于乾隆四年（1739），在张廷玉带领下编纂完成。唐伯虎在其中的地位并不高，在列传第一百七十四《文苑二》中的50多位文士中，排行倒数第十六。评价如下：

> 唐寅，字伯虎，一字子畏。性颖利，与里狂生张灵纵酒，不事诸生业。祝允明规之，乃闭户浃岁。举弘治十一年乡试第一，座主梁储奇其文，还朝示学士程敏政，敏政

亦奇之。未几，敏政总裁会试，江阴富人徐经贿其家僮，得试题。事露，言者劾敏政，语连寅，下诏狱，谪为吏。寅耻不就，归家益放浪。宁王宸濠厚币聘之，寅察其有异志，佯狂使酒，露其丑秽。宸濠不能堪，放还。筑室桃花坞，与客日欢饮其中，年五十四而卒。

寅诗文，初尚才情，晚年颓然自放，谓后人知我不在此，论者伤之。吴中自枝山辈以放诞不羁为世所指目，而文才轻艳，倾动流辈，传说者增益而附丽之，往往出名教外。

这段评价，和民间的唐伯虎大相径庭，但确实是尊重历史的，是真实的、物质的唐伯虎。而精神的唐伯虎确实描写不一。他的好朋友祝允明也身在其间，位置紧挨在前，评价也不太高，曰：

祝允明，字希哲，长洲人。祖显，正统四年进士。内侍传旨试能文者四人，显与焉，入掖门，知欲令教小内竖也，不试而出。由给事中历山西参政。并有声。允明以弘治五年举于乡，久之不第，授广东兴宁知县。捕戮盗魁三十余，邑以无警。稍迁应天通判，谢病归。嘉靖五年卒。

允明生而枝指，故自号枝山，又号枝指生。五岁作径尺字，九岁能诗，稍长，博览群集，文章有奇气，当筵疾书，思若涌泉。尤工书法，名动海内。好酒色六博，善新声，求文及书者踵至，多赂妓掩得之。恶礼法士，亦不问生产，有所入，辄召客豪饮，费尽乃已，或分与持去，不留一钱。晚益困，每出，追呼索逋者相随于后，允明益自喜。所著有诗文集六十卷，他杂著百余卷。子续，正德中进士，仕至广西左布政使。

徐祯卿比二人还靠前两位，他们的朋友杨循吉紧随其后。文征明虽然在下个列传，但却是卷首之位，可以想见，那个时候的官方对他的评价要比上卷的四个人要高。

盲女村翁多乱说

唐伯虎病逝后，地方正统史料描写唐伯虎的同时，民间也开始了长达五百年的"造神"运动。起初是某些商家为了把唐伯虎的作品卖上好价钱，开始捏造各种传说，有人也顺势私刻了"江南第一风流才子"的印章。再加上各种书商的宣传，他又在文人墨客之间产生了广泛的影响力。本来，唐伯虎的喜好就颇多，对于戏曲、曲艺、小说多有涉及，因此，传唱唐伯虎成为一时流行的举动。特别是唐伯虎的一些诗词歌赋，非常适合曲艺、弹词的演唱，因此，唐伯虎迅速在民间流传开来。

这股造神运动，其间有的很贴近实际，有的则充满想象力。就以近年的一些影视书籍来看，有的描写唐伯虎在科考舞弊案后，游走四方间，动不动就说"我乃风流才子唐伯虎"，这简直是在乱改。在这些乱改之中，作者比较欣赏的是周星驰主演的《唐伯虎点秋香》。该剧虽然乱改一气，但唐伯虎的精神内核却找到了，很典型的就是唐伯虎和参谋将军的对话，很有唐伯虎的风韵，只不过仅是指唐伯虎精神层面的内核。

参谋将军：一乡二里共三夫子不识四书五经六义竟敢教七八九子 十分大胆

华安（唐伯虎）：十室九贫凑得八两七钱六分五毫四厘 尚且三心二意一等下流

参谋将军：图画里龙不吟虎不啸小小书童可笑可笑

华　　安：棋盘里车无轮马无缰叫声将军提防提防

参谋将军：莺莺燕燕翠翠红红处处融融洽洽

华　　安：雨雨风风花花叶叶年年暮暮朝朝

参谋将军：十口心思思君思国思社稷

华　　安：八目共赏赏花赏月赏秋香

参谋将军：你家横头来种树

华　　安：汝家澡盆杂配鱼

参谋将军：鱼肥果熟入我肚

华　　安：你老娘来亲下厨

唐伯虎是有物质上的和精神上的，物质上的唐伯虎早年不会治家、不能治家、不愿治家。但经过父母的最终一搏，为了"孝"，他参加了考试，最终无辜被牵连，从此走上了贫穷、痛苦之路，终生靠卖画写文为生。

物质上的唐伯虎可用唐伯虎陵园前的一副对联来描述——

上联：身后是非，盲女村翁多乱说

下联：眼前热闹，解元才子几文钱

然而，因为民族习性，我们很难让真实的唐伯虎获得大众认可，因为那个唐伯虎太苦了。和我们这些俗人相比似乎并不太遥远，我们需要的是"天才"。精神上的唐伯虎，我认为是才思敏捷而不拘礼法。而这也是民间流传的唐伯虎的真谛。

程朱理学（也称"程朱道学"）是明清时期的主流思想，由北宋"二程"——程颢、程颐兄弟创立，南宋朱熹集北宋"五子"（周敦颐，理学创始人，"二程"的老师；邵雍；张载；"二程"）的精华最终定鼎形成。他们主张"去人欲，存天理"，理无所不在，不生不灭，不仅是世界的本源，也是社会生活的最高准则。太极是宇宙的根本和本体，太极本身包含了理与气，理在先，气在后。太极之理是绝对的善；后者则有清浊之分，善恶之别。"三纲五常"都是理的"流行"，因此人们应当自觉遵守三纲五常。

程朱理学并非一无是处，他在初期起到了凝聚人心的作用。然而，随着时代的进步，学习理学的人往往做不到理学的规范，表面上正人君子，实际上男盗女娼。理学逐渐变成了道学，又变成了人们心中的贬义词。而唐伯虎对此则淡淡一笑，仰头一口酒，之后，用手指弹着酒杯唱道：

> 焚香默坐自省己，口里喃喃想心里。心中有甚陷人谋，口中有甚欺心语。为人能把口应心，孝悌忠信从此始。其余小德或出入，焉能磨涅吾行止。头插花枝手把杯，听罢歌儿看舞女。食色，性也。古人言，今人乃以之为耻。及至心中与口中，多少欺心没天理。阴为不善阳掩之，则何益矣徒劳耳。请坐且听吾语汝，凡人有生必有死。死见先生面不惭，才是堂堂好男子。

首先，唐伯虎对理学维护者进行了批判，之后抬出了儒家大者告子的论调"食色，性也"，其实儒家对于男女之事本来是抱着开放的态度，例如孔子在《礼记》中就曾讲"饮食男女，人之大欲存焉"。既然食色是人的根本需求，那就没必要遮遮掩掩的，碰一下左手就必须要结婚。

儒家讲究的"刑天舞干戚""夸父逐日""君子以自强不息"为为人处世的准则。然而，唐伯虎却"凄怨""消极"以对之，例如他在《叹世词》中所说：

> 春去春来，白头空自捱。花落花开，红颜容易改。世事等浮埃，光阴如过隙。休慕云台，功名安在哉。休想蓬莱，神仙真浪猜。清闲两字钱难买，枉把身拘碍。人生过百年，便是超三界，别无闲计策。

他又在《漫兴诗》中继续着自己"心学"的那一套:

> 人生七十古来有,处世谁能得长久。光阴真是过隙驹,绿鬓看看成白首。积金到斗俱是闲,几人买断鬼门关。白日升天无此理,自古有生还有死。眼前富贵一枰棋,身后功名半张纸。古称彭祖寿最多,八百年后还如何。请君听我歌且舞,穷通寿夭皆由他。

而在生活上,他的行为则被主流斥责为放荡消极,而实际上,他经常流连于青楼楚馆的原因是想用短暂的欢娱麻醉永生的痛苦。为此,他在"半醒半醉"中,高唱着"但愿老死花酒间,不愿鞠躬车马前"。

第五章
唐伯虎被神奇化的基础

经济大潮下的人心思变

自成化年间,唐伯虎出生开始,青年、中年又历经弘治、正德两朝,唐伯虎这位酒店业业主的儿子,经历了许多风风雨雨。从时人的回忆看,在江南地区,正德、嘉靖时期是一个分水岭。唐伯虎的家乡苏州,就非常典型。成化年间就已经开始出现了繁荣,比其他地区要早半个世纪以上。

从苏州城内的各种民居就可以看出,正德以前的民居大多矮小破旧,但到了正德、嘉靖时期,民居开始进行大规模的重修。唐伯虎的前辈王锜(1432—1499)在《寓圃杂记》中说:

> 正统、天顺间，余尝入城，咸谓稍复其旧，然犹未盛也。迨成化间，余恒三四年一入，则见其迥若异境，以至于今，愈益繁盛，闾檐辐辏，万瓦甃鳞，城隅濠股，亭馆布列，略无隙地。舆马从盖，壶觞罍盒，交驰于通衢。水巷中，光彩耀目，游山之舫，载妓之舟，鱼贯于绿波朱阁之间，丝竹讴舞与市声相杂。

在这种情况下，人心思变的程度越来越大。随着商人势力越来越强大，特别是自信心的提高，商人开始逐渐打破过往的陈规陋习。例如，朱元璋对于服饰的限制，农民之家可以穿细纱绢布，商人之家则只能穿布，农家只要有一人经商坐贾就不许穿细纱。有位学者曾经戏谑朱元璋的这种规定：农民谁会穿着绢纱去干活？

其实，赤贫出身的朱元璋怎么会不懂这个道理。他这样规定，第一是为了提倡农桑，让人们专心从事农业；第二则是为了笼络地主阶层。明末士绅阶层的穿戴是：头戴四方角巾，身穿各色花样的素绸纱绫缎袍。有钱的人，冬天穿大绒蚕绸，夏天则穿细葛。在颜色上，没有官僚背景的商人则只敢穿青色、黑色的绫罗绸缎。

服饰比拼后，商人们开始与官员在娱乐、吃用住行等方面进行比拼。商人的实力越来越强大，冯梦龙在《警世通言》中描述了晋商马商沈洪因为约不到玉堂春便生气地怒道："王三官也是个人，我也是个人。他有钱，我亦有钱。"这一句话就可看出商人借助金钱优势在心理上已经有了"斗"的心态。

这种情况，当时在苏杭地区更明显。如果哪个人在赴宴的时候不穿彩衣，那么，就会遭到别人的笑话，甚至连座位都不会给你让。炫富心态越来越明显，致使当地娼妓业极为发达。

当然，奢靡之风之所以形成，商人只是起到了推波助澜的作用，王公官员才是"风源"。例如顾东桥、严世蕃、康对山等人聚会宴饮，每次光给小费就达二三百两银子。每日的花费动辄就几百两、上千两。当时的一线城市，说书的、唱戏的买卖兴隆，妓院、酒楼鳞次栉比。王公贵族、贪官污吏花天酒地不足为奇，即使是当时的知名大儒、治世能臣同样如此，例如王世贞、董份等。与此同时，官商相互勾结，并催生出了新的名词"绅商"。

旧时代最后的典范文征明

不过坚守信仰的人还是大有人在。比如"吴中四大才子"中，唐伯虎、祝允明比较跟随当时的社会风气，文征明、徐祯卿则比较固守。

在"江南四大才子"中，按当时人的眼光，论书祝允明第一，论画唐伯虎第一，论诗徐祯卿第一。那么，文征明呢？可以说，他全都是第二，也就是说他的综合素质在四个人里面第一。

在许多唐伯虎的传记里，都把文征明当成呆板的典型代表，几乎都有一定的丑化。文征明其实并不是这样的，他是一个值得交的朋友。他比唐伯虎小九个月，唐伯虎生于一四七〇年二月初四，而他则是十一月初六。

文征明是一位十足的儒家文化的楷模，其实这不能怪他，家风如此。文征明也是官宦人家出身，较之祝允明的外祖父的名声，那可不是好一星半点儿。因为他的祖先就是南宋著名民族英雄文天祥，仅听这个名号，爱者（崇敬文天祥的人）就会对之崇敬，蔑视者则呼之"不识时务"。

文征明的父亲曾经担任过南京大礼寺寺丞以及温州知府，名唤林。他的母亲深受《孝经》影响,为人极为节俭。在唐伯虎年代,南方一些商品经济非常发达的城市,形成了一种"笑贫不笑娼"的社会氛围。苏州也被这种气氛所感染,人们争相斗富比奢,奢靡之风席卷天下。而在这种情况下,文征明的母亲仍然粗布素衣,人们视之异类。但文征明的母亲仍然以"俭朴"劝诫家族人员。

正是因为这一点,文征明从身份上可以和达官显贵为伍,但形象上又可以游刃于草莽之间。文征明与唐伯虎、祝允明等人都是好朋友,但从关系上看与都穆、朱存理、杨循吉等人的关系似乎更近一些。其原因也很简单,祝允明、唐伯虎等人生性活泼、不拘礼法,而文征明却很符合儒家典范。

据说有一年,祝允明、唐伯虎、张灵等人将他请到某间屋中（有的传说是请上船）,唐伯虎大叫一声:"征明,有礼物相赠!"文征明一听,还以为是什么古玩字画,不禁喜形于色。但只见三五名（有的说是一名）二八佳人鱼贯而入,将文征明搂搂抱抱。文征明见状夺门而出。当然,请上船去的那个传说,则说文征明见美女来袭,而船已离岸,竟然想跳河而逃。

尽管这是传说,但足以说明文征明这个人非常笃信儒家,而且对儒家也是行之践之,言行如一,堪称一代儒者。他这一辈子没有溜须拍马过,没有说过别人不是,没有害过别人,没有做过一件对不住自己理想的事情。而且为人非常精明,可以说明察秋毫,每到关键时刻从来不糊涂。

宁王朱宸濠礼聘唐伯虎和文征明,二人当时都是功名未成,才名已然传遍天下。唐伯虎一见朱宸濠礼贤下士,欣然前往;而文征明则冷冷一笑,断然且决然地说了两个字:不去。

唐伯虎死后,工部尚书李充嗣推荐文征明进入了翰林院,做了一名侍诏。但三年后他却毅然辞职回到苏州，专心著书讲学，门徒遍布天下。90岁那年，他还在为别人写墓志铭，尚未完工"便置笔端坐而逝"，完成了他多彩的一生。不知临终前的他，是否会像影视剧中那样，闪电般回味过往的生活。如果有，那么他肯定会想到好朋友唐伯虎，并笑道："这小子儿，虽然倒霉，但在感情上却比我更丰富呀，风流才子莫若君呀！但，我更幸福！"

唐伯虎临终前，肯定也拉着他的手对他言讲过："兄弟，我死之后，我的女儿和儿子（继子唐兆民）托付你照顾了！"文征明点了点头。

在那个每个人都会遇到的时刻，唐伯虎眼含热泪，心中默念着："至其学行，寅将捧面而走矣。寅师征仲，惟求一隅共坐，以消镕其渣滓之心耳，非矫矫以为异也。虽然，亦使后生小子钦仰前辈之规矩丰度，征仲不可辞也。"（《再与文征明书》）

文征明在那个时刻，定然是微笑着含着眼泪，心中默念着："曲栏风露夜醒然，彩月西流万树烟。人语渐微孤笛起，玉郎何处拥婵娟？"（《怀子畏》）

正如他的好友徐祯卿评价他的一样："磁石能引针，砥砺乃独坚。鸾凤不从群，何况于高贤。含和而不同，圣哲所称焉。飞蝇恶热羹，勖哉复何言。"他就像磁石一样吸引着才子、品德高尚的人们聚集在他的身边，而那些小人也会因为他的绝然而远离他的左右。

实哉文征明，临终前他告诉子弟，自己绝不入文庙，不与孔仲尼为伍。后人有的说他不喜欢孔子，也有人说他怕遍布天下的学生们过高地吹捧他。但无论怎么说，他是一个实实在在的人，他的心中有一杆秤，他明明白白，毫不糊涂。

写到此处，我不得不说：壮哉文征仲，文人能有如此气魄，能有如此眼光，实在壮哉。在新旧两个时代的夹缝中生存，竟能笃定决然于旧时代，这足可以说是一种勇气。

晚明风气彻底变化

到了嘉靖末年，随着奢靡之风浸染已久，不仅仅是王公大臣、巨富大贾斗富、炫富的事情多如牛毛，就是寻常百姓家也是极为铺张浪费的。当然如果你是真的有钱那也好，但问题是，你没有钱仍然要显得有钱。在这种比奢的风气下，人心能不变吗？道德能不滑坡吗？就以百姓来说，有人竟将居室缩小而将客厅扩大，"三间客厅，费千金者，金碧辉煌，高耸过倍"者颇多。

旧时代的各种等级观念，几乎完全被打破。旧的等级观念被打破，当然是一件好事，但问题是，旧的秩序、道德被打破之后，新的秩序、道德根本没来得及形成，人们的秩序和道德只有一个字——钱。那么，这个问题就大了。

例如，富人们开始打破等级观念不算什么，毕竟属于少数。问题是，就是寻常百姓家也开始打破了等级观念，而这等级观念的背后隐藏的则是社会秩序，秩序存在稳定即在。

到了万历年间，更是过分，就是再穷，仅有一间房子的居住者，都要有金漆桌椅、名画古炉、花瓶茶具。吃得要好，穿得要好。人们的道德观念大范围滑坡，以各种奢侈个性为荣，从皇家到百姓，斗富现象极为严重。古希腊历史学家希罗多德曾说："上帝欲使其灭亡，必先使其疯狂。"（上帝说的话，跟咱们的先贤老子所说的"欲夺之必先予之"是一个意思）

唐伯虎很符合被神奇化

唐伯虎无疑是幸运的，因为他最终被人们神奇化了，尽管这种神奇化后的他与真实的他截然不同，但他毕竟被人们记住了。这要比在社会转型期间无数的儒家知识分子要强得多，他们中有许多人的才华未必比唐伯虎低，痛苦未必比唐伯虎少。那么，唐伯虎凭什么被神奇化了呢？这还要从人的需求说起。正因为有了这些需求，人们才需要娱乐，才需要找个牛人进行神奇化，从而在娱乐他人的同时，也娱乐了自己那颗悲苦的心。

唐伯虎还活着的时候，对他的争论就激烈地存在着。喜欢他的人说他是天才，讨厌他的人说他是流氓。许多后世的儒者对其嗤之以鼻，例如明代文人王世懋《艺圃撷余》有云："生平闭目摇手，不道《长庆集》。如吾吴唐伯虎，则尤《长庆》之下乘也。阎秀抑刻其《怅怅》《拥鼻》二诗，余每见之辄恨恨悲歌不已。词人云：'何物是情浓？'少年辈酷爱情诗，如此情少年那得解！"

他的哥哥王世贞也有类似的说法，其兄弟均非常贬低唐伯虎的才情，却又不得不坦承无力抵制其"宛至情语"的感染力。但是人们给他们兄弟的回答很明确，道出了人们喜欢唐伯虎的原因："情浓"。

对于芸芸众生来说，"风流才子"是对他的印象。其实，唐伯虎一点也不风流，之所以被人家说成风流，首先就是他娶了沈九娘，唐伯虎被风流的导火索才被后世人找到！那么，我们现在就看看，唐伯虎被风流的五大原因。

五大原因之一二三

首先,他是才子,符合每个人的最佳心理预期。才子佳人是永恒的热点,潘安、宋玉尽管是帅哥,但若智力成问题,也万万不会受到千古追捧。如果他们不算才子的代表,那么秦观、柳永、苏东坡、徐渭、钱谦益等人是才子了吧,他们身边也有着无数"被风流"的铁证。

其次,他命运坎坷,深得人们同情。人们在同情他人的同时,也在期盼自己不会成为被同情的对象,内心深处更希望万一自己倒了霉,能够有被人同情的可能,更有可能获得帮助。

第三,他娶了个叫沈九娘的名妓做妻子,做了常人不轻易敢做的事情。本来才子娶(指的是妻子而不是妾)名妓的就很少见,不信的话,您提提,我们评评。

有人会说韩世忠娶梁红玉。但我会说,韩世忠是才子,但他的才是军事上的才而不是我们通常意义上的文学才子。

有人会说李香君和侯方域。但我会说,可惜李香君只是妾而非妻,妻与妾的地位相差太远了。

有人会说钱谦益和柳如是如何?我会点着头说,"嗯,史学巨擘陈寅恪先生还为此写过《柳如是别传》,堪称史学界一大里程碑。"

但除此以外呢?我们耳熟能详的恐怕就这几位吧。也许作为历史超级爱好者的您能举出其他案例,但相对于两千多年的封建史,才子娶名妓为妻者极少的论点还是能立得住的。

沈九娘显然没有如此殊荣,但她却被实力更强大的一方所珍视,那就是民间。首先,我们的老百姓,因为喜欢唐伯虎,就为她安了一个"名妓"的称谓。

其次，将其演变成了九美人，继而就有了《九美图》的传说。正是因为唐伯虎等人干了上述那些在当时文人眼中非常出格的行为，才被后人赋予了"风流"的形象。其实，《九美图》靠谱一些的传说是源于祝允明和唐伯虎的一次游戏而作。

祝允明说："若兄弟你能在一年内将苏州城内的有名望的小姐画出来，嗯，最少吧十张美女图，那么我就给你三百两纹银！"唐伯虎一听冷笑道："呵呵，祝兄真会说笑，那些大户人家的小姐，平日里大门不出二门不迈，你让我怎么一睹真容，怎让我识得庐山！"祝允明听罢哈哈大笑："唐兄，平日里素称才子，若想不到解决之道，你是妄称才子！"

祝允明这么一激将，唐伯虎顿时火冒三丈，"好，我就给你画出十张美女图来！"

等祝允明走后，唐伯虎便陷入了沉思中，在旁的书童见状"扑哧"一声笑出了声。唐伯虎扭头怒问道："有啥好笑的？"

"公子！您和祝先生、张先生常四处游玩，您难道忘了每月初一、十五玄妙观都有许多小姐太太上香！现在正是十三，您为何不去那里看看呢？"

书童这么一说，唐伯虎顿时大笑。自此，便经常去玄妙观蹲守，然而，他只画了九张美女图。这就是《九美图》比较正统的来源之说。

关于《九美图》还有另外一个传说，说宁王想用美女让武宗更加不务正业，便让唐伯虎画《十美图》。然而，第十位美女正是好友张灵的梦中情人，唐伯虎拒绝画她，因此，就只有九位美女。

其后《九美图》流传开去，一晃而成唐伯虎按照九位妻子（也有九位妓女一说）的模样画了《九美图》。现代的学者，一般认为九位妻子是根据沈九娘的"九"演化而来。

被神奇化原因之四五

能够被后世传颂的人必须具有亲民形象,苏轼虽然一直被神奇化,但终究没有彻底被神奇化的根本原因就在于他的高雅。唐伯虎能够被神奇化的第四个原因就是他的诗词中俚语、俗话较多,而且能够用大部分人的真语言和真性情去写,写出真感情来。

李白的诗千古传唱,其原因在于飘逸,有一股仙气。然而,有多少人能够做到"仗剑千里行,攀爬去黄山"呢?大部分人都是老婆孩子热炕头。

杜甫的诗千古永存,其原因在于责任,有一股万世为他人的豪气。然而,有多人能唱出"安得广厦千万间,大庇天下寒士俱欢颜"的豪词壮语!大部分人都是笑人穷,气人富。

王维的诗千古遗韵,其原因就在于哲学,他的诗、画非有学问者不能参透,不能看懂。然而,大部分人都是能会写名字即可,或者再往这个层次高一些而已。

如此等等,不一而足。

李白、杜甫、王维等之所以不能够被风流,其原因就在于他们没有唱出大部分人都会经常想到、碰到的问题:世俗情感,特别是儿女情感。李白、杜甫、王维的诗如果用今天的眼光看,他们是经典常销书;而唐伯虎的则是畅销书。唐伯虎所讲的是柴米油盐酱醋茶,他没钱了,他去喊穷;他所言的是人们都会谈的感情,而且是用大部分人的思维。而许多诗人用的都是正襟危坐式的谈情说爱。

"哎!小子儿!感情应该是这样的:一呢,孝顺父母;二呢,夫唱妇随；三呢，啊，等你们有了孩子后哇，要注意孩子的教育问题！"

而唐伯虎呢，他却用这样一种语言（《妒花》）：

昨夜海棠初着雨，数点轻盈娇欲语。佳人晓起出兰房，折来对镜化红妆。问郎花好奴颜好？郎道不如花窈窕。佳人闻语发娇嗔，不信死花胜活人。将花揉碎掷郎前：请郎今日伴花眠！

佳人问情郎："花好看还是我好看？"情郎说："你不如花儿窈窕美丽。"佳人大怒，将海棠花揉碎扔到了情郎面前，"就让它陪你睡吧！"

男女之间欢快的语言跃然纸上，这就是人性。而在中国封建社会把性压迫得厉害的情况下，明朝中后期的商品经济使得这张大幕被撕开了一角儿，真正的人性被展示出来。对于这种人性，甚至上述对白，我们今天的人同样在上演着。可以说，这样的情景对白，将一直延续到人类毫无感情之时。

唐伯虎能够被神奇化的第五个原因是他有符合普通人心态的阴暗面，他——色。

问世间色为何物？孔子曰：食色，性也。哪个男人不爱美女，又有哪个女人不爱帅哥。至于能不能得到，那是能力问题。我不信，哪个男人或女人敢说：我就爱丑陋的人。

明朝是一个很奇怪的社会，有着很强烈的矛盾现象共生共存。在政权上高度集中，但言论却非常自由，可以说它的言官集团是历朝历代实力最为强大的。皇帝一不能擅杀言官，即使骂皇帝都可以。但另一方面，皇帝要想杀或贬一位大臣、权臣，无论实力有多强，基本上都能做到谈笑间摧毁对手的能力。

在思想上，一方面程朱理学占据了垄断地位，贞节观、忠君观、三纲五常等深入人心，但另一方面呼吁人性解放、阴谋权术等另类学说（以"心学"为主）却也很流行。特别是南方各省市，各种所谓的淫秽书籍层出不穷，许多落魄才子甚至官宦知识分子都加入了写淫秽书籍、画春宫图的队伍中。这一现象的顶峰就是《金瓶梅》《西厢记》的横空出世。而唐伯虎就是其中之一。

当然，如果论"色"，明末大戏剧家、文学家、文学理论家李渔（号笠翁）比他"色"得多。然而，说句实话，他"色"得过头儿了，让人心生厌恶。

与第二任妻子离婚后，唐伯虎经常在青楼中流连忘返，认识了当时许多名妓，而且与其中的几位都产生了感情。特别是他和祝允明都很喜欢的徐素素，当徐素素死后，唐伯虎双目落泪，唱出了如下词句（《哭妓徐素素》）：

清波双珮寂无纵，情爱悠悠怨恨重。
残粉黄生银扑面，故衣香寄玉关胸。
月明花向灯前落，春尽人从梦里逢。
再托生来侬未老，好叫相见梦姿容。

更"色"的是，唐伯虎在与妻子离异而尚未娶妻的时期内，创作了大量有关女色和享乐的诗词作品，这也是后世一些人骂他是"下流坯子"的原因。许多喜欢唐伯虎的人都不愿意涉及这一点，然而，不写这个我们就无法说清，为什么是唐伯虎而不是其他人获得了全民认可的"风流"。

唐伯虎的后半生创作了相当数量的黄诗淫书及春宫图。因为民族特点，国内研究唐伯虎春宫图、色情书籍的专家很少，那么，我们可以看看高罗佩的观点，他认为：唐寅所绘的女性常显得壮健丰腴、圆脸、妖冶，使人联想到唐代美女的形象。唐寅所绘的女性有个特点是"三白"，即前额一点白，鼻尖一点白，下颌一点白，这往往是后人鉴别真假唐寅画的一个标准。

例如，他的淫诗就有"鸡头嫩如何？莲船仅盈握；鸳鸯不足羡，深闺乐正多""清风明月无从觅，且探桃源洞底春"等句。

至于春宫图，据说有一幅唐伯虎的真迹《小姑窥春图》被收藏在日本。画幅左边有一对男女隐约地在帐中做云雨之欢，门外一个少女在偷看，还情不自禁地把手伸进自己的裙中。因为《小姑窥春图》含意蕴藉，落笔精妙，许多风流名士纷纷题词其上，如清初的陈其年就题了一首《菩萨蛮》词说："桃笙小拥楼东玉，红蕤浓染春鬓绿。宝帐缜垂垂，珊瑚钩响时。花荫摇屈戍(开关窗户的铁环纽)，小妹潜偷窥，故意绣屏中，瞬他银烛红。"

与唐伯虎同时代的文人，许多人都有这样的作品。在唐伯虎的带动下，他的同门（周臣学生）师弟仇英也画起了裸体。他们的裸体画更胜一筹的在于他们画的是彩色画，这还要拜当时的印刷着色技术的大规模发展所赐。很快唐伯虎等人便迷恋上了水彩画。

一笑变三笑

唐伯虎有了五大被风流的原因，经过后世五百年的流传演讲，终于有一个让唐伯虎最拉风的传说出炉了，这就是"唐伯虎点秋香"的故事。

"唐伯虎点秋香"经四百年不断被演绎、扩充，进入二十世纪后就有过数次播送高潮，例如二十世纪六七十年代的香港唐伯虎黄梅戏系列，其典型的代表作就是1964年的《三笑》，可以说是家喻户晓，在南中国广受赞誉。而到了二十世纪九十年代，1990

年的《最佳才子》捧红了翁虹，1993年由周星驰、巩俐合演的《唐伯虎点秋香》更是掀起了唐伯虎热，这股热潮直到今天都没有熄灭。

首先，我们要说明这个故事肯定是假的，首先秋香确实有，但却比唐伯虎大二十来岁，而且早已嫁人。其次，华太师比唐伯虎小20到40来岁，根本不可能收留唐伯虎为仆人。这一点，在1947年商务印书馆出版的杨静庵所著《唐寅年谱》早已经考证完毕，华察（即华太师）"成进士之岁，子畏已没三载，何能卖身投靠于华氏太师府哉"。

其实"三笑"的原型（16世纪末17世纪初）是《耳谈》中的苏州才子陈元超，其后，嘉兴人项元汴（1525—1590，收藏家）的《蕉窗杂录》便有了唐伯虎点秋香的故事。让唐伯虎风流起来的是明朝著名小说作家冯梦龙（1574—1646），他写有《唐解元一笑姻缘》（载于《警世通言》）。

由于才子佳人题材的小说是古今永恒的题材，再加上那时候南方评弹、南曲非常发达，明末戏曲家孟舜卿等将其由小说、曲艺（主要是弹词、南曲）等转化到了戏剧上，如他的《花前一笑》、卓人月的《花舫缘》、史槃的《苏台奇遇》等杂剧，由此上至王孙贵胄下到脚夫力士都开始大范围地接触唐伯虎和秋香的故事，由此二人的知名度在民间流传开来。

唐伯虎在金阊偶见一画舫，其中坐一俏佳人，不知为何向唐伯虎含情一笑。唐伯虎顿时被迷得三魂六魄出窍，心醉神迷的他立刻尾随其后。最终他得知，某女郎乃一官宦之家的婢女，名唤秋香。唐伯虎见状遂打扮成落魄书生模样，愿卖身为奴。经过一番周折，二人喜结连理，同归苏州。

因为"一笑"太固定，不如"三笑"的含义广泛，"一笑"便逐渐转化为"三笑"。"三"在中国传统思维里代表着"多"，代表着"无数"的意思，因此，更令人觉得唐伯虎迷恋秋香迷得有理由。

特别是秋香偎依在唐伯虎怀中时，说的那句话，令后人倾倒："你为我甘愿为奴，此情之深，我来生也未必能报。哪有不愿跟你走的道理！"唐伯虎闻听高兴得手舞足蹈，赋诗道：

拟向华阳洞里游，行踪端为可人留。愿随红拂同高蹈，敢向朱家惜下流。

好事已成谁索笑？屈身今去尚含羞。主人若问真名姓，只在廉宣两字头。

真正经篇

明朝何以在最富饶强大的时候消亡
——虚假繁荣下的自我玩命

明王朝灭亡时，从经济角度讲其GDP在世界数一数二；论军事力量，尽管北有清军，但从双方实力讲，清军进入关内的概率并不高；对外，即使在内部民变风起云涌之下，从北到南也先后击败了日本、葡萄牙、西班牙等国的侵略军，明朝的军事实力，并非我们想象中的那么薄弱。

然而，在自然灾害中，几个邮差和秀才振臂一呼，数十万人纷纷响应，被朝廷剿杀了一茬又一茬，起义军竟然越来越多，按照明朝的所谓人口统计看，起义军根本不应该这么多。明朝的人口统计政策失败了，因为它仅仅是缴税人口统计而非真正的人口统计。但是，这些都不是根本的，最根本的是明朝的民族精神已经完全退化，甚至各阶层都出现了流氓化倾向。

朱元璋很早就被人批评为流氓皇

帝，尽管著者很反对这种以出身论为基础的粗暴、武断的评价，但由此得出皇权流氓化，则许多人并不会反对，限于篇幅就不赘述了。而以唐伯虎为代表的儒家子弟开始流氓化更为危险，因为，自古知识分子都是民族精神的最后堡垒。当知识分子在社会转型期内的总体精神负面化的话，那么这个社会转型就失败了。

明代知识分子在自我个性张扬、自我享受、奢侈生活方面，不但深入其中，甚至成了某种推手、积极的推动者。如果说，苏州因为经济发达、传统官场相对北京、南京来说又控制力薄弱，较早地（成化、弘治时期）进入了总体精神负面化进程的话，明朝各地从嘉靖朝开始先后进入各地域的总体精神负面化进程，到了万历中后期，整个明朝都已经进入了这一进程。

例如，嘉靖时期，北京、南京等地的知识分子、文人官员间就有了这样一种风尚——改个号，娶个小，盖一间大房子。前面六个字是明朝人自己总结的，出自万历朝的礼部尚书于慎行所写的《谷山笔麈》，后面则是我自己填的。

从唐伯虎的一生看，完全符合这一历程，苏州文人中也有如此行为的人并不孤立。唐伯虎的号很多；娶个小在当时也大多是青楼之女；盖个大房子，唐伯虎的桃花庵与同时代的文人相比并不寒碜。

到了万历时期，就是非常保守的知识分子，如李乐，都说他有两大愿望，一是科考成功，二是娶一个南京的美妓。大部分的知识分子都有三愿，一愿封地免税，二愿大屋千仆，三愿娶个妓女。也就是说，到了万历时期，中国的知识分子眼中只有肉欲、物质和社会名望的功名官位。

第一章
明亡于知识分子只知道娱乐

1519年，正是正德十四年，近五十岁的唐伯虎受无锡华云的邀请，在中秋雨后来到了无锡剑光阁。而在这里，唐伯虎遇到了一位比他小两岁的同学，著名的天才思想家、军事家、文学家、哲学家王守仁。王守仁可能有些人不知道，要说王阳明可能就听说了。

唐伯虎时代知识分子与有钱人间的关系

王守仁和唐伯虎早就相识，因为他们是同学，都参加了弘治十二年（1499）的会试。那时候的王守仁尚未享大名，还是普通的一名考生。而唐伯虎则是风光无限，整日骑着高头大马，带着礼物去考官家里串门。那时候的王守仁，肯定和其他人一样都在想着："嘿，这小子真狂！"

而如今，他们的地位相差很大，但王守仁对唐伯虎并没有什么不尊重。作为一名朝廷高级官员，王守仁知道的内幕肯定相对多一些。只不过与他无关也就没必要记述下来。就在两年前，他率领军队只用了37天就平灭了宁王的十万叛军，被称为"军神"。这位天才的全才、儒释道三教皆通的人才，被誉为"心学的集大成者"。

那时，剑光阁上的两位天才相聚了。唐伯虎是心学的实践巨擘，王守仁则是理论上的巨擘。二人相遇，会碰撞出何种火花呢？

自从唐伯虎到了华云家中，整日里以酒为妻妾，和诗词相伴，一眨眼就快住十天了。某天，两人看到桌案上有一幅图：《玉露山静日长》。

华云素闻伯虎多才，便邀请他将其意境化为12幅图，唐伯虎闻听微微一笑。"拿笔来！"点点之间一气呵成。华云见状为之倾倒，而这时，闻名天下的王伯安（王守仁的字是伯安，号阳明）先生来访。华云连忙出去相迎，等把王守仁让进客厅，与伯虎相见时，二人都极为钦佩对方。王守仁一看这12幅图也极为欣赏，连忙请求华云和唐伯虎能否拿到自己的船上仔细欣赏。二人刚刚点头，王守仁便抱起这些画撒丫子跑回船上。从早到晚，不眠不休，他写了十二首诗。

后来，华云在《墨缘汇观录》中记载了两位大贤书画共为之后，他的心情："喜急装潢成帙，时出把玩。夫子畏得辋川之奥妙，而伯安行书磊砢有奇气，且二公人品才地皆天下士也。一旦得成合璧，岂非子孙世世什袭之宝耶？是岁嘉平月十日补薲居士识……"

唐伯虎和华云之间的关系，就类似于现在的一些有钱的粉丝与自己的偶像间经济互往的关系。华云是唐伯虎的粉丝，因此，唐伯虎遇到什么经济困难，华云都尽力相助。唐伯虎还有一位金主，就是上一篇我们提到的孙育。其实，唐伯虎和孙育、华云之间不仅仅是因为书文画甚至出版业的畅销书——色情小说等产生关系的，那个时代的知识分子间还是以志同道合为主，在精神上是同一的。

即使，知识分子与有钱人之间产生关系，也是基于对作品的认可，对才学的敬仰，双方的关系是平等的，甚至知识分子地位更高一些。但是，唐伯虎时代这种关系导致了书画市场假冒伪劣产品、乡村间的"狗头军师"的出现，无不显现出知识分子的精神出现了问题。

唐伯虎与金主之间的关系并不明确，他主要的生存仍然是靠自己，而且不涉及一些过于负面的因素的话，众多知识分子特别是底层知识分子与更底层的乡绅恶霸之间的金主共生关系，则会直接影响到底层百姓间的生存。

历朝历代，农民起义的主要攻杀对象一个是官家，一个是乡绅地主，其次就是知识分子了。世间没有无缘无故的爱，也没有无缘无故的恨，如果，知识分子只是一味把责任推到农民起义者身上，而不去反省自身失去了知识分子的同情心、廉耻心、公正心而成为共谋的话，那么，老实巴交的农民会将你作为攻击对象吗？

读书人的彻底沦陷——人生的五计、五快活，张岱的奢华生活

无论我们今人怎么说，怎么叙述，唐伯虎之后的知识分子精神萎靡到了什么程度都是不鲜活的，现在我们就摘抄三位古人的典型观点，认识一下唐伯虎之后新时代的优点被糟蹋到了何种地步。特别是张岱的这篇文章，是打开明亡于精神萎靡的关键。

张岱（1597—1684），又名维城，字宗子，又字石公，号陶庵、天孙，别号蝶庵居士，晚号六休居士。明末清初散文家、史学家。主要代表作有《陶庵梦忆》《西湖梦寻》《石匮书》《夜航船》《琅嬛文集》等。

他的生活是什么样呢？其《自为墓志铭》中说：

> 少为纨绔子弟，极爱繁华，好精舍，好美婢，好娈童，好鲜衣，好美食，好骏马，好华灯，好烟火，好梨园，好鼓吹，好古董，好花鸟，兼以茶淫橘虐，书蠹诗魔。

从现代人看，都会给他七个字的评价："才子变态的奢靡"。然后，我们再看看他的生卒年，就可以知道，他是明末清初之人，前半生生活在奢靡中。晚年呢？国破家亡，在此情况下，他必然会对如此大变故有一个反思，因此，他在墓志铭中如是说：

> 劳碌半生，皆成梦幻。年至五十，国破家亡。避迹山居，所存者破床碎几，折鼎病琴，与残书数帙，缺砚一方而已。布衣蔬食，常至断炊。回首二十年前，真如隔世。

之后，可贵的是他结合了自身的经历，提出了七不解之问：

> 向以韦布而上拟公侯，今以世家而下同乞丐，如此则贵贱紊矣，不可解一；
>
> 产不及中人，而欲齐驱金谷，世颇多捷径，而独株守

于陵，如此则贫富舛矣，不可解二；

以书生而践戎马之场，以将军而翻文章之府，如此则文武错矣，不可解三；

上陪玉皇大帝而不谄，下陪悲田院乞儿而不骄，如此则尊卑溷矣，不可解四；

弱则唾面而肯自干，强则单骑而能赴敌，如此则宽猛背矣，不可解五；

争利夺名，甘居人后，观场游戏，肯让人先，如此缓急谬矣，不可解六；

博弈摴蒱，则不知胜负，啜茶尝水，则能辨渑淄，如此则智愚杂矣，不可解七。

其后，张岱大骂自己，说自己学文文不成、学武武不成，学忠孝仁义呢？又没有自杀殉国的勇气，学啥啥都不成，就是个废物！

有此七不可解，自且不解，安望人解？故称之以富贵人可，称之以贫贱人亦可；称之以智慧人可，称之以愚蠢人亦可；称之以强项人可，称之以柔弱人亦可；称之以卞急人可，称之以懒散人亦可。学书不成，学剑不成，学节义不成，学文章不成，学仙学佛，学农学圃俱不成，任世人呼之为败家子，为废物，为顽民，为钝秀才，为瞌睡汉，为死老魅也已矣。

显而易见，如果你只知道吃喝玩乐而不知贡献当世的话，命不好就会得到现世报，命好者如袁宏道之流，则只知快活，而不知报应二字。

袁宏道的"五快活"理论可以归结为：穿得好，吃得好，玩得好，有使不完的钱，整日妓女相伴、文友相随。他说：

目极世间之色，耳极世间之声，身极世间之鲜，口极世间之谭，一快活也。

　　堂前列鼎，堂后度曲，宾客满席，男女交舄，烛气熏天，珠翠委地，金钱不足，继以田土，二快活也。

　　箧中藏万卷书，书皆珍异，宅畔置一馆，馆中约真正同心友十余人，人中立一识见极高，如司马迁、罗贯中、关汉卿者为主，分曹部署，各成一书，远文唐宋酸儒之陋，近完一代未竟之篇，三快活也。

　　千金买一舟，舟中置鼓吹一部，妓妾数人，游闲数人，泛家浮宅，不知老之将至，四快活也。

　　然人生受用至此，不及十年，家资田地荡尽矣。然后一身狼狈，朝不谋夕，托钵歌妓之院，分餐孤老之盘，往来乡亲，恬不知耻，五快活也。

朱国桢（1558—1632），万历朝首辅大臣，在万历时曾经说过"五计"说，用白话文简单地说就是：

　　人的一生，少年时有父母的珍视，天真无欲，简直就是过着神仙的生活，因此，是仙计，也就是神仙生活阶段。

　　20岁以后，就像是商人一样，奋发图强，不追逐功名，只为追求金钱，可以说是追求物质生活的阶段。北宋的朱新仲则认为这一阶段是人人争取自我张扬，奋发图强以建功立业，称之为身计。由此可见，北宋时期和晚明时期知识分子精神上细微差别，但是，后面三个阶段，就可以看出，知识分子在古代社会最终都将走向负面化。

　　30岁到40岁，开始利欲熏心，总想官越大越好，奴婢越多越好，子孙越多越好，好处越多越好，这一阶段朱国桢称之为乞丐生活阶段，朱新仲观点类似，但其称为为家阶段。

50岁，则进入了囚徒生活阶段，整日里尔虞我诈，为的就是保住自己的地位。

到了60岁，就进入了行尸走肉的生活阶段了，整日就考虑如何善终，做事不认真，生活随意，开始为了下一代的荣华富贵考虑，做事总想留一手。

唐伯虎是如何与青楼沾上边的

"饥寒起盗心，饱暖思淫欲"，是古代中国人给我们留下的至理名言。当人们脱离了生存需求之后，就会有生理需求。生理需求完成之后，就需要各种各样的需求。

说得很简单，娼妓业的主流除了贫穷女子的民妓外，官妓主要是明朝敌人、本朝罪人的家属及后代。官妓有一种明显的报复心理在其中。

明清时期，南京著名的风月之地有旧院、青溪、桃叶渡和莫愁湖。这些仅是规模较大的。旧院即福乐院，与江南贡院隔河相望，儒士们读书困怠之后，便去那里演绎一下才子佳人的好戏，乃是官妓的大本营。旧院在明末清初被焚毁。十里长的青溪路上遍布着23道美景，地处皇宫附近，乃是南京最大的风月区。

而唐伯虎死后，明朝的娱乐业迅速成长起来，典型的标志之一就是花榜重新盛行起来。例如嘉靖年间的青楼十二钗——刘、董、罗、葛、段、赵、何、蒋、王、杨、马、侍。

早在洪武年间，朱元璋就建有十六楼（来宾、重译、清江、石城、鹤鸣、醉仙、集贤、乐民、讴歌、鼓腹、澹烟、轻粉、梅妍、翠柳、南市、北市），而且经常赏赐有功之臣、看中的才子等去楼中玩耍。朱棣更是允许正月十一到二十的十天内，官员放假，有事情写奏旨即可。天下男人皆可作乐快活，"兵马司都不禁，夜巡者不再搅扰生事，永为定例"。

正是因为有皇帝老儿的纵容，南京娼妓业三百年长盛不衰。

说完了南京，我们再看看唐伯虎的家乡——苏州在他的眼中是个什么样子，那里的情况又如何。

唐伯虎对家乡十分热爱，如《阊门即事》（阊门指苏州古城之西门；即事，对眼前事务，情景有所感触而创作）：

> 世间乐土是吴中，中有阊门更擅雄。
> 翠袖三千楼上下，黄金百万水西东。
> 五更市卖何曾绝，四远方言总不同。
> 若使画师描作画，画师应道画难工。

"翠袖三千楼上下"很显然指代青楼。本来，青楼这个词是指豪华精致的雅舍，是豪门高户的代称。如《晋书·麹允传》："南开朱门，北望青楼。"邵谒《塞女行》："青楼富家女，才生便有主。"到南梁，它的词性向贬义扩张，如刘邈《万山见采桑人》诗便有："倡妾不胜愁，结束下青楼。"需要注意的是此处的"倡妾"就是"家妓"，可见妾的社会地位多么低下。

到了唐代，"青楼"作为个体、民营妓院的指代词汇，已经定型。而之所以定型，很大程度上是因为隋唐开始的科举考试。一大批落榜的不如意的知识分子要找心理和生理的寄托，有了文人墨客的加入，自然要多些雅致。因此，到了唐代，"青楼"作为妓院的代称走向兴盛，而妓女除家妓、官妓之外，还出现了个体营业的私妓，这时才真正意义上出现了"青楼妓女"。

无论谁当政，无论这个人多么贤良，不公现象总会存在。以唐伯虎为例，弘治皇帝绝对算是一位有道明君，但在唐伯虎的问题上则不能说他做得没有一丝指摘的地方。这就应了一句古话：人无完人，金无足赤。

因此，历朝历代，因为不公平现象而导致不能在功名之路上继续前进的知识分子特别多，为此，不如意的他们就不免要去寻找麻醉自己的地方。而这时，青楼就是一个很好的去处。

唐伯虎也不例外，他的诗文书画里便有了大量以妓女做主人公、讴歌对象、描摹主体的作品。世人都说唐伯虎是山水画的代表，但在社会上他却以仕女画闻名。在他的笔下，宫妓、歌女、丫鬟往往带着某种淡定，形象则是江南女子的娇小秀丽，一个个都是小眉小眼瓜子脸，樱桃小口一点点，让观者心生爱怜。而且眼神极为传神，脉脉温情从眸子中闪烁而出。

他的生活环境也对他的天才之路起到了至关重要的作用。江南吴地自古至今都是文人聚集之地，特别是在经济高度发展的苏杭地区。唐伯虎深为自己所处江南而骄傲，他唱出了《江南四季歌》：

江南人住神仙地，雪月风花分四季。满城旗队看迎春，又见鳌山烧火树。

千门挂彩六街红，凤笙鼍鼓喧春风。歌童游女路南北，王孙公子河西东。

看灯未了人未绝，等闲又话清明节。呼船载酒竞游春，蛤蜊上市争尝新。

吴山穿绕横塘过，虎邱灵岩复元墓。提壶挈盒归去来，南湖又报荷花开。

锦云乡中漾舟去，美人鬓压琵琶钗。银筝皓齿声继续，翠纱污衫红映肉。

金刀剖破水晶瓜，冰山影里人如玉。一天火云犹未已，梧桐忽报秋风起。

　　鹊桥牛女渡银河，乞巧人排明月里。南楼雁过又中秋，桂花千树天香浮。

　　左持蟹螯右持酒，不觉今朝又重九。一年好景最斯时，橘绿橙黄洞庭有。

　　满园还剩菊花枝，雪片高飞大如手。安排暖阁开红炉，敲冰洗盏烘牛酥。

　　销金帐掩梅梢月，流酥润滑钩珊瑚。汤作蝉鸣生蟹眼，罐中茶熟春泉铺。

　　寸韭饼，千金果，鳖群鹅掌山羊脯。侍儿烘酒暖银壶，小婢歌兰欲罢舞。

　　黑貂裘，红氍毹，不知蓑笠渔翁苦？

当物欲横流成为习惯之后，就会迅速形成一种文化圈子。例如文征明及其家族对于当时苏杭盛行的奢侈之风的抵御就很明显。四才子时期，尚有文坛领袖予以对抗，四才子之后则文人几乎全部沦陷。文人才子、官员富商如此热衷于畸形娱乐业，就没有人管理吗？

对于娱乐业工作者的管理，明代开国之初就在南京设立了教坊司，隶属于礼部。朱棣之后，分为南北两京教坊司，主要是教授歌舞和散乐等。教坊司主管乐工和官营妓院，对于民间娱乐业工作者，主要采取了行会管理。

到了正德年间，明政府对于娱乐业的政策开始松动。艺人、戏剧工作者等开始正式成为职业。这时，被社会基本认可的职业是：士、民、工、商、兵、僧、道、医、卜、星命、相面、相地、奕师、驾长、艺人、蓖头、修脚、修养、倡家、小唱、优人、杂剧等。

明朝中后期,娱乐业从业者主要在茶馆、酒楼、青楼、庙会四大固定地点以及堂会这个流动地点进行表演。

明代的茶馆和酒楼遍布于市镇,不但世人开馆,就是一些出家的僧人也开馆赚钱。例如万历四十六年(1618)即有一位僧人开了一家"五柳居"。除了茶馆以外,遍布广大农村地区的茶棚也有娱乐业从业者。茶馆主要是一些戏曲、曲艺工作者。茶棚则主要是曲艺工作者的去处。

青楼更不用说了,明代中后期几乎遍布中国每个角落。而这些青楼女子中也有许多是卖艺不卖身者。

唐伯虎与青楼音乐

唐诗宋词元曲中的"曲"就是散曲,也就是通常所说的元曲,只因元朝时散曲盛行而已,多是青楼女子演唱的作品。简单地说,散曲就是民间歌曲小调,经过文人的打磨之后,形成一种固定格式之后的歌曲。元亡之后直到唐伯虎出生前,它都处于衰退期。直至唐伯虎等文人加入,散曲才渐渐复兴起来。到了正德、嘉靖年间,散曲才真正地再次复兴。

青楼的音乐主要是时调小曲,基本上是在民歌的基础上杂糅而成的一种俗曲、时调、小曲、俚曲。其基础是"叶",比较短小,由两三首曲调(叶)排成的叫"带过曲"。再长些的就叫作"套数""散套"。套数之间的曲调必须是同一个宫调,既可以叙述故事情节,也可以抒情写景。表演形式是唱,不能有科白,因此,也叫清曲。

主要内容按照沈德符《万历野获编》所言:不问南、北,不问男、女，不问老、幼、良、贱，人人习之，亦人人喜听之，以至刊布成，举世传诵，沁人心腑。

在明代，主要传唱的曲牌是《桂枝儿》。根据青楼的两大主顾群——读书人和商（行商）贾（坐商），在演唱风格上是不同的。前者要雅致、有文采；后者要略显沧桑，可更通俗一些。至于一些土娼，唱的曲牌名则是《寄生草》《剪剪花》，内容则较为俗鄙，风格也是大大不同。

同时，青楼业也分派系，例如南京的秦淮青楼，就有南京本地帮、扬州帮、苏州帮三大派系，扬州、苏州争衡。

青楼业对于曲艺、戏曲的推动很明显，甚至对于文学创作都是如此。在明朝发达的出版业中，与青楼相关的各种情色乃至色情作品都有一定的比重。同时，因为唐伯虎等人的加入，促进了民歌小调、散曲等的发展。而昆曲同样在此背景下逐步诞生。唐伯虎等人的贡献，则从青楼逐渐走向了曲艺和戏曲。青楼业日渐成为知识分子喜欢去的地方。

唐伯虎时代少数地区精神萎靡到万历时全社会层面的精神萎靡

与唐伯虎同时期，有位皇家卫队的指挥大人，名叫陈铎，是明朝开国元勋睢宁伯陈文的曾孙，这个人非常喜欢诗书音乐，特别喜欢散曲，擅长弹琵琶，经常在自己的府邸和衙门高歌一曲，许多人都称其为"乐王"。

唐伯虎的号叫六一居士，陈铎则叫七一居士。他喜好与民间为

伍,对于市井的许多事都很了解,曾经写有一首散曲,名叫《调把》,就说了当时假冒伪劣产品和以次充好的事情。歌词曰:

> 好的儿看了,不好的藏着,惺惺伶俐不成交,等愚民乡老。粗毛帽抵了绒毛帽,假材料顶了真材料,烂丝绦换了好丝绦,人里一跑。

当时的一些有识之士,经常感叹世风日下,人心不古。正是在此情况下,弘治皇帝才有了整顿之举。但最终这种趋势无法阻挡,到了万历时期,"笑贫不笑娼""为了钱可以出卖一切"的思想已经深入整个社会,就是精神的最后堡垒——知识分子也开始沦陷了。还好,一位思想保守的儒家子弟李乐记载了某日自己外出时遇到的情况。

万历年间的苏州城内,铺户兴旺、买卖兴隆。在各色商铺之中,商人、富家子弟、读书人、官员流连其间。举人李乐在书童的几次催促下,终于放下书本来到大街上散心休息。书童李来一边走一边说:"少爷,今天出来可不能白出来呀,再过几天就是老太太的生日了,您可得买些东西呀。龚春瓦瓶现在非常有名,不如买一个吧。""龚春瓦瓶?什么牌子?"

"哎呀,少爷,您真是读书读死了。龚春、时大彬两个人是现在做瓦瓶最好的两个人,他们做的瓦瓶光滑如玉、细腻温润,每个都能卖到二三两呀!"

"啊?二三两?要知道二三两银子,那可是农民要一年不吃不喝才能积攒下来的呀。这么贵重的东西,咱们买它作甚。"李乐一口回绝。李来听罢,沉思一会儿,又道:"那就买个胡四铜炉或赵良璧锡器,一两银子就行。少爷,人家大门大户都买这些东西,咱们如果没有,还不让人家笑话。"

"不行不行，我们读书人应该俭朴持家。那些奢侈品给人带来的无非是感官享受，它只能给那些内心空虚的人充门面，像我这样自信的人根本用不着那些东西。"

"哼，俭朴现在被人看作是陋习呀。就是那些贫民、农民都买这些东西，咱们能不买？"

"啊？"李乐大吃一惊，"现在的人都这么富？"

"哎呀，他们买的都是假的，样子一样而已。比如何得之扇面吧，那真的扇面可以用数载，是用宣纸做的，假的用的只是普通纸、竹篾而已。"

"哈哈哈，既然天下人都在买假冒产品，我买了又有什么值得炫耀的呢？"李乐正在说话间，突然，眼见前方红霞一片。李乐仔细一看，发现这片红霞原来是一大群读书人，他们个个身穿红色、紫色的衣服成群结队地去郊外游玩。李乐痴呆呆地看着，"这些非男非女的中性人都是什么人？"

李来一看乐了，"这些人是去参加虎丘书会的。"

李乐听罢，只是轻声叹了一口气，"回吧。"整晚李乐都没有睡着，他在辗转反侧间苦想着：如此下去，世人不知道简朴，全都追逐奢华，仁义礼智信将何处所存。读书人本来应该安守清贫，可如今也追随时尚，唉……

第二天早上，一夜未睡的李乐擦了擦眼泪，不禁吟出一首诗来，诗曰："昨日到城郭，归来泪满襟。遍身女衣者，尽是读书人。"

李乐是一位传统的儒家子弟，对信仰很执着。然而，这种人毕竟是少数，根本无法阻挡社会潮流。因为商人势力大增，他们开始由顺从风俗，逐渐变为影响甚至引领风潮。明代中后期的商业非常兴隆，商人出售的产品逐渐超越了日常用品的范围，奢侈品增多，逐渐引领了社会时尚甚至影响了民众的生活。

例如，万历之前制鞋一般都是妇女的工作，万历年间则有了男人从事制鞋业。那时，南京轿夫营的鞋业非常发达。以前的鞋非常笨重，后来出现了比较轻巧的蒲鞋。一位姓史的外地人来到了南京，他用黄草编的鞋非常漂亮，富贵之家争相购买，之后平常人家也买这种鞋穿。

再比如，上海地区原本没有夏天穿的袜子，一年四季都是毛毡袜子，直到万历年间才开始出现布做的袜子。还有其他一些稀奇事物，直至影响到今天的百姓生活，例如吃河豚等。

这些都不是问题，关键是，如果当时的生产力达不到享受这些的时候，将会怎样？

最终，明朝的人将为他们的疯狂付出代价！

自己玩死了自己

明朝的灭亡，首先要怪自己。在虚假的繁荣下，上至皇帝下到普通百姓，都在疯狂地个人着、享乐着、奢侈着。秦淮河两岸的夜生活是多么丰富，晚明时期又出现诸多名妓。据《板桥杂记》透露，晚明的诸多名妓大多命运不济，例如尹春不知所踪；葛嫩先归桐城孙克咸，后被清军捉住，不从毁容后被杀；寇湄先嫁朱国弼，朱国弼降清后归金陵遇韩生，又被抛弃，自此气愤而亡。就是那些跟了贰臣在清初生活的名妓们，又有几人快乐几人幸福？

《板桥杂记·轶事》也有许多案例，讲述晚明妃嫔们的苦难，多人以卖蜡烛为生。徐达的后代魏国公徐青君在明朝奢靡无度，广造亭台楼榭，蓄养名妓，广种花草。结果如何？最终被清兵籍没田产，与乞丐为伍，最终做了"代杖"的营生。也就是，替有钱人打官司，挨板子。

本书并非详述明亡的专著，明亡直接源于农民起义。农民起义之所以兴起，根本原因就在于吏治腐败下朱元璋建立的四大仓制度彻底失效。

朱元璋为明朝设计的各项治国方略，被称为"洪武体制"，它有四大内容，即限制人身自由的户口税收制度；经济方面的开中制；洪武荒政体制；官员薪酬制度。

明初，因为生产力、统治知识和经验的不足，作为农民起义领袖的朱元璋，尽管可以靠前代降臣的统治经验进行政治维持，但毕竟能力较为薄弱，再加上多年的战争造成财政收入锐减、财政支出庞大。因此，一方面，他加大了纸币的发行、开中制的建设等，但这些只是解了燃眉之急，最重要的是对百姓的管理，这才是根本。为此，朱元璋在继承前代将全国百姓分为民户、军户、灶户等不同类别外，还对百姓出行的里程进行了限制。将百姓紧紧地控制在当地，减少不同地区的人之间的交流，从而也就降低了可能的各种事变的发生。

除了限制百姓的人身自由外，洪武体制的另外一点就是官员低薪制。再一点，就是开中制的建设，给予商人一定的经济自由。同时，就是四大粮食仓储制度。四大粮食仓储制度与报灾、勘灾、救灾措施和医疗体制，构成了洪武体制的一大主体——洪武荒政体制。

明朝是一个自然灾害频仍的朝代，据《中国灾害通史·明代卷》统计，水、旱、虫、震、疫、沙尘、风、雹、雷击、霜、雪、冻害等十二类自然灾害，明朝共发生3952次。其中，水灾、旱灾、地震、瘟疫四类自然灾害最为严重。朱元璋对于灾害的重视程度，可以说在整个封建社会两千多年的几百位帝王中无人能比。因为，朱元璋青年时代所处的境遇，使其对民间疾苦有着深刻的体会，他知道老百姓最看重什么。只不过，他的认识仅仅局限于温饱阶段。以封建社会一个帝王，能够以自己的思想和学习保证二百年的江山稳固已经非常了不起了。后世温饱阶段后的体制建设，该由后人去解决。可惜，明朝没有这种帝王出现。清朝倒有一位，他的名字叫爱新觉罗·胤禛。

徐光启在《农政全书》卷四十五《备荒考下》中所说：

洪武初，令天下县份，各立预备四仓，官为籴谷收贮，以备赈济，就责本地年高笃实民人管理。盖次灾则赈粜，其费小；极灾则赈济，其费大。天下无收则民少食，民少食则将变焉，变则天下盗起，虽王纲不约，致使强凌弱、众暴寡、豪杰生焉。自此或君移位，而民更生有之。朕所以切虑三时，虑恐九年之水，七年之旱，民无立命。所以渎听之间，不觉毛发悚然而立，惊畏如是，为此也。

四大仓在赈济方式上有所不同：

预备仓（相当于今天的国有粮库，储粮的主体）用于赈粜（粮价上涨时，以平价或低于市价的方式向受灾者卖粮）、赈给（将物品无偿发送给灾民）、赈贷（将粮种借贷给受灾人并设定利息，来年连本付息偿还）。

常平仓（战国时李悝创立，用储粮平抑灾害时的粮价，地方政府的粮库）只用于赈粜。

义仓（隋文帝时创，通常是州县一级，是政府面对百姓的第一线粮库）用于赈给。

社仓（宗族或民间自救组织的粮库，南宋朱熹创立）用于赈贷。

四大仓制度的构建，直接创置了从中央到民间的四层保护体系，可以说是极为稳妥、安全的保障粮食安全的一种方式。但是，自弘治开始，四大仓制度就出现了问题。当正德皇帝下扬州时期，苏州、扬州这些江南城市的救灾已经开始靠募捐了，唐伯虎就加入其中，卖画捐助灾民。本应该由政府负责的事情，却因为吏治腐败、皇帝不务正业，到了求助民间的地步。更危险的是，到了万历末年，政府甚至退出了救灾主体的行列，江南地区许多身处救灾前线的反而是乡绅或商人。

而四大仓制度的衰落，是导致明亡最直接的原因——农民起义的根本原因。

不能不说，最终，明朝亡于民族精神的萎靡，而民族精神萎靡的典型体现就是畸形娱乐业的繁荣。我们并不是说娱乐业不能够发展，因为，娱乐是人的本性，但如果娱乐业发展到了畸形繁荣状态的话，娱乐业就自然成了民族精神萎靡的祸首。

第二章
明朝近三百年娱乐简史，娱乐是人之所需

死板的朱元璋父子也要娱乐

明代的人如何娱乐？明代的娱乐业生存状态又是怎样的？我们不妨先从朱元璋说起。

朱元璋与一字笑话

陈君佐，扬州滑稽演员。洪武年间，服务于南京皇宫。朱元璋非常喜欢他，经常让他说"一字笑话"。什么是一字笑话？洪武初年，陈君佐从扬州游玩到南京城时误

入宫廷禁地,被人抓住要去游街。陈君佐连忙跪倒在地:"哎呀,公公,请放了小人吧,我陈君佐自当感恩戴德。早晚为您焚香祷告,祝您身体健康、万事如意!"

太监冷冷一笑:"放你?不难。公公我今天生了闷气,你小子儿如果能说一个字把咱家逗笑了,我就放了你!"

"屁!""啊?你敢骂我!"太监闻听勃然大怒。

"不不不,我就像个屁。放也由公公,不放也由公公呀!"公公听罢,仰头大笑。

这就是"一字笑话"。想要说好它,没有足够的才智是做不到的。一日,朱元璋又让他说"一字笑话",这可愁坏了陈君佐。经过一夜的冥思苦想,陈君佐终于想到了一个好的方法。他立刻令人连夜出宫,搜罗负鼓盲翁,告诉他们皇上要听他们说书,众盲翁一听高兴得感激涕零,个个连夜排练,等待着第二天的"光荣时刻"。

第二天,十多名盲翁来到金水桥上。而这时,朱元璋则站在不远处看着。陈君佐到了桥上后,突然大叫一声"拜"。众盲翁以为皇帝来到,一阵慌乱。有的人一紧张,往后一退,脚下一滑滚落水中。其他人不知何故,心神一乱,动作更加混乱,纷纷落入水中。朱元璋站在不远处,看到这个滑稽的场景不禁捧腹大笑。

朱元璋作为苦孩子出身的皇帝,对于娱乐有一种天然的反感。在他的内心,有一种对粮食、疾病的恐惧,在这种恐惧下,娱乐对于他太奢侈了。因此,对于娱乐和娱乐从业者他往往采取敌视态度。

然而娱乐对于人的吸引力太大了,谁不想高高兴兴的呢?朱元璋也是人,自然需要各种娱乐。朱元璋大力推行官妓这一行就充分说明了一切,他知道,要想让人给他卖命,让其高高兴兴地工作非常重要。

朱元璋自己也常听歌、唱戏、看小说。

朱元璋最爱《琵琶记》

明月高高地悬挂在空中,微风轻拂水面,波浪将水中的月亮打碎,水儿在追打着月亮,惹得天上的星星愈发高兴。在这片祥和的景色中,却夹杂着声声叹息。那叹息声来自一间华丽的卧室,卧室的灯光下有一位公子,正垂着额头在低声落泪。

他怕被妻子听到。这个人叫蔡伯喈,乃是新科状元公。皇帝和牛丞相都非常喜欢他,便由皇帝下旨将牛丞相的女儿许配给了他。然而,蔡伯喈却满心不愿意。他每天夜里都是如此,或坐在窗前呆呆地发愣,或用手中的笔来抒发郁闷。

这一日,蔡伯喈低声唱着:

"我父我母在家乡,我儿我妻何模样。当年本不意京城,无奈老父固不让。京城一跃折桂枝,心中只念爹和娘。丞相执意为快婿,忧我儿来思他娘。三退婚事不如愿,只得相府忍膏粱。今日只求身长翅,飞到家乡看爹娘。"

蔡伯喈的歌声,吵醒了他的妻子。其实他的妻子早就看出了丈夫的心事,因此暗地里假睡观察。听到歌声之后，她明白了前因后果，立刻起身，穿好了衣服，去找父亲牛丞相，让他命人去接丈夫的父母和妻儿来京。

这就是著名的《琵琶记》的内容，该剧由元末著名南戏剧作家高明撰写。故事是以《赵贞女蔡二郎》为基础进行的二次创作，然而却将故事的中心思想、结尾进行了彻底颠覆。故事主人公蔡二郎由忘恩负义、为求荣华抛弃妻子，变成了被牛丞相和皇帝逼迫入赘。他的结局也由被雷劈死，转为和原配、二房和谐共处。

除此之外，对牛丞相的女儿进行了浓重弘扬，不啻为新一代的"贤妻良母"。她知道五娘（蔡的原配）丢了儿子、死了公婆，怕蔡一怒之下不认五娘，还煞有介事地对其进行了劝解。最终，皇帝陛下发诏旨，表彰蔡氏一门"男孝女贞"。

朱元璋对于戏剧的要求很严格，这主要是因为他是一个不知道娱乐为何物的高强度工作人。他认为，娱乐业会对官员产生不利影响，因此在法律上进行了规范。《明律·广婚》载："凡官吏娶乐人为妻者，杖六十，并离异。若官员子孙娶者，罪亦如此，附过，俟荫袭之日降一等，于边远叙用。"

明顾起元在《客座赘语》中曾有这样的表述："洪武二十二年三月二十五日，朱元璋下圣旨：'在京但有军官军人学唱的割了舌头，下棋打双陆的断手，蹴圆（即踢足球）的卸脚，做买卖的发边远充军。'"

如果说对娱乐工作者天生蔑视之外，朱元璋还有更深一层的考虑，那就是维持统治者帝王将相的尊严，从而加深等级观念。如他规定不许装扮历代帝王后妃、忠臣烈士、先圣先贤神像，违者杖一百。

但对于宣传儒家思想、维护封建统治的老百姓的弘扬，他却极力支持。因此，在《明律·礼律》上规定了不许演的内容之外，他又规定：神仙道扮，及义人节妇，孝子顺孙，劝人为善者，不在禁限。

因此，朱元璋对于《琵琶记》也就极为喜爱。这个特点影响了明代日后的许多皇帝。例如，景泰八年（1457）复辟成功的朱祁镇，在重新登上皇位之后的某一年，曾经听说一件特别伤风败俗的事情，说扬州的一些戏剧工作者竟然在戏台上以男扮女，朱祁镇勃然大怒，命锦衣卫将这些南戏子弟抓进皇宫。

朱祁镇厉声质问，你们这些人怎么能这样呢？知道不知道这样会扰乱社会风气，造成民心动荡？

一位南戏子弟高声说道："'国正天心顺，官清民自安'，我们唱戏的没有那么大能耐！而且，我们唱的都是劝人行善、忠君爱国、孝子贤孙、贞洁烈女的好戏。"

朱祁镇一听高兴了。那好，你们来演演吧。朱祁镇看后，龙心大悦，立刻让他们进入宫中教坊。

南戏在明代非常盛行，经常以堂会的面目出现。堂会的举办者，往往是高门大户，三妻四妾非常正常。由此，堂会兴盛的同时也伴随着南戏演员与举办者妻妾间通奸的兴起。因为，堂会举办之时大多在夜间，而且堂会的举办时间非常长。这种事情既令主人难以追寻踪迹，又因为男主人往往乐在其中而无暇顾及。终于，南戏的名声被很大程度地玷污了。

更有甚者，到了明代后期，一些假借南戏为名的人（不论男女），干起了青楼业务。这就涉及许多人都或明或暗地夸耀明代经济发达、百姓生活非常好的一种职业：青楼从业者。

朱元璋父子的"射柳"游戏

尽管娱乐对于朱元璋来说很奢侈，但是，毕竟人是需要放松的。因此，朱元璋对于一些既能够锻炼体能又能愉悦精神的游戏还是比较支持的，如"端午射柳"。"射柳"有的说是源于春秋时期养由基百步穿柳。由此可见，"射柳"是一种军事游戏，和"百步穿杨"有很大的关系。

"百步穿杨"的杨，其实指的是姓杨的杨。当年，隋炀帝在开通济渠和邗沟时，曾经在两岸栽种柳树，并赐这些柳树为"杨"。因此，杨柳杨柳，说的就是柳树。这种军事游戏在宋金辽时期的中国北方地区非常盛行，元朝建立后推广到了全国。

洪武二十四年（1391），朱元璋率领公侯子弟射柳。在《明太祖实录》中只有"射柳，中者赏彩帛"这几个字，但却是娱乐强大的体现，就连朱元璋这样的人都需要娱乐，更何况其他人？由此，明朝的帝王们便开始有了越来越多的娱乐活动。

1413年的端午节，永乐皇帝的娱乐形式多了许多。除了射柳之外，还有蹴鞠等。《明成祖帝实录》（永乐十一年五月癸未）记载，永乐皇帝玩得很高兴，对于射柳射中者不但有彩帛还有纸币赏赐，更令手下众人赋诗庆贺。

在这场娱乐会演中，当时的皇太孙即未来的明宣宗大放异彩。因为，他射柳射得好，永乐又见万国来朝心情一高兴，出了一副上联"万方玉帛风云会"，他迅速答出"一统山河日月明"。由此可见，明宣宗委实不简单。历史也确实告诉我们，明宣宗是一位好皇帝，虽然他的娱乐项目比其曾祖父、祖父、父亲都多，但并没有耽误国家政事。

在宣宗朝，曾经发生过一件大事儿。宣宗废除了官妓，由此催生出明朝中后期青楼业和男妓的盛行。这咱们先按下不表，继续说一下由"射柳"引发出的"政治血案"。

建文帝登基之后，朱棣造反。建文二年五月，朱棣攻破山东德州后，并发临邑。这一日，恰逢宿安人纪纲与穆肃投军。燕王朱棣将二人叫到马前，手中马鞭一指纪纲："尔有何本领！"纪纲答曰："草民力大无穷，刀马纯熟，在军中取敌将头颅如探囊取物一般。"朱棣冷冷一哂，催马前行，"尔说力大无穷，可能阻我前行？"

纪纲上前抓住了马尾巴，双膀较力，顷刻间竟然将朱棣这匹千里骏马拽住。无论朱棣如何催动，这战马竟然不能走动丝毫。朱棣大喜，立刻收了纪纲。其后，他果然战功卓著。朱棣继位后，他被封为锦衣卫指挥使。

然而，纪纲这个人残暴、贪婪成性。朱棣在位初期诛杀建文帝旧臣及其亲眷数万人，多是由纪纲这个人负责。更令人发指的是，他还将数百名小孩儿阉割，或者送入宫中成为自己的心腹党羽或者服侍自己。著名的文学大家解缙，就是纪纲派人将其灌醉后裸体放入雪地中被活活冻死的。

纪纲是朱棣的亲信，不但是锦衣卫使又是都指挥佥事，成为一人之下万人之上的权势人物。阳武侯因为与他争夺一位女道姑差点被其打死，浙江按察使周新因为历数纪纲的罪状反被诬陷，以某罪被处死。

后来，纪纲在家里私穿龙袍，私养亡命之徒，打造了足以装备数万军队的武器铠甲等，更有甚者还暗中修建通往皇宫的隧道，准备时机成熟推翻朱棣。

永乐十四年（1416）端午，纪纲想学赵高指鹿为马，看看众人是否与自己一心。他告诉手下庞英：明日我故意射不准柳枝，你则将其折断并高呼"纪大人射中"。到那时看看有没有人敢提出异议。结果，没人提出异议，但那些人在庞英喊出"纪大人射中"之后的第二天双眼全瞎了。纪纲忘记了他的对手并不是胡亥。朱棣三个月后突然发难，将纪纲抓捕，纪纲被凌迟处死。

朱棣之后的历代明朝皇帝都保留了这一习俗，到了后来，"射柳"和马球比赛同时进行。与此同时，宫廷游戏也越来越多。与皇族相比，明代官员的娱乐方式也随着皇帝的变迁而变迁。说起官员的娱乐方式，首先就要涉及官员的休假制度，因为，休假的主要内容就是放松、娱乐。

明朝官民娱乐休闲的方式

明初，因为朱元璋本身的原因，官员的休假时间和次数非常少。一年可以休三天。其后，历代皇帝逐渐有所放宽，除去洪武朝之外，总体来说，明代的休假包括：例假（法定假日）、赐假、事假、病假四大类。

休假制度促进了官员在娱乐休闲方面的消费

法定假日被称为休沐。在法定假日中，隶属于翰林院的庶吉士，可以五天一休。国子监的官员们每月初一和十五各休一天。明代非常注重"元宵节"，因此，元宵节法定假期是十天，从正月十一日开始（永乐七年开始实施）。元旦（相当于现在的春节假期）从正月初一开始放假五天。冬至休假三天。

赐假则全看皇帝的心情而定，并无定数。

事假包括省亲、祭祖、迁葬、婚假、送葬等。官员事假要上书朝廷由皇帝定夺，事假一般在两个月左右。请事假是有资历要求的，例如宣德元年（1426）规定：南北两京之外地方官员，只有任职九年业绩考察期满后才可以省亲迁葬。成化年间规定：南北两京离家六年后方能省亲，地方官员离家十年后才能回去省亲、迁葬、祭祖。

在上述事假中，亲生父母亡故的丁忧最为特别。基本没有资历要求和附带条件，期限长达27个月。违反上述事假的代价一般是扣罚工资。

明代的病假可以说是历代最不人道的休假制度，无论在请假对象、条件限定等方面都有严格的限定。例如五城兵马司的官员，竟然没有病的权利，生病了只有退休一条路。再如地方官员，朱元璋时期规定，无论品级多大，地方官员一律没有病假甚至不允许为此辞职。直到成化六年（1470）才允许辞职。隆庆五年（1571）才允许因病辞职。明朝只有嘉靖二十三年（1544）到万历二年（1574）这三十年较为幸福，地方官员可以患病休假。

再如，御史患病可以回原籍调治。到了明英宗时期（1436—1449，1457—1464）则规定不准回家。许多在京没有亲属的御史竟然因为缺医少药而死亡。到成化年间，湖广道监察御史李麟、龚谦，河南道御史伍骥等都因无人照顾而暴亡。

病假次数也是有规定的，病假达到三次就必须退休。与此同时，患病时间超过三个月的，工资停发。

在休假，特别是丁忧期间，有许多明朝官员在民间进行了大量的娱乐活动。从而使民间与官僚阶层产生直接关系,进而带动了宫廷娱乐形式的变化。那么,明朝时期民间的娱乐形式都有哪些呢?

明代的老鹰抓小鸡、跳绳、高尔夫球

这一年,到了正月十四。李瓶儿让老冯拿着五个请柬,请月娘和李娇儿、孟玉楼、孙雪娥、潘金莲一起次日去观灯。然后,又给西门庆暗中下了一个请帖,请他也在次日晚间一同观灯。第二天,李瓶儿留下了孙雪娥看家,同李娇儿、孟玉楼、潘金莲一同出门,先到狮子街灯市李瓶儿新买的房子里来。

到了中午,李瓶儿请的各色人等来到,摆了四桌酒席,又请了两名歌妓董娇儿、韩金钏儿弹唱饮酒。到了晚间,众人开始观灯。此时,吴月娘穿着大红妆花通袖袄儿,娇绿缎裙,貂鼠皮袄。李娇儿、孟玉楼、潘金莲都是白绫袄儿,蓝缎裙。李娇儿是沉香色遍地金比甲,孟玉楼是绿遍地金比甲,潘金莲是大红遍地金比甲,头上珠翠堆盈,凤钗半卸。

但只见此时灯市中人烟凑集,十分热闹。当街搭数十座灯架,四下围列诸般买卖,玩灯男女,花红柳绿,车马轰雷。山石穿双龙戏水,云霞映独鹤朝天。金屏灯、玉楼灯见一片珠玑;荷花灯、芙蓉灯散千围锦绣。绣球灯皎皎洁洁,雪花灯拂拂纷纷。秀才灯揖让进止,存孔孟之遗风;媳妇灯容德温柔,效孟姜之节操。和尚灯月明与柳翠相连,判官灯钟馗共小妹并坐。师婆灯挥羽扇假降邪神,刘海灯背金蟾戏吞至宝。骆驼灯、青狮灯驮无价之奇珍；猿猴灯、白象灯进连城之秘宝。七手八脚螃蟹灯倒戏清波，巨大口髯鲇鱼灯平吞绿藻。银蛾斗彩，雪柳争辉。鱼龙沙戏，七真五老献丹书；吊挂流苏，九夷八蛮来进宝。村里社鼓，队队喧阗；百戏货郎，桩桩斗巧。转灯儿一来一往，吊灯儿或仰或垂。琉璃瓶映美女奇花，云母障并瀛洲阆苑。王孙争看小栏下，蹴鞠齐云；仕女相携高楼上，娇娆炫色。卦肆云集，相幌星罗：讲新春造化如何，定一世荣枯有准。又有那站高坡打谈的，词曲杨恭；到看这扇响钹游脚僧，演说三藏。卖元宵的高堆果馅，粘梅花的齐插枯枝。剪春娥，鬓边斜插闹东风；祷凉钗，头上飞金光耀日。围屏画石崇之锦帐，珠帘绘梅月之双清。虽然览不尽鳌山景，也应丰登快活年。

民间的娱乐形式有许多。例如民间的庙会就有飞叉、中幡、耍花坛、双石、杠子、石锁、花砖、舞狮子、竿术、刀门、马戏、弄伞、筒子、扒竿、蹬梯（车、人）、筋斗、弹（捶丸）丸等各种杂技。除此以外，还有魔术、口技等。例如，中国第一本魔术专著就出版于崇祯十二年（1639），里面记载着20多种魔术表演。

其中"捶丸"是明代中后期宫廷与民间都非常流行的一种运动。起初，捶丸只在民间流行，其后才逐步进入宫中。捶丸由唐代出现的步打（类似于今天的曲棍球）发展而来，到宋代基本成型。在宋代，从宋太宗开始每年的三月都要举行捶丸比赛。捶丸使用的球杖和今天的高尔夫球杖相似，呈L型，玩法也相似。用弯曲过来的木耙击打由硬木做成的小球，以进入洞穴的多少来决定胜负。

在民间儒家子弟当中最流行的当属围棋和象棋。

到了元旦,与宫中千篇一律的烧香、放鞭炮、跑马(由顺天府在东直门外举办)不同,民间的娱乐形式非常多。主要有:逛花市、杂技、游艺等。其中,放的鞭炮比宫中的要丰富许多。鞭炮的名称有霸王鞭、地老鼠等几十种之多。

除了以上外,还有一些自娱自乐的游戏,例如儿童玩的"抓子"。这种游戏自人类诞生之日起就存在,至今仍在某些地方流行。笔者小时候玩的一种"抓子"游戏是这样的:将石子儿放在掌心,然后抛起。之后用掌背接住,再抛之后掌心接住。由此反复,直到跳出为止。看谁坚持时间长。当然,这种游戏一般是女孩儿玩的居多,男孩儿在笔者小时候主要是"摔方宝"。明朝这种游戏没有出现,明朝男孩儿玩的一般是踢毽子。

儿童群体游戏,就是至今我们仍在玩的老鹰抓小鸡、跳大绳。

成年人的游戏方式有很多,例如掷骰子、推牌九、一点半、四色牌、掷小谣儿、打梭哈、捡红点等室内游戏。室外游戏如六博、投壶、高跷、弄丸、陀螺、竹马、八卦阵等。

元宵节因为是大节日,所以娱乐形式比较多。例如宫内有逛灯、蹴鞠(由宫内嫔妃组织的"齐云社"表演)等。成化年间,由于民间娱乐形式影响加深,宫内也开始有了魔术和杂技。现保存在中国历史博物馆的《明宪宗行乐图》就对其进行了充分的表现。

清明节除了踏青之外,就是嫔妃们可以玩秋千。民间则继续表演着高跷、杂技。

端午节,皇宫会在西苑举办龙舟比赛。民间除了龙舟比赛之外,最盛行的当属斗草。这种游戏,现在仍然存在于民间,史料正式记载出现在魏晋时期。这种游戏现在属于儿童游戏,在很漫长的一段时间属于老少皆宜的项目。主要玩法是拿树叶或草的茎相互缠绕，双方用力拉，哪方的草茎先断哪方输。

同民间一样，七夕节，宫内女眷也会进行乞巧活动，由宫内24衙门之一的兵仗局组织。

紧随其后的中元节，宫中的甜食房要照制进供佛波罗蜜；西苑要做法事，放荷灯。至于观赏盛开的荷花、斗蟋蟀等，也是宫中娱乐活动的一部分。

明代宫廷的娱乐形式在武宗时期发生了质的飞跃，在正德三年（1508）命令天下将擅长杂技、骑射、马戏、曲艺、戏曲、吹拉弹唱的人送到北京，并在河间等府建造乐户的居住地。

敬亭遗韵与负鼓盲翁

荒草地上躺着一位老人，身上的血在流。他的右手紧紧地握着一把三弦，嘴里嘟噜着："中华神州五千年，代代皆有真英灵。大明皇帝丢了命，清兵南下败南明。"许久之后，老人醒来，看了看四周，两眼流泪，爬了起来，掸了掸身上的土，一阵狂笑，拿起了三弦，一阵弹拨，高声唱着："道德三皇五帝，功名夏后商周。英雄五霸闹春秋，顷刻兴亡过手。青史几行名姓，北邙无数荒丘。前人田地后人收，说甚龙争虎斗。"

这位老人不是别人，就是评书和评话等多门曲艺共同的祖师：柳敬亭。柳敬亭生于万历十四年（1587），卒于康熙十六年（1670）。此人生于江苏泰州，原名曹永昌，字葵宇。

此君15岁那一年，因为犯法逃亡他乡。因为听艺人说过书，又喜好音乐，便弹三弦说起书来。后来，在云间也就是今天的上海市说书名家莫后光的指点下，艺业大增。崇祯十三年（1640），成为明末枭雄左良玉的幕僚兼御用艺人。因为长期从事曲艺工作，他擅长与各色人等交接。为此，左良玉命他经常走访南京，和权臣马士英、阮大铖疏通关系，人称"柳将军"。

顺治二年（1645），左良玉奇兵以清君侧为名，捉拿马、阮二人。但中途左良玉病死，其子左梦庚投降清军，柳敬亭和大将袁继咸誓死不从。最终，袁继咸被抓，柳敬亭差点死于乱军之中。自此，重操旧业说书度日。康熙元年（1662），因为清朝皇帝和王公大臣特别喜欢听书，漕运总督蔡士英命他随行来到北京，给王公大臣们说书。

其后，在北京演出期间因为一些特殊原因，不能使用乐器，柳敬亭便舍弃了三弦，只用嘴说。由此，一门新的曲艺诞生，就是现在的评书。相传，晚年他收徒居辅臣，居辅臣则成为评话的创始人。

之所以提到柳敬亭，一是各类著作中对于曲艺谈之甚少，相反戏曲往往被许多著作谈及。究其原因，主要是戏曲被某些人看作是高雅艺术，曲艺作为民间的娱乐形式往往不被人重视。而在娱乐形式并不丰富多彩的封建社会，曲艺的受众面比戏曲要广得多。我们耳熟能详的四大名著，除了《红楼梦》之外，基本上都是由曲艺先生进行表演、流传，直至出现文学巨擘进行整理修改方才形成。这一点在《三国演义》《水浒传》这两本书上体现得最为明显。

既然，这本书谈的主要是百姓生活，曲艺则不能不说。

同几乎所有封建社会的艺人一样，年轻时无论他多么风光无限，年老时总会穷困潦倒。以柳敬亭为例，他说一回书的定价就是一两银子，而且还要提前十天预约。但晚年却很凄凉，可以说是穷困交加。

明代说书非常盛行，皇宫内的有些宦官就专门习此技术。这个时候的说书一般都是有乐器伴奏。而且，明代开国说书先生就有一个特点：时事书。

例如《三宝太监西洋记通俗演义》这本书的形成。每次郑和率船出海之后，数千乃至数万人的随行队伍成员们就会向世人讲述各种奇闻逸事。许多说书先生便根据这些新奇的事儿，或者加入书中或者单独成为故事，当时的人称之为"看场之平话"。

中国名著中有一部分经历了从史家记录到民间传播，最终由曲艺弘扬流传后小说家写作这一阶段。《三宝太监西洋记通俗演义》这本书也是如此，到万历年间由罗懋登对说书先生的内容进行润色、加工成书。

曲艺对于文学、艺术的影响在封建社会是非常大的，而且在今天也有着强大的娱乐诱惑力。例如，身为曲艺曲种的二人转、相声、评书、评弹等，至今都有着无数痴迷者。明代大众最广泛的娱乐欣赏方式是曲艺，较为高级的就是戏剧了。在介绍明代戏剧业之前，请先看一个小故事。

千里大旱，土地干裂。乌鸦在干枯的树上悲鸣，呱呱呱的声音让人倍感凄凉。阵阵哭泣声中，一位身着粗布的女子，正悲悲切切地哭着。她跪倒在地，用流着鲜血的手刨着地面。慢慢地地面被挖出了坑，越来越深、越来越大。最终，那大坑挖成，她才站起了身，艰难地走回家。

家中有两具尸体，男的五十开外，女的五十左右。女子一见二者面容，不禁再次痛哭失声。"爹呀，娘呀，怪媳妇我未能尽孝。媳妇之罪，媳妇之罪！"说罢，女子先将婆婆的尸体放在一个破芦席上，拽向了那个她双手挖出的坑。

按照坟头儿的规矩，必须要冒尖儿的。因此，这位女子再次用双手挖土。那坚硬似铁的地面，让女子的心更疼痛。每挖一下，她的身子就震颤一下。她在口中默念着："二郎呀，二郎！你为何总不归家！"

整好了坟头，女子回家整理了一个小包袱，便匆匆上路前往京城。这一日，她来到相府门前乞讨。忽见一人骑着高头大马，满面红光地走来。女子高呼一声："二郎！"那人猛见此女，浑身一颤，"哎呀"一声，之后眉头紧锁，牙关紧咬，低声说道："人不为己，天诛地灭！赵贞女！蔡氏！非是我蔡邕歹毒，今日为了我的荣华富贵，我怎能容你！"

想到此处，蔡邕一提马的缰绳，那马稀溜溜几声嘶鸣之后，直奔女子而来。

许多人都知道蔡邕是谁，很大程度上是因为他有个很知名的女儿——蔡文姬。蔡邕是东汉末年的一位大知识分子。可惜，民间素来对知识分子有些看法。而且，确实有一些人自考取了功名之后，抛弃妻子投入富贵豪门的怀抱。因此，民间自然对某些知识分子采取敌视态度。因为蔡邕的知名度较高，很不幸，蔡邕被选中，成了这样的代表。

这是《赵贞女蔡二郎》的故事内容。该剧出现于宋代，在南宋流传非常广，特别是曲艺、戏曲、民歌小调等都有所展现。"秦香莲"这个故事在清朝没有出现前，"赵贞女"就是"丈夫忘恩负义"的受害者的代表。更有一种说法认为，秦香莲故事中的主人公陈世美的原型陈熟美的两个好朋友仇梦麟和胡梦蝶，因与陈熟美发生冲突，正在气愤之极，忽然看到了《琵琶记》这部戏（这部戏的前身就是《赵贞女蔡二郎》），于是，二人买通剧作家写了"秦香莲陈世美"的故事。

总而言之，赵贞女和蔡邕的故事流传和影响极广。对此，陆游在《小舟游近村舍舟步归》一诗中便说：

斜阳古柳赵家庄，负鼓盲翁正作场。

死后是非谁管得？满村听说蔡中郎。

可到了元代却发生了质的变化，赵贞女和蔡二郎的故事彻底变了味儿。正因为这种变化，才使得这部剧在明初朱元璋治理下大放异彩。

唐伯虎被娱乐化的背后

唐伯虎被神奇化的背后操盘手都是些什么人呢？本人认为，书画商和出版商乃是始作俑者。唐伯虎死后没有三十年就被图书出版业看中，逐渐对其进行神奇化。这首先要归功于明朝极为发达的出版业。今日的编印发宣传，在明朝都已基本具备。其上游是作者、书画家的出版需求，同时，又带动了较大的就业人群，更与纸、墨、加工制作作坊等商业组织相关。其读者主要是文人和市民阶层。其主要的内容就是科考需要的经史子集及其点评。到了成化年间之后，随着人们的生活水平的提高，小说休闲类图书日渐增多，吸引了不少地主、富商、官商甚至走私者的资本介入，他们往往根据自己的观察、喜好，主动提供一些作品，创造了当时出版业的繁荣。

唐伯虎传奇背后的推手——图书出版商和书画商的共谋

明朝的出版业早在正统时期（1436—1449年，明英宗）就已经开始发展了。叶盛（1420—1474）的《水东日记》卷二十一《小说戏文》载：

> 今书坊相传射利之徒伪为小说杂书，南人喜谈如汉小王（光武，刘秀）、蔡伯喈（蔡邕，蔡文姬的父亲）、杨六使（文广），北人喜谈如继母大贤等事甚多。农工商贩，钞写绘画，家畜而人有之。痴骀（呆）女妇，尤所酷好，好事者因目为《女通鉴》，有以也。

即在此时，权力和资本也已经进入了出版领域，叶盛继续说道：

> 甚者晋王休征、宋吕文穆、王龟龄诸名贤，至百态诬饬，作为戏剧，以为佐酒乐容之具。有官者不以禁，社士大夫不以为非，或者以为警世之为，而忍为推波助澜者，亦有之矣。意者其亦出于轻薄子一时好恶之为，如《西厢记》《碧云騢》之类，流传之久，遂以泛滥而莫之捄（通假"救"）欤。

可见，早在唐伯虎出生前的三四十年，出版领域就已经开始按照市场运作了，甚至其中出现了一些对传统社会风气有害的作品，许多人都为之感到惊恐。

整个明代的出版领域的作家主体以落第文人为主。方志远先生在《明代城市与市民文学》中透露，在白话原创小说的作家群中，落第、四处游走、以出谋划策而意图荣华富贵或进入官场的山人集团人数最多达46人，文人包括进士、举人、诸生等16人，书商7人等共计81名作者，创作了118部作品。

在投资图书出版方面，徽商势力最大。而出版业的形式，是以嘉靖元年（1522）为标志。请注意首次对唐伯虎进行出版方面的神奇化就在嘉靖年间，而唐伯虎去世之后，包括《剪灯馀话》《剪灯新话》在内的文言文小说开印出版。同时，成化年间的各种说唱词话也开始传播。更为难得的是，《三国演义》《水浒传》等作品在流传了二百多年后终于成书出版，告别了手抄本时代。在整个嘉靖、隆庆时期（1522—1572年）就出版了40余种通俗小说。

万历时代，出版业又进入了新的时代。特别是万历二十二年（1594）《西游记》的出版发行，更代表了新时代的开始。自万历三十一年（1603）开始，明朝以每年一部讲史演义问世的速度，带来了出版业的繁荣。

出版业的繁荣，带来了图书成本的降低，从而达到了大部分市民都能买得起的地步。周启荣先生给出了当时的图书生产成本和售价：

生产成本，包括木料、刻工不超过一钱；

平价书单册一钱到一两；《四书》的平装简易本合集三五钱。

图书售价与当时的奢靡之风相比，图书购买相对容易。由此，极大地推进了知识推广以及一些人物知名度的流传。与唐伯虎类似，《全像海刚峰先生居官公案传》于万历三十四年（1606）出版，而此时距海瑞亡故（1587）不过19年而已。唐伯虎在嘉靖时代被传播得符合人们渴望新时代的诉求，海瑞的被神圣化，则符合新时代下人们对旧时代的某些怀念。这一切，都是时代的需求，出版商顺势而为。

形象传播路径的时代性

在唐伯虎神奇化的过程中，因为有落第文人和官场失意者的自动加入，如公安三袁、沈德符等，便在这种神奇化中，加入了思想性。如他们都是"心学"的信众，将神圣化唐伯虎作为对自己人生不足的弥补。在传播过程中，他们往往注意到了唐伯虎自身的超级个人解放，关注到了与青楼的关系，特别是在长期与青楼女子的交往中，对她们给予了深刻的同情（同情她们，其实也就是在同情自己，同是天涯沦落人呀！）。

自宣德皇帝之后，皇帝们对于娱乐业的管控越来越松弛。随着商品经济的发达，特别是万历年间随着白银帝国的逐渐形成，对外贸易顺差越来越大。娱乐业在空前发达的状态下，女性休闲生活逐渐丰富起来，慢慢地，打破了之前评论女性地位在明朝空前低下的传统观念。由此，在唐伯虎的形象传播过程中，追求男女平等的新时代特点便融入其中，结果就是诸如《问路记》故事的出现。在这个故事中，青楼女所代表的传统女性，不再是傻傻呆呆的，而是充满了机智。故事是这样的：

> 有一天，祝允明去找唐伯虎游玩，听人说唐伯虎正在街上卖画，连忙走到街上去寻找。忽然看到有一群人正围着什么指指点点、嬉笑惊叫，心想：这么多人围着看热闹，那准是唐伯虎的画摊儿。祝允明三步并作两步，连忙走了过去，一看不错——正是唐寅唐伯虎。
>
> 只见唐伯虎的画摊前只悬着一幅画，画的是一只浑身黑毛的狗，旁边写着：有买者付银三十两，猜中者一文不取，赠送此画。
>
> 周围的人指指点点，纷纷猜测，可是没有人能猜中，

祝允明则分开人群挤了进去，拿下了画一言不发掉头就走。唐伯虎一看急忙追了上去，一把抓住他："祝兄，你这是做什么呀！你是买画还是猜谜？"

祝允明还是不理他，只顾走路，唐伯虎只好说："好吧，好吧，你猜中了。"

祝允明这才停了下来，呵呵一笑。原来这谜底就是一个"默"字，"黑""犬"两个字合在一起就是默，祝允明是在用他的行为表演谜底。

"子畏，这么好的天气，你在这儿打哑谜有什么意思？听说离城十五里外有个清霞观，风景很好，而且还有位老隐士画画非常好，你何不收拾了东西随我去逛。你看看，你制的谜我一下子就猜到了，说明我比你有才。不服气的话我们路上可以再比试。"

唐伯虎一听冷冷一笑："老祝，你别吹！看我怎么收拾你，先跟我收拾画摊子！"二人对视一笑，收拾了画摊一同赶往清霞观。两人一路上有说有笑，忽然前边来了一位二八俏佳人儿，一步步款款走向二人。祝允明和唐伯虎对视一眼。

"子畏，你问路吧。你长得帅！"

"哎，不了不了。老祝，你长得让人安心！"

"不带这么骂人的呀。这不是说我长得难看吗！看我的，我来问路！"

那位俏佳人早就看到二人站在路口左顾右盼，已明白了他们的难处。而且，这个女子认识二人，知道乃是苏州城内的两大名人。她也很有才华，只不过因为是女子，不能随便抛头露面。平素里又听说这两个家伙非常狂妄，因此，准备考考二人。

正在她琢磨之际，祝允明走了上来，躬身施礼道："请问这位姑娘，去清霞观该走哪条路呀？"

俏佳人淡淡一笑，并不理会，从地上捡起一块石子，在地上写了个"句"字。

"您这是何意呀？"祝允明低着身子，疑惑不解。

俏佳人嘴角一撇："还才子呢！我看是个蠢蛋！"

目送着女子款款而去的背影，祝允明一阵气恼："不告诉我也就罢了，为何取笑我？"

那女子路过唐伯虎的时候，不禁看了一眼，目光中透着挑衅。见女子走远，唐伯虎连忙跑了过去，低头一看，又抬起头看着祝允明。祝允明皱皱眉头说："真是奇怪啊，答非所问。"

唐伯虎闻听哈哈大笑："人家不是已经告诉你答案了吗？我们该往左边的路上走。"

祝允明挠挠头，还是不明所以，唐伯虎笑道："你看，'句'字可不就是'向'左一直去（也就是'向'的左边去掉'一直'是为'句'）吗？"祝允明听了才明白过来，对唐伯虎的才思敏捷算是心服口服。两人沿着左边的路一直走下去，果然找到了清霞观。

到了清霞观，唐伯虎没有心思赏景，拉着祝允明就问老隐士何在。等二人到了之后，发现前面正站着一位娉娉婷婷、打着把小花伞的姑娘，正是刚才那位俏佳人。

俏佳人见到二人之后，微微一笑："我爷爷早在等你们了！"

祝允明连忙上前："姑娘真是多才，祝某佩服佩服！"

俏佳人嫣然一笑："楼外青山楼外楼，不可小看女人哟！"

唐伯虎生前在书画交易市场的地位

同时，唐伯虎本身最大的技能是书画，而唐伯虎去世前后，苏州的书画市场已经非常繁荣了。而书画的价值，自古至今都有一个潜规则——作古者的作品卖价会更高。

唐伯虎的家乡苏州，因大运河而兴，在十四五世纪其繁华程度在南方首屈一指，到了十六世纪扬州才后来者居上。唐伯虎时代的苏州商业比较兴隆。正如其所言"列巷通衢，华区锦集，坊市棋列，桥梁栉比""市河到处堪摇橹，街巷通宵不绝人；四百万粮充岁办，供输何处似吴民"，各种店铺星罗棋布。在这种情况下，招幌、牌匾等都需要书法家题字。另外，商人们在满足了物质需求以外，往往也会附庸风雅，字画的需求便比较高。由此，便催生出书画古玩交易市场。

在苏州，实力比较大的商人集团是徽商。他们也是一掷千金的大主顾。像唐伯虎（不看重钱）、文征明（耻与商人为伍）这样比较有特色的人，往往喜欢和鉴赏家、收藏家打交道；祝允明则是来者不拒，精神（钱）很重要。因为，祝允明的书法水平颇高，而且对商人来者不拒，在他生前就已经出现了"赝书亦遍天下"的情况，上至达官显贵，下到黎民百姓都可对人狂言：吾有祝允明的字儿。

苏州书画交易市场不仅仅有赝品，更有许多投机者。例如文征明曾经对人说过，寻常人家求书画他才懒得管理，什么官宦、侯王、外夷，就算你再有权、再有钱我也不给写不给画。周王、徽王不信邪，既然你不畏权贵、不媚金钱，那好吧，咱们等价交换，我拿古董跟你换，结果，文征明连看都不看，礼品盒都不启封。外国使者前来求见，文征明一概不见，"我的东西给懂行的人看，他们看得懂、欣赏得了吗？"但是，书生、老朋友的后代、老婆家或姥姥家的亲戚如果因贫困来求助，文征明是不眠不休也要为之书画，帮助他们解困的。

相反，我们看唐伯虎。他则在商业交往中或者任凭性情要求画好后拿酒来，或者去青楼缺钱了，随便给足所需即可，因此，他的画作在当时市面上相对较多。但与祝允明和文征明相比，唐伯虎的书画在活着的时候，并不太受欢迎。苏州在明朝书画艺术方面影响深远，被人称为吴门。吴门领袖沈周，也即文征明、唐伯虎等人共同的老师，一生不参与科举，卖画为生。沈周之后，文征明引领吴门将近五十载，其地位非唐伯虎能比。在书法上，祝允明更是在生前就已经风靡天下，求书者往往贿赂他身边的妓女才能得到。不过，祝允明虽然赚钱多，但不善于营生，所赚的钱几乎都花在了青楼上，经常债台高筑，求助朋友。

而唐伯虎之后，因为奢靡之风、个人享乐之风盛行，许多文人都加入了伪造书画的行列。苏州书画市场在繁荣的同时，它的阴暗面——赝品也随影而行。起初，沈周因为专营卖画，许多落难儒生请其帮忙在自己的作品上盖章题款以期卖得好价钱，沈周也大多同意。唐伯虎成名之后，也做书商，忙不过来也会请老师周臣、朱纶等人代写代画；文征明也经常让学生朱朗代笔。像这些书画大家，往往是从体味他人生活艰难的角度来帮助造假者。但后来，造假的职业化、流程化便使得书画交易市场愈发地萎靡。"苏州片"的作坊，通过各种手段伪造当地或前代名家的作品。不少书画作家都参与其间。首开先河者如朱殿和王叔明，二人经常伪造书画牟利。其后的金耐田也是造假高手。当然，有些造假者的水平也非常高，例如某徽商曾经买了一幅董其昌的作品，后来见到了本人。董其昌怜悯他便为其重画一幅，结果，其水平竟不如造假者。

大书画家董其昌就曾经临摹伪作过他人名画，一幅换了五十两白银。那么，文人如何进入这一行当呢？

玩到极点——书画家导致的民变

唐伯虎的思想内核形成阶段，即成化、弘治时代，明朝的娱乐业尚未到畸形繁荣的地步，整日里消磨在享乐中的人群只是限于某些地域，尚没有达到精英阶层的全面化，否则就不会出现类似于文征明这样的巨擘守卫者。但是，正是因为武宗、嘉靖长达五十年的不作为甚至积极引导，才导致万历时期的无法改变，娱乐业的畸形繁荣。期间，知识分子也在其中推波助澜，大书画家董其昌甚至为此导致了民变。

若要柴米强，先杀董其昌

万历四十四年（1616），万历皇帝不知为何竟然主动看起了报纸。突然，一件发生在江南的事情引起了他的注意，气得万历怒道："不想一个奴才在乡间如此为非作歹。来人呀，给我到民间弄些《京报》来，我要看看更详细的新闻。"原来，明代大画家、退了休的政府官员董其昌因为抢夺民女，被当地百姓抄了家。

万历四十三年（1615），60岁的董其昌看中了一个名叫绿英的姑娘。绿英是陆绍芳这个有功名的诸生家里的一个佃户的女儿。董其昌的儿子董祖常看老爹喜欢上了人家，顺者为孝嘛，董祖常立刻率人把绿英抢走了。这一下陆绍芳还有社会上的新闻工作者以及艺人们可就不干了。陆绍芳组织知识分子、新闻工作者在报上撰文抨击，艺人们更是各显其能——说书的编成了平话，唱曲的编成了弹词，事件广为传扬。

董其昌忽然发现自己已经成为公众人物了，大为恼怒。他认为这是一个叫范昶的人捣的鬼，而范昶给予否认，谁知随后范昶暴病而亡，范母带着儿媳龚氏、孙媳董氏和女仆们穿着孝服到董家门上哭闹。令人发指的事情发生了。董其昌的家丁竟然将这些女人拉到隔壁坐化庵中集体强奸。范家告状，衙门却久拖不决。民众开始鼓噪起来，人们四处张贴檄文布告，号召百姓前往董家讨公道。

大街上的童谣竟然是"若要柴米强，先杀董其昌"。正月十五百姓们拥到董其昌家将董家的几十间房屋拆毁。正月十六，从上海青浦、金山赶来的百姓开始火烧董家其余的房子。据当时的报纸透露：有两名"童子"率先进攻董家，数百间豪华建筑被烧毁。十七日、十八日松江府其他地区的百姓陆续赶来，拆毁、焚烧董家在当地的其他房产。十九日松江百姓拆毁、焚烧有董其昌题词的建筑。

官员向朝廷奏报，说是因为传奇小说《黑白传》（说书艺人根据这件事临时创作的作品）造成民变。当时的明朝政府将此事定性为：广大人民群众受了一小撮别有用心者的蒙蔽。

董其昌认为这是政敌所为，地方官认为是民众受了愚弄。争执了半年后，苏州、常州、镇江三府会审的结果是：对直接参与烧抢董家的一干流氓定为死罪处斩，对松江府华亭县儒学生员五人杖惩并革去功名，另有五人受杖惩并降级，三人受杖惩。

民变背后繁荣的明朝报业

上述案例之所以能被今人看到，明代报业工作者居功至伟。否则，如果全凭官方记载，我们肯定不会知晓许多事情的内幕。当然，直到今天也有一些人因为喜欢董其昌的字画和学问，爱屋及乌，认为董其昌是无辜的。

由于抄报行大写"兽宦董其昌，枭孽董祖常"等标语，沿路张贴，结果安徽、湖南、湖北、四川、陕西、山西，甚至北京都流传此事，船渡码头、交通要冲等处的抄报行也竞相刊登，结果连朝廷也知道了这件事。当年，《邸报》就刊载了内阁对董其昌的批评，说他是"圣朝弃物"，并提出处罚意见：即有不赦之罪，宜赴所在官司告理，或因而奏请处分。并说：若不对董其昌父子进行严惩，"三吴之势家大族，人人自危，小民沙中偶语，无日无之，恐东南之变，将在旦夕，此又甚于夷狄盗贼（后两字缺）"。

在明代，报业已经成为一个非常重要的行业，从上例就可以看出其影响力。早在万历十年（1582）四月，户部尚书张学颜曾请求免除三十二个行业的税收，以让他们尽快成长起来，报纸就是其中之一。这三十二个行业是：网边行、针菎杂粮行、碾子行、沙锅行、蒸作行、土碱行、豆粉行、杂菜行、豆腐行、抄报行、卖笔行、荆筐行、柴草行、烧煤行、等秤行、泥罐行、裁缝行、刊字行、图书行、打碑行、鼓吹行、抿刷行、骨簪箩圈行、毛绳行、淘洗行、箍桶行、泥塑行、媒人行、竹筛行、土工行等。

尽管抄报行成为需要保护的三十二行之一，但既然能被称为"行"，可见从业的人比较多。在当时，抄报行比较兴盛，宛平县的抄报行就在前门一带。

抄报行兴盛还体现在各省驻京办都设有相应的抄报行。抄报行还专门雇用了一批"新闻线索搜索者"（报子），他们的主要作用，一是《邸报》出来后，负责誊抄，然后根据其中的线索进行采访；二是搜寻《邸报》不刊载的社会新闻线索。

每逢会试、乡试，抄报行的工作之一就是传递考试成绩。

抄报行内的记者到后来也有专门从事贩卖新闻者，就像华阳散人在《鸳鸯针》中描写的落第秀才"白日鬼"周德。由于当时还没有形成新闻审查制度，其间的问题也日渐凸显。

民间抄报行因为以新闻为生命，所以往往采用各种手段挖新闻，其手段可与默多克旗下的《世界新闻报》媲美。例如，清兵进攻山海关，洪承畴投降，崇祯皇帝要求陈新甲等人组织议和。哪知，陈新甲的家仆竟然将此秘密告知了报馆，结果第二天天下皆知。据尹韵公先生推测，这个家仆很有可能是受雇于报馆的报子。

民间抄报行的新闻传播速度显然要比《邸报》略胜一筹。正如当时的首辅于慎行愤怒地说："边塞的战报、重要事情，政府还不知道呢，民间百姓却都知道了。这些报行商人真是为了钱什么都刊登。"

为了新闻更快，明代的报人还印制了报帖，即报纸的内容简介，只讲事情的概况，不详细叙述。最终，形成了明朝的"日报"。

值得今天报人学习的是，民间抄报行的文章集故事性、新闻性、文采于一体，令人折服。最典型的就是对世界三大灾难之一的王恭厂大爆炸（另两大灾难是：印度"死丘"事件、1908年6月30日俄国西伯利亚通古斯大爆炸）的报道。

天启六年五月初六（1626年5月30日）上午9点，王恭厂一声巨响之后狂风骤起，霎时间天昏地暗，人畜、树木、砖石等立刻被卷入空中，又随风落下，数万房屋顷刻化为瓦砾，死伤者多达两万余人。灾后，男女尽皆裸体，衣服挂于西山树梢，银钱器皿飘至昌平阅武场中。紫禁城外正在修缮围墙的三千工匠全部掉下脚手架摔死。正在用早膳的天启皇帝则因为动作敏捷，躲到了龙书案下才幸免于难。

王恭厂是军火库，许多人认为是火药爆炸，但爆炸中心竟然没有丝毫被火烧的迹象，地震的迹象也无，直到今天这个巨大的疑团都没有弄清楚。最终，天启帝下罪己诏，大赦天下。

记载这件事情的文章写得非常有文采，感兴趣的读者不妨找来一看，题目是《天变邸抄》。

第三章
明朝娱乐业兴盛的条件之一：白银帝国

娱乐业兴盛是有条件的，正如朱元璋父子时期，整个京城兴盛的娱乐业其实就是一个青楼业。对于青楼业，政府是支持的，主要原因除了朱元璋和朱棣父子对敌人开展报复心理的需要外，就是当时物质缺乏，对于功臣们、官员们的奖励方式太少。

当朝代的定顶期过去之后，娱乐业需要全面发展，就需要一定的条件，即：物质方面满足了人们的生存需求；精神方面，人们开始寻求个性和享受。

后世的唐伯虎与真实的唐伯虎之间的区别就在于唐伯虎被神奇化了，唐伯虎被神奇化也需要这两个条件，尽管休闲娱乐是人们的基本需求。

条件之一就是需要有较好的物质基础。朱元璋、朱棣父子的五十多年里，农业发展已经基本满足生存的需要，由此，粮食作物向经济作物转变，经济作物的大规模生产便使得农民有了一定的消费能力，同时，商业的扩张之角也在四处延伸。到了成化、弘治年间，明朝国内各行各业都出现了初步繁荣。最终，到了万历时期，晚明的物质生产达到了顶峰，经济出现了空前的繁荣，这一时期许多人都称之为"白银帝国"，其主要特征就是白银在张居正"一条鞭法"之后，成为了法定货币。

为什么是白银成了法定货币

明代物质生产较为丰富的体现就是法定货币之争，也就是纸币、铜钱、白银之间的竞争。

明朝建立后，朱元璋因为缺乏铜钱，白银也很缺少，便继承了元朝的做法——发行纸币。洪武八年（1375）以前，明朝制造能力是大约20万两白银。而当时，全国军队人数达百万，平均到每个人的头上一年不足0.2两白银，按照当时米价1两银子4石米推算，每名军人一年不足1石米。如此的财政状况，朱元璋能怎么办呢？只能发纸币。这种纸币是在没有金银储备的情况下发行的，等于没有任何价值的废纸。

洪武二十三年（1390），朱元璋竟然发行了大约1525.81万锭的纸币。锭是量词，类似于一块金、一根金条。按照相关资料推断，上述资料中1锭纸币应该折5贯钱，因此，按照官方1贯等于1两银子的比价换算的话，大概是0.73亿两白银。为了推行纸币，朱元璋采取了严刑峻法，先是禁百姓用金银，其后铜钱也被禁止。

朱元璋在位期间，平均每年发行纸钞550万锭左右，总共是1.4773亿锭，大概折白银7.3865亿两。整个洪武期间，军费大约占40%，但最大的支出盐钞占44%是从洪武十七年（1384）开始。其他就是宗室花费170万锭，给光禄寺1920万锭，还有其他零碎支出，例如对藩属国、功臣的不定期赏赐等。

由于没有金银储备做基础，且朱元璋之后的皇帝们发行无度，纸币的贬值速度很快。到了成化年间，其贬值率竟在250000%~260000%间。也即，到了成化年间，2600两的纸币额不及洪武年间1两的纸币购买力。到了弘治时期，纸币彻底失去了人们对它的信任。在老百姓的心中，只有白银才算是货币。连朝廷官员也普遍认为纸币形同废纸，只有白银才是真正的货币。到了嘉靖年间，成捆成车的纸币无人问津，随意风吹雨淋日晒。

铜钱也是如此。因为中国古代铜钱的产量较少，而且中国国力较好，周边国家比较认可中国铜钱，因此，中国铜钱的外流也非常多。铜钱也不够用，再加上假币因素，使用方面也很不便，所以，白银逐渐成了法定货币。弘治年间，国家税收、徭役等财政收入、财政支出方面已经全部白银货币化。

白银之所以获得最终胜利，主要是美洲和日本银矿的发现。弘治、正德时期，随着对外经济联系的加深，葡萄牙、西班牙、英国等国家相继来到中国进行贸易。而葡萄牙、西班牙在南北美洲发现了大量银矿，欧洲国家和长期的白银提供国日本一起向中国大量输送了白银，由此，中国市场上的白银完全可以满足中国物质生产的速度。由此，白银帝国诞生了。

白银帝国并不值得炫耀

白银帝国在形成过程中，与新时代相应和。一方面，新时代需要大量白银；一方面，大量外部白银的引入又刺激新时代向癫狂化发展，中国经济出现了严重问题，形成了东部沿海地区高度发达、中西部内陆地区贫困落后的局面。具体来说，就是东部沿海地区、盐茶产区的走私经济猖獗，中西部内陆地区盐茶马贸易始终处在国家的高度垄断下，在权力阶层享受既得利益所带来的好处的同时，却让大部分民众品尝着悲苦。东部沿海地区，特别是东南沿海地区的走私集团，与倭寇、地方富商富户、朝廷官员相勾结，致使倭寇百年难以被剿灭。许许多多的抗倭英雄，都被"莫须有"的罪名抓入牢中，甚至有些二品大员都不得不以自杀进行抗争，提督朱纨就是一个典型案例。

东部沿海地区城市消费严重畸形，以色情业为代表的娱乐业高度发达。通俗点说，明帝国中后期男妓女妓遍布中华，就是在偏远的内陆省份，村妓都在一定范围内存在着。全国范围内的奢靡之风泛滥，加上大商人势力的推波助澜，使得明朝终亡于享乐。

随着新时代的深入，畸形娱乐业日渐发达，拜金思潮开始盛行，"笑贫不笑娼""有钱能使鬼推磨"几成共识。由于巨大的经济红利都被官商、贪官、走私商等放入了自己的腰包，直接导致新时代下的中央政府缺钱。政府公然"卖官鬻爵"，做官成了一种买卖。利用职权垄断某一领域、区域的商业，也成了政府及其官员来钱更多更快的途径。

白银帝国中最大利益的获取者们，在白花花的世界中丧失了自我，从而官僚主义在官场盛行，最终带动各主导阶层流氓化，明末的中国成为弱肉强食、法律和道德荡然无存的国度。不幸的是，又遇到了中国历史上最严重的自然灾害，在社会和自然的双重压迫下，百姓们为了生存只有揭竿而起了……

关于明帝国在经济和军事实力如此强大的情况下，为何突然在几十年内崩溃了，学者们有不同的观点，例如货币政策失败论、与欧洲进行国际贸易战失败论、宏观经济政策调控失败论，以及气候导致灾害频仍论、瘟疫败国论等。其实，明朝的败亡，并不是单一因素造成的，而是在上述原因，以及商人的负面作用、吏治腐败、贫富差距悬殊等综合因素影响下出现的结果。

当人们脱离了生存需要，向更高等级的需求迈进的时候，精神需求的各种供给就要靠文人来解决。而这时，明初对于文人秀才的各种照顾逐渐取消，人们的拜物心理越来越严重。科举不再是唯一（尽管是最好）的途径。明朝中叶后，随着自然灾害事件的增多、吏治整顿日渐被忽视，走私经济和官僚商人对中央和地方政府税收产生了巨大影响。政府缺少财政收入，就会在官员薪酬发放、救灾物资调拨、国防建设等方面捉襟见肘，因此，中央政府就开始鬻爵，兜售功名。

白银虽然促进了商业的繁荣和物质财富的大规模增加，但是它的出现对于当时的明朝来说，所起的负面作用要大于正面作用，它加速了明帝国的衰落。而白银之所以有这么大的负面作用，罪不在于白银，也不在于唐伯虎这样的小商人而在于官僚和官商。

白银成为法定货币后，虽然带动了商业的兴旺，但并没有给百姓带来实质性的好处，反而带来了无穷灾难。因为，白银不在百姓手中。谁有？皇族、官员、富商。明朝中央政府反而成了"最大的受害者"，因为，中央政府手中没钱。再加上自身的腐败和自然灾害，终于导致了农民起义，使帝国大厦在看似最牢固的时候轰然倒塌。

第四章
明亡于畸形的娱乐业

任何一种新生事物的到来,必然要经过与旧事物的缠斗才能够形成正常的新秩序。可惜的是,弘治皇帝之后的正德、嘉靖、万历等基本上属于不务正业的帝王。对于新时代的抵抗,只剩下一些官员、文人,如文征明之流,以一己之力进行着抵御。但最终,新时代以诱人的方式瓦解着所有人的斗志。因为新时代更符合人的本性,人人都喜欢过这样的生活。

人人都喜欢的,未必是正确的。例如张扬个性,每个人都希望拥有自我,都喜欢与众不同,但如果发展到眼中只有自我的时候,那么这种张扬个性就过度了。正如本篇第一节中所展现的那些内容一样。

再比如享乐。谁不喜欢享乐?但享乐也需要注意自己的生产力。享乐，本质上就是消费，如果没有引导，人人就会在超出自己的能力范围去拼搏。当靠自己的能力、靠正常途径不能取得的时候，就会践踏人世间的一切法律和道德。

那么，明朝的社会生产力到了人人享乐的地步了吗？显然没有，否则就不会出现我们上文所说的，许多知识分子的理想就是多蓄养奴隶、多娶些青楼女子，青楼业也不会那么发达。显而易见，当大部分人贫穷，支托起来的少数人的奢华是不会长久的。

工人日巧一日，人情日薄一日

个性张扬和享乐融合在一起就会变成奢侈，因此，奢侈行为几乎没有任何正当性。当然，个人奢侈只是害了个人或家庭，但当奢侈成为时尚之后，害的就是民族与国家。人们就会不顾及自身条件，为了面子，为了意气之争，而竞相斗奢。在一些人看来，这种斗奢是自我个性的彰显，对于贫苦人竞相购买假品牌等不正常行为就会成为风尚。

社会风气大大变化，周晖（1546—？）的《金陵琐事·卷4》中就发出了感慨：

> 最不可伪者，金也。二十年来，金丝有银心者，金箔有银里者。工人日巧一日，物价日贱一日，人情日薄一日。

叶权（1522—1578）在《贤博篇》中就说了一些假冒案例，令人觉得痛心，如他说苏州卖花人挑花的担子中，看着非常好看，但基本上没有一枝花是真花；卖的杨梅为了好看好卖，往往用墨染成紫黑色；老母鸡插上个长尾巴假装当作野鸡卖。

当人们活在虚幻的繁荣中时，所有人都忽视了危险，觉得繁荣不但将依旧，而且会更好。但晚明越来越频繁的民变，恰恰说明这种虚假的繁荣背后隐藏着的是更大的危机。民变，并非要推翻政府而是希望吏治更加清明，民变的领导者大多是有产阶层，因此，他们并不希望改朝换代似的革命。然而，革命要来的话，任何人都无法抵挡。万历中后期，自然灾害频仍，吏治以及洪武荒政体制的衰落，直接造成农民起义的出现。农民起义则是以改朝换代为根本目标，革的就是朱家的命。

最终，在虚假繁荣下，明朝的大厦轰然倒塌。而在大厦坍塌前，明朝的娱乐业到了疯狂的地步。

全民奢侈化思想后，娱乐业畸形繁荣了

许多历史学家用乾隆时期的《消夏闲记摘抄》和《禁奢辩》中的一些合理情节，来论证奢侈有一定的正面价值，甚至催生了晚明的经济大发展。著者虽然是后学，但仍然认为：如果仅仅是物质方面的增长，就是正向意义的话，历史就不会走到今天这样。

古希腊、古罗马以及我国许多朝代，从经济方面讲都是在高峰时灭国的。因此，如果历史学者特别是经济史学者，仅仅从经济史或政治史或军事史单独面来看待历史的话，许多问题都不会想明白。明朝的经济虽然高度发展，但这与明朝的生产力严重不符的。

比如陆楫（1515—1552），他的观点核心就是：秦淮歌舞是国家太平的表现，是一种社会的进步。节俭可保一人或一家不贫，

扩大到全社会则未必。并说从来没看到过奢侈可以把全社会变得更穷的案例。作为明代经济学者，陆楫的这种观点不值得一辩。

顾公燮是一百多年后的乾隆时期的人，他的观点比陆楫还要更进步一些，"有千万人之奢华，即有千万人之生理。若欲变千万人之奢华而返于淳，必将使千万人之生理亦几于绝。"他还是以乾隆时期的苏州为例，举了一些奢侈行业的门类，"即以吾苏郡而论，洋货、皮货、衣饰、金玉、珠宝、参药诸铺，戏院、游船、酒肆、茶座，如山如林，不知几千万人。"但是，顾公燮显然是在偷换概念。奢侈是一种行为，而不是一种职业；奢侈是一种思想，而不是消费行为本身。在我们的头脑中，奢侈其实是一种发扬自我个性、寻求一种社会认同的手段。它实质上是一种生活方式，是一种满足精神需求的手段。

奢侈其实是个人享乐与个性张扬合体后的畸形心理反应。

奢侈行为，自古即有，首先就是皇室。

本来按照制度，皇室的花费由内帑支出。但内帑的钱来源于何处？同样是靠税收。尽管有一部分是靠派出去的太监税使、皇店皇庄等自行收缴，罚没部分贪官的家产等，但主要还是政府的财政划拨。例如正德元年（1506），皇帝登基的140多万两白银皆出自户部。皇室用度，除每年的粮食供给外，还有各种生活物资。生活物资最主要的两项花费就是丝绸布匹和土木工程。皇帝本人的奢侈消费、大兴土木造成巨大浪费，最终连朝臣都无法忍受。

嘉靖十九年（1540），工部尚书温仁和上疏：仅宫、殿、宇、坛、厨库、陵、碑等就花了将近635万两白银。修缮其做藩王时的住所也耗费了170多万两。为了修建宫殿庙宇，他还命令四川运木头、天水山运石头，而取材、运输，皇帝则一分钱不掏；瓦则由苏、松、常、镇、天等地供给；结果造成天下窑工、木工、瓦工等纷纷逃户。就连嘉靖都承认自己的做法是全都靠百姓。

其次是官员的奢靡之风。梁方仲先生指出：银子的普遍使用，固然是货币经济抬头的表征，但是银子的使用方法，随着阶级基础的不同而有所不同……银子自然是集中到少数高级官吏手中……在货币的流通范围内，俨然已分成两个世界。

典型的代表就是张居正，在张居正看来，每顿正餐若没有上百种菜肴都难有一饱。张居正真的有那么大的肚量吗？显然，这是受了当时奢侈之风的影响。张居正算不得大贪，天下贪官污吏更是有过之而无不及。当我们在讨论奢侈与节俭哪个更对国家与民族有利的时候，我希望有些人可以感受到晚明荣华富贵、畸形娱乐消费背后是绝大部分人的哭号以及被虐杀的场景。晚明盛行娈童，同性恋比较严重，这两个词特别是前者代表着什么，作者就不必赘述了。

再次是商人的奢侈之风。受惯了蔑视的商人在得到了比"士"还要尊贵的社会地位后，并没有形成统一的行为规范。再加上明朝中后期，商人家族成员大规模进入政府，使官商一体化现象非常严重，从而加重了吏治腐败。

白银帝国给普通百姓带来的是无尽苦难。之前是官僚压迫，而白银帝国时期则是官商共同压迫百姓。白银在破坏了旧的等级观念的同时，又催生了新的等级观念。一些儒家理念中的正面思想，如"爱国"被效忠家族利益所代替。再如，信奉儒家思想的官员往往非常重视"名节"，然而，到了晚明，名节敌不过十两银子的官员大有人在。

在当时，商人中有文化的人可以通过科举进入仕途，没有文化的则可以通过捐钱成为官员。例如，正统年间的江苏淮安人徐颐、常熟魏姓商人，二人花巨资买了中书舍人的官职，其后魏姓商人还当上了主事。当时，北京有一句口头禅叫"金中书，银主事"。到了1451年，明政府正式允许卖官鬻爵之后，大富大商可以买大官，一般商人和地主通过捐钱也可以成为"义民"，好处就是可以头戴纱帽、免除劳役。

仅从成化十年（1474）到弘治元年（1488），长洲一个县就有差不多三百人花钱买"义民"的头衔，每人40两银。这一个县，仅卖"义民"名号的钱就达到了1.2万两。然而，"义民"们不会做赔本买卖，因为可以免除劳役，这些人变着法儿地将不相干的人收拢在自己的家园内，形成了一大群不用缴税的人。可以说，明政府在一方面增加了财政收入，却在另一方面导致了长期税收收入流失，并越来越对治理下的臣民失去控制。

商人买官、买义民称号，主要不是为了免除劳役，而是使自己的生意更有保障。到了后期随着高利贷经济的发展，官商的关系又有了新的变化，商人向官员放贷，从而紧紧地将官员控制在自己的手中。例如翰林院修纂沈懋学，为了应付官场越来越奢侈的消费之风，怕被别人看不起，也向高利贷商人借了三四千两银子，最终给后世子孙们带来了无穷无尽的债务。即使国家处于危难时期，这些人同样为了保护自己的荣华富贵拒绝帮助政府。例如，为了抵挡李自成起义军，崇祯要求大臣、皇亲国戚、宦官捐钱。结果如何呢？正如我们上面所说的，崇祯皇帝号召捐钱结果官员也就捐了几十万而已，可李自成一逼问，至少得了两千万。正如崇祯所说："假如文官不爱财，武官不怕死，大明就有救了。"然而，这可能吗？

晚明的畸形繁荣背后是大量因土地被兼并、农业收入远远不如手工业及走私乃至为奴为阉收入下，大量农民进城务工，从而导致一者享乐，二者狐假虎威，七者提供享乐。青楼业发达的问题即在此，无数的青楼从业者难道都是大家闺秀、皇族高官的女儿不成？那些为享乐者提供服务的奴仆婢女，难不成个个也是腰缠万贯？可见，建立在少数人基础上的繁荣，必然是无根之本，虫儿在里面蛀蚀到一定程度，风儿一吹，表面高大粗壮的大树就咔的一声断了。

青楼业的五大贵宾客人

娱乐业在当时最大的主顾并非普通人，也非各色小商人，而是五大既得利益集团成员，他们才是娱乐业最欢迎的豪客。

晚明城市化发展所涌入的普通百姓是娱乐业的基础客人

明代中后期，国内贸易随着交通的发达而迅速发展起来，以前南北货物难以大规模交换的现状被彻底改变。南方以卖方身份出现在北方市场，主要供应丝织品、瓷器、棉布、木料、纸张、漆器、有色金属、皮革等。北方输出的商品大多是棉花、羊毛纱线。

商业的高度发达则直接促进了城市发展，例如淮安因为运河而兴盛，它被荷兰大使霍姆在1644年称为"中国的第八大城市"。

除此之外，就像今天的深圳在十几年间由小渔村变成大城市一样，明代京杭大运河的繁荣，也使得一些之前名不见经传的小地方成为皇帝心目中重要的地方。例如，因为大运河的徐州段水流比较急，为了行驶安全，政府便修建了一条备用运河，1587年在这条备用运河的某个地方修建了一个名叫"夏镇"的地方。而17世纪初，皇帝便派了一名亲戚坐镇此地专管收税。

在万历、崇祯年代，由于水路交通的大发展，国内贸易、国际贸易的兴盛，中国逐渐形成了十五大城市，它们是：北京、南京、杭州、镇江、广州、福州、苏州、上海（当时称松江）、淮安、扬州、临清、济宁、仪真（主要是今天扬州下辖的仪征市，当时称"仪真"）、芜湖、景德镇。

以苏州为例，苏州当时因为经济发展较好，因为土地兼并带来的大量的进城务工人员，是带动明朝娱乐业繁荣的基础。无论从事什么工作，娱乐是必需的。农民劳作休息期间，地主也会请人来唱戏，贫穷者也会在田埂边哼唱民歌解闷儿。到了城市里，漫漫长夜如何打发？自然各种曲艺以及低端戏曲演出机构就会出现。这些就构成了娱乐业兴盛的基础。

土地兼并问题是历代大的王朝衰败的根本，明朝也不例外。到了明朝中前期，土地兼并问题已经较为严重。明洪武二十六年（1393），全国缴纳田赋的土地850多万顷，到了弘治十五年（1502）只剩下了约422万顷，50.3%的土地都被兼并了，而这些数字尚未包括一百多年来新开垦的荒地。这种现象之所以出现，除了皇帝们的主要聚光点没有放在这个问题上之外，不能不说经济自由思潮的出现也是原因之一。

不知道具体数量的失地百姓，在进入城市之后，在给予城市更多的建设的同时，因为无业或业主的欺压，许多人放弃了就业，以混混的身份继续存在于城市。而他们的时间剩余较多，除了吃喝玩乐之外，就是前往青楼消费。那么，这些人到底有多少人呢？答案是很多，多得无法统计。

广大农民不种地后都去做了什么

正如现在某些人经常说的一句话：农民不种地，为啥非得往城里跑？其实，说这些话的人，要问问自己的父母是从哪辈子从农民转为市民的。另外，农民为什么要进城？前面我们说了两个：其一，做农民不赚钱；其二，土地兼并，农民没办法种地。现在我们就说说另外的赋税问题。

成化年间，江苏溧水县知县写了一首《永丰谣》来慨叹农民因为赋税徭役所迫不得不离开土地进城打工：

> 永丰圩接永宁乡，一亩官田八斗粮。人家种田无厚薄，了得官租身即乐。前年大水平斗门，圩底禾田没半分，里胥告灾县官怒，至今追租如追魂，有田追租未足怪，尽将官田作民卖，富家得田贫纳租。年年旧租结新债，旧租了，新租促，更向城中卖黄犊，一犊千文任时估，债家算息不算母。呜呼！有犊可卖君莫悲，东邻卖犊兼卖儿，但愿有儿在我边，明年还得种官田。

农民背井离乡之后，或者进城务工，找不到工作就成了地痞流氓，或者继续四处流浪成了流民，最终演变为波涛骇浪的农民起义，推翻了明朝的统治。

农民进城当了工人、服务业工作者、地痞、流氓、混混之外，有些功夫的人则成了保镖。明朝中后期商品经济发达，一些有钱的富商为了保护自己的家财，大规模雇用保镖。因为大规模的白银流入，高利贷行为普遍存在，雇用保镖就是为了收账。留在农村地区的人中，也有一些游手好闲之徒，专干些坑蒙拐骗偷的勾当，此外还替地主收租。

为此，在明中后期，城市乡村遍布大大小小的流氓，到后来逐渐形成了流氓组织。这些流氓组织经常寻衅打架，他们甚至可以根据雇主的要求，将人打成不同程度的内伤或外伤，在限期内死亡。更为严重的是，流氓骗子们还参与制造、运输、销售假银的违法犯罪中。

最后，流氓人群逐步扩大，士大夫、知识分子也开始流氓化。明武宗后期，一些招摇撞骗的儒家子弟为了金钱，为地主富户伪造家门历史、胡编家族人生平。在这方面，袁铉是一个突出的代表。也许，许多人认为这种现象不足为奇。但是这种文人的大量出现，却是乱世先兆。因为，知识分子的节操是保持社会思想纯洁的最后防线。它崩溃了，那么世界也就离疯狂不远了。

最终历史也证明，清军入关之后，大批知识分子果然变节。同理，晚清也是如此。

行商兴，娱乐业兴，青楼业大兴

商业化大发展，不仅促进了城市化的大发展，使得早前的大城市日渐兴盛外，更使得一些过去名不见经传的小地方，因为地理位置的原因，行商多路经此处，久而久之，由小渔村变成了大城市。在明朝时，人们管它们叫作"大马头"，按现在的写法是"大码头"，也就是货运中转站的意思，例如荆州、樟树、芜湖、湖州、瓜洲、正阳、临清等地。特别是荆州的沙市，其繁华的程度甚至超过了北京、苏州、南京等地。

行商发达之地，必为青楼兴盛之地，必旅游业发达，必餐饮业昌盛，必交通运输业发达。苏州恰也是行商聚集之地。在当时的中国，有四大"聚"之说：北方的北京，南方的佛山，东方的苏州，西方的汉口。

因此，苏州的晚明化风尚在成化、弘治、正德就出现了。那时，温饱问题在江南地区已经得到解决，青楼业、旅游业、餐饮业已经日渐兴隆，而这时，包括唐伯虎、祝允明、张灵等一大批文人才子的介入，则起到了推波助澜的作用。

行商分大小，小行商就是像唐伯虎那样需要外出兜卖商品的商人，其实生活很苦，明朝文人冯梦龙的《喻世明言》就说：

人生最苦为行商，抛妻弃子离家乡。餐风宿水多劳役，披星戴月时奔忙。

水路风波殊未稳，陆程鸡犬惊安寝。平生豪气顿消磨，歌不发声酒不饮。

少资利薄多资累，匹夫怀璧将为罪。偶然小恙卧床帏，乡关万里书谁寄？

一年三载不回程，梦魂颠倒妻孥惊。灯花忽报行人至，阖门相庆如更生。

男儿远游虽得意，不如骨肉长相聚。请看江上信天翁，拙守何曾阙生计？

还有一些大行商，也非常苦。例如十大商帮中的"龙游"商人。龙游商帮以贩卖珠宝为主，但是他们中的许多人却将自己打扮为僧道乞丐之流，身上穿的大多是破衣烂衫，身上长的是假脓包烂疮。其实，从这个角度看，我们反而可以反证出：晚明其实并非想象中的那么美好。这些商人为何这样？最大的可能是治安不好，另外则是为了免于盘剥。

当然，我们此处并不是在批评商人，商人中也有行善乐施的人。晚明自然灾害频仍，许多地方官府都不作为，而救灾赈灾中常常可以看到商人的身影。但是，晚明商人最大的败笔就是没有形成自己的商业道德或是商业伦理。这是晚明给我们的一个教训。各行各业应该都有一个行业规则，有些事情能做，有些事情不能做。

行商愈是发达的地区，以青楼业为代表的畸形娱乐业越发达。行商缺乏情感交流，缺乏安稳的生活，更缺乏当时社会环境下的认可。由此，在经商之余将情感寄托于青楼就很正常了。但是这些人往往并非青楼里面的上宾，上宾乃是当地的父母官、坐商、盐商、走私商以及地痞流氓，地方因行商而兴盛，但最大的利益享受者则是这些人。

到了明朝中后期，商品经济的发展已经使商人经商的思想与官员为官的思想合二为一。例如，万历朝的首辅叶向高就曾说，看北京城内熙熙攘攘的人群里，不是穿着官服的官员就是商人。只不过当官的是在朝中经商，商人则是在民间而已。他又说，天下的人无外乎功名富贵而已，但其本质就是利益（金钱）而已。

与此同时，十大商帮已经形成。其中势力最大者为徽商和晋商，晋商一般都是大官商，靠垄断盐、茶、马等贸易获得丰厚的利润，例如张四维家族，许多朝廷大臣都认为盐业政策之所以失败，皆是张四维兄弟所为。这时候的晋商与清朝的晋商是不同的，清朝的晋商虽然与官府关系密切，但并非根源于垄断权力获得利润。

然而，无论明朝还是清朝的晋商，在奢侈方面都不如徽商。徽商在明清时期特别好面子，在明朝的名声也不太好，许多人为了青楼女子一掷千金。明人陈铎对此谱了一首歌来讽刺他们，名曰《盐商》：

> 下场引方才告缴，脱空钱早已花销。衣冠假儒士，风月花胡哨，那里也十万缠腰。累岁经年守候着，将到手支头欠少。

力图扭转乾坤的崇祯便非常无奈地说"居官有同贸易"（见下文），其文写得非常好，写出了这种由个人享乐主义与奢靡之风组成的奇怪风气对吏治的影响多么深刻，从而使得明朝这个当时综合国力堪与今日之美国相比的帝国亡国。

> 张官设吏，原为治国安民。今出仕专为身谋，居官有同贸易。催钱粮先比火耗，完正额又欲羡余。甚至已经蠲免，亦悖旨私征；才议缮修，（辄）乘机自润。或召买不给价值，或驿路诡名轿抬。或差派则卖富殊贫，或理谳则以直为枉。阿堵违心，则敲朴任意。囊橐既富，则好愿可容。抚按之荐劾失真，要津之毁誉倒置。又如勋戚不知厌足，纵贪横于京畿。乡宦灭弃防维，肆侵凌于闾里。纳无赖为爪牙，受奸民之投献。不肖官吏，畏势而曲承。积恶衙蠹，生端而勾引。嗟此小民，谁能安枕……
>
> ——《明季北略》卷十三

而在这一风气形成之中，武宗、世宗、万历的几十年倦政，直接加速了这一风气的形成。

青楼业的五大上宾

进城务工人员虽然带动了娱乐业的繁荣，但他们是很难进入高档娱乐场所的，诸如高档酒楼和茶楼、高档的服装用品店、高档的青楼妓馆，更买不起高档的药品补品。当然，有些地痞流氓会偶尔去占些便宜，如吃顿霸王餐等。然而，真正地消费得起高档甚至奢侈品的往往是高官巨富，风流才子有时候也会诱骗一些，如钱谦益之徒。

由此，这就构成了高档青楼业的五大贵宾客人，其实，他们本身就是晚明这个畸形经济社会的五大利益集团。

皇族及其衍生出来的王权、官僚阶层

有权阶层擅长利用权力来逼迫高端娱乐业自我贡献，但有时则会以一种更温柔的手段来达到将自己装扮成翩翩君子的机会。手段就是利用权力直接插手经济领域，与民争利。最典型的就是皇店（农业领域则是皇庄）。在这点上，还是那个明武宗朱厚照带了个坏头。

1507年，朱厚照在登基的第二年便在北京永巷开了一间酒馆。各位可别以为永巷是在民间，其实永巷就是宫内的一条长廊。这小子亲自当跑堂，皇宫里面的宫女、太监们怎么能不捧场呢？当然，这一行为中胡闹成分比较大。但其后的行为可不简单了。朱厚照以北京为中心，在九门设立了九家皇店，之后在各重要商业税收地区，如卢沟桥、河西务、临清、宣府、大同等，商业中心如扬州、景德镇等地纷纷开设皇店。

皇店除了开展各种利润较高的贸易外，还在政府税收之外，对各地商家另加税赋。为了保障税收行为不受反抗，还专门在官府之外，建立了另外一支武装队伍。该武装队伍还四处游走，对民间小商小贩也不放过。要知道，在明初一般是不对小商小贩征税的，而明武宗则开了先例，结果，他为害的对象从大中商人扩展到了小商小贩。

本来人们以为朱厚照一死皇店就该寿终正寝了，然而，继任者嘉靖皇帝朱厚熜却拒绝了首辅杨廷和革皇店、武装队伍回归之前各卫所的建议，继续开设皇店。当然，他开设皇店也不全是为了自己挥霍，也有充实内帑用于各种外交的考虑。然而，内帑用度剧增的主要原因，是皇帝的无限度的吃喝玩乐。所以，不能因为

嘉靖皇帝命令辽东各地的皇店所收的税收，作为封赏各国使臣、少数民族头领之用，就将这个主要问题遗忘。如果没有那么多奢侈消费，内帑自然不会亏空。

对于皇店在政府税收外另外征收的税收额度，并没有特别详细的记载。官方比较明确的记载，就是嘉靖二十四年对于货船每艘征银五两的规定。这个规定，没有规定船的大小、货物的多少，所以，税收如何很难确定。但是，皇店可观的利润令人垂涎。店址可以巧取豪夺或由官府选定，店员是公务员、军人或内宫宦官，本来就有俸禄。因此，成本几乎可以忽略。

皇帝和中央政府可以这么办，那么其他权力阶层的人也同样可以这么办。因此，一些宗室藩王便打着皇店的名头开设藩店，一些官员便打着官店的名头儿开店。更有甚者，就连一些仅仅是有了功名但无职务的秀才也打着各种名义开设各种店铺，收取小商小贩的钱财并要求政府免税。

如此一来，规模较大的对商人征税的就至少有：皇帝开的皇店、中央和地方政府开的官店、藩王开的藩店、文武官员开的官店军店卫店（锦衣卫）以及正规税收单位等。重复征税的结果是什么？就是高额的税负。如果说朱元璋父子时代商业税是货品的三十分之一，再加上各种腐败成本等总税费成本不过十分之一的话，到了嘉靖、万历时代则可能至少达到了三分之一甚至二分之一。

明代有各种各样的特权商，除了朱厚照开的皇店之外，特权商店还有：官店、藩店、卫店、绅店等。官店成立时间最早，朱元璋在尚未称帝时就已经建立。起初，官店是作为征税单位，而且是唯一的征税单位。为保证商业兴隆，也经常对官店减税。占领南京称吴王时，朱元璋将官店改名为宣课司，各地官店改为通课司。很明显，朱元璋希望用统一的政府征税机关代替这种半官半商的官店。

官商集团

这类集团的人物主要是官僚阶层，利用自己的权力和地位将一些关系国计民生的行业的最大利益蛋糕，交给自己的亲属进行经营，官员家属们靠垄断资源获得了巨大的财富。

自明太祖朱元璋即位以来，因为战争需要、民生需要，他希望政府（本质上是他自己）垄断一切资源，但因为建国初期各种可动员的人力、物力、财力等有限，又不得不依仗一些商人。由此，官商开始出现。晚明著名的王崇古、张四维等就是极为典型官商家庭。他们控制着盐业，其家族几乎垄断了盐业市场，是富可敌国的政治加商人家族。

张居正选择张四维进入内阁，除了他自认为张四维是心腹之外，借助张家、王家的财力推行政策的用意也非常明显。仅拿明代官商的典型的张家、王家为例。万历时期的内阁首辅（礼部尚书兼中极殿大学士）张四维之所以成为首辅，在政治上，靠的是他舅舅王崇古（兵部尚书、陕西总督），而王崇古的爷爷王馨是河南邓州学政；在经济上，则靠其父亲张允龄、叔父张遐龄、岳父王恩、大舅子王海、二弟张四教、四弟张四象等这些大商人。王崇古的父亲王瑶、哥哥王崇义、从弟王崇勋、伯父王文显、姐夫沈廷珍和外甥沈江均是大盐商。

张家、王家在联姻的同时，还与大学士马自强家联姻，而马自强的兄弟马自修也是大商人。三家联合几乎垄断了当时的盐业市场。以致御史永郜为此愤怒地说道："盐法之所以败坏，就是被权势之家所垄断。"因此，官商家族成为明代非常明显的特征,也是商人与官员进行争斗的后台。

走私极端

排在第三的就是走私集团。这一集团的出现,可以说是中国历史上的唯一一次。这也是明太祖垄断一切资源政策出现的恶果。明初盐茶作为极为重要的战略物资受到了特别保护;再加上朱元璋又实施了民间"禁海"政策,靠近大海而无法稼穑农桑的百姓只能靠走私获取生存资料。久而久之,陆路、海上的走私活动越来越猖獗。由于陆路走私相对容易控制,海上走私则成为巨大隐患,出现了诸如顺天王、王直、郑芝龙等一大批著名的武装走私商。更令人感到可笑的是,最终明朝的余脉要靠走私商的后代(郑芝龙之子民族英雄郑成功)来保卫。走私经济下许多商人的财富在短时间内膨胀,使税收出现极为严重的问题。

文官特别是言官集团

言官集团在过去的历史教科书中常常被赋予为正义的化身。然而,越来越多的证据表明:言官集团的内部最为复杂,有的是走私商、大商人的利益代言人;有的是为博万古流芳的精神极左派;有的是空有爱国之心能力却极差的行动侏儒。这些饱读圣贤之书的文官,与上述三大利益集团形成了共生关系,三大利益集团是他们的金主,他们则秉持着金主的意愿进行着各种利益争夺。

各种大商人

晚明由于商品经济发达,开始出现了各类大商人,但由于长期被歧视，短期的财富使他们根本来不及思考什么是社会责任。他们不像前三大类利益集团，他们往往是官商合体，在长期的封建社会思想下，他们享受着"士"的待遇。因此，真正靠自己手腕得到财富的这些人，却是五大利益集团中最干净的，也最热心社会公益的一批人，他们仍然希望得到人们内心的认可。因此，晚明的自然灾害救灾中，经常可以看到这些人的身影。相反，本应负责任的官员、官商们却不知逃向了何处。他们只是空喊着政府没钱，却每个人家里堆满了金银珠宝。

结束语

正德、嘉靖、万历三位皇帝构成了明朝由盛转衰的缓慢历程。正德是衰亡之始，万历是必亡之时。那时的中国，表面看来经济发展，一派欣欣向荣，人们安居乐业。然而，内里却是人人只为自身的利益服务，皇族（包括藩王和宦官势力）、官僚、官商、走私商乃至一般百姓，似乎都预见到会发生什么。

因此，晚明时期窖藏白银，以备日后不时之需的现象非常普遍。例如严嵩家族，即使被抄了，但是严嵩家族的后人即使到了百年之后仍是小康之家，如果没有大量的未被查抄出来的白银，怎么可能坐吃百年呢？

就在人们疯狂娱乐之时，就在人们欢快地享受着新时代光景的时候，旧时代中的好却慢慢地消失了，如朱元璋创建的荒政体系。晚明很不幸，世界上的第一大地震、中国历史上规模最大且持续时间最长的干旱以及鼠疫等自然灾害几乎同时爆发，明政府对内又处在极为无序的状态。虽然有历来被高抬的张居正改革出现，但仍然免不了灭亡。张居正改革更像是"回光返照"。

晚明的娱乐业给我们今人最大的启迪就在于：

人人需要娱乐，因为娱乐的背后不仅仅是休闲，更是张扬自我个性。

人人需要娱乐，因为娱乐背后是人的享乐需求。

但是，人人不应当奢侈，因为奢侈行为本身就是一种病态，就是一种精神上的不自信，要用金钱来展现自我的价值。

既然，人人都需要娱乐，那么，娱乐就不应该属于少数人，而应该是大部分人都消费得起的。在这一过程中，人们要抵御的就是各种畸形的娱乐业。今天的我们，所面临的畸形娱乐业的种类其实和晚明并没有什么本质差别。

历史的价值就在此处，明朝由古代社会向近代社会转型失败了，在这一过程中，包括唐伯虎在内的许多知识分子的生活，尤其是精神上都非常痛苦。例如徐渭，王阳明的崇拜者，在临终前却心生后悔。因为，张扬的个性，需要引导。可惜，明朝缺乏这种引导者。所以，它转型失败了。没有引导者的最大问题在于：新时代过于诱人，旧时代让人感到束缚。人人都喜欢被诱惑，为此，人们开始在新时代恣意妄为。因为，没有人站出来说：你们看，旧时代中的这个不能丢，那个不能扔。也许，那个引导者的做法是错误的，正如今人某些学者批评弘治那样，但引导者的价值在于：他是行进在新时代与旧时代的碰撞这一历史过程中。

有了碰撞，才会有思考。人们痛苦，才会思考哪些是对的哪些是错的。芸芸众生，有时候并不能担负起引导的作用。王阳明和唐伯虎在名声上似乎足以起到引导作用，但这只是今天的我们的一些臆想，在那时，他们是少数派。相反，在新时代里，李乐等旧时代的捍卫者却成了少数派。

在新旧时代的思想碰撞中，旧时代被打得落花流水，而这时正需要有人出来引导。

可惜，没有人。

新时代下的皇帝、官员、商人、百姓都没有在新时代形成正确的秩序观，毫无原则地恣意妄为着，最终，他们也受到了历史的惩罚、现实的惩罚。

这，就是历史的价值所在。